Optimierung schulischer Bildungsprozesse – What works?

Dortmunder Symposium der Empirischen Bildungsforschung

herausgegeben von Nele McElvany

Band 6

Nele McElvany, Michael Becker, Fani Lauermann,
Hanna Gaspard, Annika Ohle-Peters (Hrsg.)

Optimierung schulischer Bildungsprozesse – What works?

Waxmann 2022
Münster • New York

Bibliografische Informationen der Deutschen Nationalbibliothek
Die Deutsche Nationalbibliothek verzeichnet diese Publikation in der Deutschen Nationalbibliografie; detaillierte bibliografische Daten sind im Internet über http://dnb.dnb.de abrufbar.

Dortmunder Symposium der Empirischen Bildungsforschung, Band 6

ISSN 2366-6439
Print-ISBN 978-3-8309-4501-7
E-Book-ISBN 978-3-8309-9501-2

Steinfurter Str. 555, 48159 Münster

www.waxmann.com
info@waxmann.com

Umschlaggestaltung: Inna Ponomareva, Düsseldorf
Titelbild: © Jacob Lund | Adobe Stock
Satz: Roger Stoddart, Münster
Druck: CPI books GmbH, Leck

Gedruckt auf alterungsbeständigem Papier,
säurefrei gemäß ISO 9706

MIX
Papier aus verantwortungsvollen Quellen
FSC www.fsc.org
FSC® C083411

Printed in Germany

Inhalt

Vorwort

Die Identifikation von gezielten Maßnahmen zur Einflussnahme auf Bildungserfolg ist ein zentrales Thema der Empirischen Bildungsforschung. Die bestmögliche Förderung von Lernenden ist außerdem ein Ziel, welches sich durch alle Etappen der Bildungskarriere zieht und sowohl für Forschung als auch für Bildungspraxis und -politik von hoher Bedeutung ist. Doch welche Fördermaßnahmen sind effektiv und inwiefern lassen sie sich in andere pädagogische Kontexte übertragen? Welche Empfehlungen lassen sich für die Bildungsadministration ableiten? Diesen zentralen Fragen widmet sich die Interventionsforschung, der sich der sechste Band der Herausgeberreihe „Dortmunder Symposium der Empirischen Bildungsforschung" annimmt. Zu dem Thema „Optimierung schulischer Bildungsprozesse – What works?" werden Chancen und Limitationen verschiedener Forschungsansätze dargestellt und aus den Perspektiven unterschiedlicher Wissenschaftsdisziplinen diskutiert. Darüber hinaus werden in diesem Band ausgewählte aktuelle Forschungsvorhaben und -befunde präsentiert.

Im ersten Beitrag stellen Ulrich Trautwein, Hanna Gaspard, Cora Parrisius, Christiane Bertram, Wolfgang Wagner, Lisa Zachrich, Jessika Golle, Evelin Ruth-Herbein, Julia Schiefer, Ann-Kathrin Jaggy, Markus Kleinhansl und Benjamin Nagengast Design- und Qualitätsmerkmale randomisierter Feldstudien vor, die für die Aussagekraft dieser Untersuchungen zentral sind. Anhand von aktuellen Beispielen des Tübinger Hector-Instituts für Empirische Bildungsforschung werden die Chancen dieses Forschungsansatzes für Bildungsforschung, -praxis und -administration aufgezeigt. Daran anknüpfend stellt Mirjam Steffensky in ihrem Kapitel die Frage, welche Rolle fachdidaktischer Aspekte bei der Entwicklung, Durchführung und Ergebnisinterpretation von Interventionsstudien spielen und wie sich pädagogisch-psychologische und fachdidaktische Forschung in diesem Kontext ergänzen können. An konkreten Beispielen aus dem mathematisch-naturwissenschaftlichen Kontext erläutert sie Potenziale und Herausforderungen der breiten Implementierung von Fördermaßnahmen und deren Evaluation durch fachdidaktische Implementationsforschung. Im nachfolgenden Beitrag beleuchtet Isabell van Ackeren die Entwicklung von Implementationsforschung mit dem Ziel der Optimierung von Bildungsprozessen aus erziehungswissenschaftlicher Perspektive. Dabei lenkt sie den Blick auch auf die Schwierigkeit, angesichts der vielschichtigen und komplexen Rahmenbedingungen von schulischen Bildungsprozessen zu belastbaren Aussagen zur Optimierung von Bildungsprozessen zu gelangen.

Wie Ergebnisse aus Implementationsstudien für die Praxis nutzbar gemacht werden und welche Anforderungen an das Studiendesign damit einhergehen, beschreibt Elmar Souvignier im vierten Beitrag des Bandes. Die Frage der Studiendesigns wird auch im darauffolgenden Kapitel aufgegriffen, in dem Claudia von Aufschnaiter und Harm Kuper die Möglichkeiten und Grenzen von Feld- und Laborforschung und die Frage diskutieren, inwiefern eine eindeutige Zuordnung von Studien zu einem dieser Ansätze überhaupt möglich ist. Ein konkretes Beispiel für Implementationsforschung stellen Anita Schilcher, Johannes Wild, Elisabeth Kraus und Sven Hilbert mit der FiLBY-Studie (Fachintegrierte Leseförderung Bayern) vor. Anhand dieses breit angelegten Lese-Trainingsprogramms, an dem etwa 8.000 Grundschülerinnen und -schüler teilnahmen, werden Entwicklungsprinzipien und Befunde der Evaluationsstudie dargestellt.

Weitere konkrete Forschungsvorhaben, die sich inhaltlich mit der Optimierung von Bildungsprozessen befassen, werden in den folgenden vier Kapiteln vorgestellt. Julia Frohn untersucht in ihrer explorativen Interviewstudie, inwiefern die Basisdimensionen von Unterrichtsqualität auf den digitalen Unterricht in der Corona-Pandemie übertragbar sind, während sich Maximilan Knogler, Andreas Hetmanek und Tina Seidel theoretisch der Frage nähern, wie evidenzbasierte „Best-practice"-Beispiele bestimmt und für die pädagogische Praxis nutzbar gemacht werden können. Daran anschließend stellt Sebastian Röhl Ergebnisse einer Metastudie aus 18 längsschnittlichen Interventionsstudien zur Wirkung von Schülerfeedback auf die von den Lernenden wahrgenommene Unterrichtsqualität vor. Abschließend berichtet Nadine Sonnenburg Befunde einer Interviewstudie zur Implementation einer digitalen Bildungsdokumentationsdatenbank zur Optimierung von Lernentwicklungen bei Schülerinnen und Schülern der Sekundarstufe 1.

Somit wird das höchst relevante Thema der Optimierung von Lernprozessen in diesem Band aus unterschiedlichen Perspektiven beleuchtet. Die dargestellten Ergebnisse aus konkreten Forschungsprojekten in verschiedenen Beiträgen geben einen Einblick, wie Studien in der Bildungsforschung gestaltet werden müssen, um Erkenntnisse zu erzielen, die tragfähige Hinweise bereitstellen können. Die Expertinnen und Experten aus verschiedenen Fachdisziplinen leiten sowohl methodische als auch inhaltliche Implikationen ab, wie wissenschaftliche Erkenntnisse dazu beitragen können, tragfähige Hinweise für Forschung, Praxis und Politik bereitzustellen. Ein besonderer Dank geht an dieser Stelle an Rebecca Wegge und Dr. Michael Männel für die Organisation dieses Herausgeberbandes.

Dortmund, im Juni 2022
Nele McElvany, Michael Becker, Fani Lauermann,
Hanna Gaspard & Annika Ohle-Peters

Ulrich Trautwein, Hanna Gaspard, Cora Parrisius, Christiane Bertram, Wolfgang Wagner, Lisa Zachrich, Jessika Golle, Evelin Ruth-Herbein, Julia Schiefer, Ann-Kathrin Jaggy, Markus Kleinhansl & Benjamin Nagengast

Optimierung schulischer Bildungsprozesse: Welchen Beitrag können randomisierte Feldstudien leisten?[1]

1. Randomisierte Feldstudien: Schlüssel zu mehr Evidenzorientierung im Bildungsbereich?

Unter einer randomisierten kontrollierten Feldstudie im Bildungsbereich (englisch *Randomized Controlled Trial in Education;* RCT)[2] versteht man, vereinfacht gesprochen, ein *Experiment*, bei dem in *authentischen Lernumgebungen* die *Wirkung einer bestimmten Maßnahme mit der Wirkung einer anderen Maßnahme (inkl. dem Verzicht auf eine Maßnahme)* verglichen wird, wobei die Entscheidung, wer die eine bzw. die andere Maßnahme erhält, *randomisiert* erfolgt. Angemessen konzipiert und durchgeführt, sind RCTs das Mittel der Wahl für Fragestellungen der Wirksamkeit bestimmter Maßnahmen in authentischen Lernumgebungen (Feuer et al., 2002; vgl. auch Schrader, 2014). Sie werden entsprechend auch als „Goldstandard" in der Evidenzbasierung von Bildungsentscheidungen bezeichnet (Slavin, 2002). In der Bildungsforschung ist die Zahl entsprechender Studien in den vergangenen Jahren stetig angewachsen, allerdings ausgehend von einem sehr niedrigen Ausgangsniveau (Connolly et al., 2018), was sich auch in einem größeren Anteil solcher Studien in den führenden Zeitschriften des Faches niederschlägt.

Für die zunehmende Bedeutung von RCTs dürfte das Engagement staatlicher Stellen in den USA von wesentlicher Bedeutung gewesen sein (Biesta, 2007), die ab den 2000er-Jahren die Durchführung randomisierter Feldstudien massiv einforderten und finanziell förderten, teilweise auch auf Kosten alternativer methodischer Zugänge. In dieser Phase wurde auch der Grundstein für das *What Works Clearinghouse* (vgl. https://ies.ed.gov/ncee/wwc/) gelegt, welches als Initiative des US-amerikanischen *Institute of Education Sciences* die wissenschaftliche Evidenz für die Wirksamkeit von pädagogischen Interventionen anhand transparenter Stan-

1 Der vorliegende Beitrag beschreibt ein langjähriges Forschungsprogramm am Tübinger Hector-Institut für Empirische Bildungsforschung. An einigen Stellen werden hierbei Passagen aus früheren Veröffentlichungen (insbesondere Gaspard & Trautwein, 2021), teilweise mit wenigen Änderungen, übernommen.

2 Der Begriff des Randomized Controlled Trials (RCT) hat sich zunächst in der Medizin etabliert, ist inzwischen aber auch im Bildungsbereich gut verankert. In der deutschen Übersetzung des Begriffs verwenden wir den Begriff der randomisierten kontrollierten „Feldstudie", um zu verdeutlichen, dass es bei RCTs um Studien in authentischen Lernumgebungen geht, mit deren Hilfe die Wirkungen von Maßnahmen auf dort relevante Outcome-Maße untersucht werden. Laborstudien – auch wenn sie Randomisierung verwenden und Effekte auf pädagogisch relevante Maße erproben – sind also nicht eingeschlossen. Freilich ist die Abgrenzung in manchen Fällen nicht ganz einfach.

dards überprüft, die hohe Anforderungen an die methodische Qualität der Studien formulieren. Letzten Endes erfüllen nur RCTs die höchsten Evidenzstandards des *What Works Clearinghouse*. Auch in zahlreichen anderen Ländern genießen RCTs inzwischen eine sehr hohe Anerkennung und werden stark durch öffentliche bzw. private Finanzmittel gefördert; ein gutes Beispiel ist die Durchführung, Auswertung und meta-analytisch angelegte Bewertung von RCTs in Großbritannien, die durch die *Education Endowment Foundation* (https://educationendowmentfoundation.org.uk/) vorangetrieben wird (Dawson et al., 2018). Auch in Deutschland haben RCTs an Bedeutung gewonnen, auch wenn es hier bislang keine ähnlich dezidierte Förderung durch staatliche Stellen bzw. die zentralen Förderorganisationen gab.

RCTs bzw. entsprechende Bemühungen, diese stärker zu etablieren, stoßen jedoch nicht nur auf Zustimmung, sondern haben auch intensive Kritik und Ablehnung erfahren (Connolly et al., 2018; Deaton & Cartwright, 2018). Zu den zentralen Kritikpunkten gehört, dass – etwas überspitzt formuliert – (1) RCTs von einem naiven Positivismus getragen seien und übersehen würde, dass es gefährlich sei, Befunde aus RCTs unhinterfragt in pädagogische Entscheidungen zu übersetzen, (2) RCTs in der Regel „theorielos“ angelegt seien und ihre Befunde deshalb auch eine mangelnde Generalisierbarkeit aufwiesen und (3) RCTs im normalen Forschungsprozess gar nicht realisierbar seien, weil es an finanziellen und organisatorischen Möglichkeiten mangele oder ethische Erwägungen RCTs verbieten würden.

Das Ziel des vorliegenden Beitrags besteht in einer kritischen Würdigung von RCTs sowie in einer dezidierten Werbung dafür, die Voraussetzungen für eine professionelle Praxis von RCTs systematisch voranzutreiben. Hierbei sollte nach unserem Verständnis die Prüfung wissenschaftlicher Theorien mindestens so wichtig sein wie die Etablierung von „Evidenz“ für eine bestimmte Maßnahme. Zu diesem Zwecke führen wir zunächst einzelne zentrale Charakteristika von randomisierten Feldstudien aus, illustrieren dann Chancen und Herausforderungen anhand von drei Tübinger Forschungslinien und schließen ab mit einer Bewertung im Sinne von „Lessons Learned“ samt einiger Implikationen für die Zukunft.

2. Was ist das Besondere an RCTs?

Ein RCT hat das Ziel zu untersuchen, ob eine Intervention (häufig auch als „Treatment“ oder „pädagogische Maßnahme“ bezeichnet) einen *kausalen* Effekt auf die Zielvariablen (z. B. Kompetenz) hat, d. h. ob sich eine etwaig zu beobachtende Veränderung bei der Zielvariablen auch tatsächlich auf die Intervention zurückführen lässt. Um diesen Effekt abschätzen zu können, wird die Intervention verglichen mit einer Kontrollbedingung, in der die entsprechende Intervention nicht durchgeführt wird, wodurch es sich um eine *kontrollierte* Studie handelt. Die Zuweisung, wer Teil der Interventionsbedingung und wer Teil der Kontrollbedingung ist, erfolgt hierbei per Zufall, d. h. *randomisiert*. Durch die Randomisierung sollten sich alle potenziellen Störfaktoren, wie etwa die beobachteten Merkmale der Teilnehmenden (z. B. Alter, Geschlecht), aber auch nicht beobachtete Merkmale der Teilnehmenden (z. B.

Motivation zur Teilnahme an der Intervention) und alternative Erklärungen der beobachteten Effekte (z. B. zeitgleich stattfindender Kompetenzerwerb über Beschäftigungen in der Freizeit), auf die verschiedenen Bedingungen gleichverteilen und somit die entsprechenden Faktoren ausbalanciert sein (Shadish et al., 2002). Um Treatment-Effekte in authentischen Lernumgebungen prüfen zu können, werden im Bildungsbereich häufig sogenannte „Cluster-Randomized Controlled Trials" eingesetzt – die Randomisierung erfolgt hier entsprechend nicht auf Individualebene, sondern auf der Ebene der Lerngruppe. Auch mit Randomisierung auf Ebene der Lerngruppe ist eine Identifikation kausaler Effekte prinzipiell möglich, sofern entsprechende Qualitätskriterien erfüllt werden; wenn wir im Folgenden von RCT bzw. randomisierter Feldstudie sprechen, sind damit auch solche Studien gemeint.

Auf den ersten Blick handelt es sich angesichts von Treatment-Variation und Randomisierung bei randomisierten Feldstudien um eine Variante bzw. Sonderform des klassischen psychologischen, experimentellen Vorgehens, dessen zentrales Ziel die Identifikation eines kausalen Effekts ist. Tatsächlich hat sich die Pädagogische Psychologie intensiv mit der Frage beschäftigt, wie man Effekte von Interventionen auch in realistischen Kontexten überprüfen kann. Beispielhaft zu nennen sind die methodisch orientierten Arbeiten von Hager und Hasselhorn (2000) zu pädagogisch-psychologischen Interventionen sowie die kritische Beschäftigung mit Schulversuchen und, ganz grundsätzlich, die Frage nach den Bedingungen erfolgreichen Transfers bei Gräsel (2010) sowie Nickolaus und Gräsel (2006).

Ein genauer zweiter Blick fördert jedoch eine Reihe von zentralen Unterschieden zutage, denen es geschuldet ist, dass das Paradigma der randomisierten Feldstudien nicht als „Erweiterung" des klassischen psychologischen Vorgehens gesehen werden sollte, sondern sich unabhängig und teilweise sogar in Konkurrenz zu diesem entwickelt hat. Drei dieser teilweise miteinander zusammenhängenden Unterschiede möchten wir im Folgenden skizzieren (für ergänzende Hinweise, vgl. Gaspard & Trautwein, 2021), wobei wir lediglich grobe Entwicklungslinien nachzeichnen – wie immer gilt es zu bedenken, dass die Realität nuancenreicher ausfällt als Übersichtsdarstellungen.

Der erste und vielleicht wichtigste Unterschied zwischen RCTs und dem traditionellen experimentellen Paradigma der Psychologie liegt im beabsichtigten Erkenntnisgewinn. Folgt man der Logik des RCT-Paradigmas, wie er beispielweise vom *What Works Clearinghouse* vertreten wird, so dienen RCTs (zumindest primär) dazu, möglichst effektive Interventionen/pädagogische Programme zu identifizieren, die dann in der tagtäglichen pädagogischen Praxis umgesetzt werden sollen. Vereinfacht gesprochen: Entscheidend ist das, was in der Praxis wirksam ist – warum es wirksam ist, ist letzten Endes nebensächlich. Die experimentell angelegte Psychologie folgt einer konträren Erkenntnislogik: Hier gilt das Interesse zunächst und primär einem grundlagenwissenschaftlich orientierten Erkenntnisgewinn, nämlich der Identifikation grundlegender psychologischer Prozesse. Natürlich: Nicht jede grundlagenwissenschaftlich interessante Erkenntnis ist relevant für die Praxis – dies ist (sofern man praktischer Nützlichkeit eine Bedeutung zuschreibt) eine zentrale Schwäche des traditionellen experimentellen psychologischen Paradigmas. Die Achillesferse der RCTs liegt hingegen bei der Frage nach der Generalisierbarkeit der Befunde über die ganz spezifische Maßnahme und den untersuchten Kontext hinaus. Natürlich betrifft die Frage der Generalisierbarkeit auch die Grundlagenforschung sowie alle Disziplinen, in denen RCTs durchgeführt werden (vgl. entsprechende Diskussionen in der Medizin und Agrarwissenschaft). Das Problem besteht darin, dass sich im pädagogischen Kontext stets die Frage stellt, was genau die jeweilige Population ist und ob diese auch in der Stichprobe eines RCTs abgebildet ist (siehe Tipton & Olsen, 2018, für eine Übersicht über Ansätze zur Erhöhung der Generalisierbarkeit der Ergebnisse von RCTs). Die Wirkung einer bestimmten Intervention könnte nämlich *in starkem Maße* von vielen Kontextfaktoren abhängen (vgl. Berliner, 2002): Von der Kompetenz der Lehrenden, von Personenmerkmalen der Lernenden, von ihrer Lernumwelt sowie von dem Grad der genauen Umsetzung der Maßnahme, um nur einige wenige zu nennen. Zudem besteht eine pädagogische Intervention in realen Kontexten meist aus einer Reihe unterschiedlicher Bestandteile, die man natürlich sehr einfach unterschiedlich gewichten könnte. Angesichts der Bedeutung von Rahmenbedingungen sowie des möglichen Einflusses unterschiedlicher Gewichtungen einzelner Bestandteile der Intervention stehen mechanistische Überzeugungen, wonach ein einzelner RCT quasi im Sinne eines Entscheidungsexperiments bildungspolitische Konsequenzen haben sollten, auf tönernen Füßen. Im Paradigma der nutzeninspirierten Grundlagenforschung (vgl. Stokes, 1997; Pintrich, 2003), dem große Teile der Empirischen Bildungsforschung verpflichtet sind, wird deshalb angestrebt, Studien durchzuführen, die sowohl theoretische Weiterentwicklungen mit hoher Generalisierbarkeit erlauben, als auch Implikationen für die konkrete pädagogische Arbeit haben.

Der zweite große Unterschied ist die Bedeutung der ökologischen Validität des Untersuchungskontexts. Während psychologische Studien oftmals „im Labor“ stattfinden, gilt für RCTs, dass sie möglichst realitätsnah durchgeführt werden sollen. Der entscheidende Punkt: In psychologischen Experimenten wird versucht, den Anteil von (unsystematischer oder systematischer) Störvarianz so gering wie möglich zu halten, um den eigentlich interessierenden Effekt so präzise wie möglich zu messen. In RCTs dagegen geht es darum zu prüfen, ob eine Maßnahme unter realen Umständen tatsächlich die Wirkung zeigt, die von ihr erhofft wird. Hinweise auf „Störvarianz“ können sich hierbei auch als ein Befund erweisen, der sowohl aus wissenschaftlicher als auch aus praktischer Sicht genauere Aufmerksamkeit verdient, insbesondere wenn es sich zeigt, dass die „Störvarianz“ vielleicht sogar systematischer Natur ist. RCTs erbringen also nicht nur über das Ergebnis („Wirkt die Intervention?“) einen wichtigen Erkenntnisgewinn, sondern sie können auch die Frage „Unter welchen Bedingungen?“ adressieren. Auch in Bezug auf die Frage „Was wirkt?“ können Erkenntnisse erzielt werden, sofern eine Intervention theoretisch fundiert ist und die angenommenen Wirkmechanismen genau genug beschrieben werden können. Eine solche Spezifikation des angenommenen Wirkmodells wird auch als „Change Model“ bezeichnet. Das Change Model hilft dann dabei, die „Black Box“ der Intervention zu öffnen und damit zu untersuchen, welche Prozesse eigentlich in Interventions- und Kontrollbedingung abgelaufen sind und die beobachteten Wirkungen hervorgerufen haben können (Nelson et al., 2012; Weiss et al., 2014). Solange zwei Treatment-Bedingungen nur hinsichtlich einer bestimmten Wirkung miteinander verglichen werden, sind solche Erkenntnisse nicht möglich. Wenn aber tatsächlich gefunden wird, dass nur unter der Voraussetzung, dass bestimmte Kernkomponenten der Intervention umgesetzt wurden, auch die erwünschten Ergebnisse erzielt werden, spricht das für die Intervention und das zugrunde gelegte Wirkmodell.

Ein dritter großer Unterschied besteht in der Wahl der Outcome-Variablen. Während bei RCTs im Bildungsbereich Kriterienmaße gewählt werden, die auf die eine oder andere Weise eine hohe Relevanz für Bildungsbiographien besitzen (vgl. Kraft, 2020), werden in klassischen psychologischen Experimenten Kriterienmaße verwendet, die einen möglichst guten Aufschluss über die angenommenen Prozesse ermöglichen. Eine Besonderheit bei den RCTs liegt auch darin, dass zusätzlich zu den primären Zielvariablen teilweise bewusst auch Maße eingesetzt werden, die mögliche, aber unerwünschte „Nebenwirkungen" der Intervention erfassen (vgl. Gaspard et al., 2016; Moher et al., 2010).

Während die Zufallszuteilung der Untersuchungsteilnehmerinnen und Untersuchungsteilnehmer zu unterschiedlichen Treatments, die Durchführung in ökologisch validen Kontexten und die Wahl praktisch relevanter Kriterienmaße zu den unverzichtbaren Bestandteilen von RCTs gehören, muss gleichzeitig festgehalten werden, dass es keine allgemein akzeptierte Definition gibt, welche Gütekriterien ein RCT im pädagogischen Bereich erfüllen muss. Eine Orientierung versprechen hier die inzwischen vorliegenden Rahmenkonzepte für Qualitätskriterien von randomisierten Feldstudien. Das bereits erwähnte *What Works Clearinghouse* prüft die Evidenzbasierung pädagogischer Intervention anhand der hierzu bereits durchgeführten Studien und bewertet dabei einzelne Studien in Bezug darauf, ob sie bestimmte Evidenzstandards erfüllen (What Works Clearinghouse, 2020). Weiterhin wurden insbesondere in der medizinischen Forschung umfassende Richtlinien zur Durchführung und Berichterstattung im Rahmen von RCTs entwickelt, welche mittlerweile auch im Bildungsbereich angewandt werden. Hierzu gehört insbesondere die CONSORT-Liste (*Consolidated Standards of Reporting Trials*; Moher et al. 2010; vgl. auch Campbell et al., 2012), die in ihrer aktuellen Fassung insgesamt 25 Punkte benennt, die in Publikationen zu randomisierten Feldstudien zu beachten sind.

Die gängigen Definitionen von RCTs machen keine Vorgabe dazu, wie stark eine Maßnahme theoretisch begründet sein muss und in welchen Stufen sie entwickelt und empirisch überprüft werden soll. Für den Bereich der pädagogisch bzw. pädagogisch-psychologisch angelegten RCTs wurden jedoch inzwischen Stufenmodelle vorgeschlagen bzw. adaptiert, die den Entwicklungsprozess systematisieren (vgl. z.B. Gottfredson et al., 2015) und die traditionell verwendete Unterscheidung von Interventions- und Implementationsstudien weiter differenzieren bzw. ablösen. Nach Herbein et al. (2020; siehe Abbildung 1) ist der erste Schritt die Ableitung des *Bedarfs* einer bestimmten Zielgruppe (Phase 1), dem die *Konzeption* der Intervention bzw. des Treatments (Phase 2) folgt, wobei sich hier entscheidet, wie stark bereits vorhandenes theoretisches Wissen bzw. empirische Befunde genutzt werden. Es schließen sich eine *Pilotierungsphase* (3) und verschiedene Schritte der Effektivitätsüberprüfung an (Phase 4: *Wirksamkeitsstudie*, englisch *Efficacy-Study;* Phase 5: *Effektivitätsstudie*, englisch *Effectiveness-Study*). In diesem Prozess nähert sich die Implementation der Intervention allmählich immer stärker den realen Praxisbedingungen an. Die Ergebnisse der einzelnen Phasen werden dazu genutzt, die Intervention und deren Durchführbarkeit zu optimieren; die Phasen können auch mehrmals durchlaufen werden (Gottfredson et al., 2015). Erweist sich eine Intervention als erfolgreich in den Phasen 1 bis 5, kann sie weiter in der Praxis verbreitet werden (Phase 6: *Scaling-up*). *Scaling-up* meint einerseits den flächendeckenden Einsatz der Intervention, welcher durch Unterstützungsmaßnahmen begleitet sein kann (Baker, 2006). Andererseits kann ein Scaling-up auch die Ausweitung des Implementationskontexts bedeuten (Gottfredson et al., 2015). In der Phase des Scaling-up sind erneut die Durchführbarkeit und Wirksamkeit zu überprüfen. Zudem können auch neue Fragestellungen, z.B. zur Nachhaltigkeit und Effizienz, adressiert werden (vgl. Gottfredson et al., 2015).

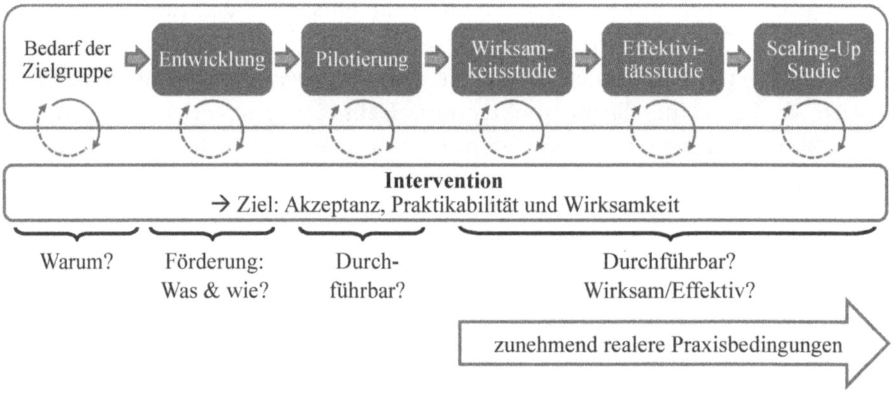

Abbildung 1: Phasen der Interventionskonzeption, schrittweisen Implementation und Überprüfung in der Praxis (Abbildung aus Herbein et al., 2020; basierend auf Gottfredson et al., 2015; Herbein et al., 2018; Humphrey et al., 2016).

3. Was RCTs (nicht) leisten: Erkenntnisse aus Forschungsarbeiten des Hector-Instituts

Am Hector-Institut für Empirische Bildungsforschung an der Universität Tübingen wurden in den vergangenen rund zehn Jahren mehr als ein Dutzend RCTs erfolgreich abgeschlossen, mehr als ein halbes Dutzend weiterer Studien sind derzeit in Vorbereitung bzw. im Feld. Damit einhergehend hat sich ein intensiver Austausch zwischen den Projekten und ein zunehmend geteiltes Verständnis von den Möglichkeiten und Grenzen von RCTs entfaltet – trotz der Verschiedenartigkeit der einzelnen Projekte beispielsweise in Hinblick auf Anlass und Fragestellung, Untersuchungsstrategie sowie finanzielle Förderung. Im Folgenden werden drei Projektstränge etwas genauer vorgestellt.

3.1 Wirksamkeit von Zeitzeuginnen und Zeitzeugen im Geschichtsunterricht

Den Ausgangspunkt des Projekts bildete eine teilweise pointiert geführte Diskussion um die Sinnhaftigkeit von Besuchen von Zeitzeuginnen und Zeitzeugen im schulischen Geschichtsunterricht. Vereinfacht lässt sich konstatieren, dass die Arbeit mit Zeitzeuginnen und Zeitzeugen im Unterricht regelmäßig von Kultusbehörden angeregt wird und auch in Bildungsplänen reflektiert ist, während es in der Fachwissenschaft teilweise entschiedene Vorbehalte dagegen gab und gibt. Die Zeitzeug*innen-Studie sollte – vereinfacht gesagt – helfen, den Streit zu entscheiden: Überwiegen die Vor- oder Nachteile der Integration von Zeitzeuginnen und Zeitzeugen in den Geschichtsunterricht?

Natürlich ist diese Ausgangsfrage etwas zugespitzt – in der Fachdidaktik Geschichte findet sich bereits eine zunehmend intensivere und differenziertere Beschäftigung mit Zeitzeuginnen und Zeitzeugen und deren Funktion im Unterricht (vgl. Henke-Bockschatz, 2014; Sauer, 2014; Schreiber & Árkossy, 2009). Historisch kam den Zeitzeuginnen und Zeitzeugen in der Geschichtskultur und dem Geschichtsunterricht primär die Rolle zu, nicht nur ein Ereignis, sondern „in der Regel zugleich auch die Deutung dieses Ereignisses" (Wierling, 2014, S. 100) zu bezeugen. Dies lässt sich gut nachvollziehen: In Deutschland kamen lange Zeit insbesondere Opfer der Nazidiktatur als Zeitzeuginnen und Zeitzeugen zu Wort, deren Berichte eine „Aura der Authentizität" (Sabrow, 2012, S. 27) begleitet, die das Geschehene unmittelbar, relevant und emotional aufgeladen macht und gleichzeitig eine Hinterfragung der Narration – ganz besonders im persönlichen Kontakt mit den Zeitzeuginnen und Zeitzeugen – ungebührlich erscheinen lässt. Die entsprechende Deutungshoheit, die Berichten von Zeitzeuginnen und Zeitzeugen damit letztlich zukommen kann, wurde jedoch in der Geschichtswissenschaft und Geschichtsdidaktik zunehmend kritisiert. Neben der Bezeugung und Deutung von Ereignissen, deren Funktion primär der „richtigen" Orientierung dienen mag, rückten bei der Arbeit mit Zeitzeuginnen und Zeitzeugen zusätzlich zwei weitere Aspekte in den Vordergrund, die man in Anlehnung an ein führendes Kompetenzmodell der Geschichtsdidaktik, das FUER-Modell (Körber et al., 2007), als die Fähigkeit, die richtigen Fragen zu stellen (Fragekompetenz) sowie mit historischen Quellen und Darstellungen adäquat umgehen zu können (Methodenkompetenzen), bezeichnen kann. In unserer Interventionsstudie kam den Sachkompetenzen, die u.a. ein besseres Verständnis von zentralen epistemologischen Prinzipien von Geschichte sowie der Bedeutung und Rolle von Quelle vs. Darstellungen zum Ziel hat, besondere Bedeutung zu.

Diese Studie (vgl. Bertram, 2017; Bertram et al., 2017) – die nach unserem Kenntnisstand bis dato größte randomisierte kontrollierte Feldstudie der Geschichtsdidaktik in deutschsprachigen Ländern – kontrastierte den Einsatz von Zeitzeuginnen und Zeitzeugen zur friedlichen Revolution des Jahres 1989 in der DDR, die zu Besuch in die teilnehmenden Klassen kamen (Gruppe 1), mit der Verwendung von entsprechendem Videomaterial (Gruppe 2) und vorhandenen schriftlichen Zeugnissen (Gruppe 3) und verwendete zudem eine Kontrollgruppe, die an einem anderen Thema arbeitete. In der Intervention wurden Berichte von Zeitzeuginnen und Zeitzeugen somit auf dreierlei Weise eingesetzt. Im Rahmen einer Doppelstunde der auf insgesamt 6,5 Unterrichtsstunden angelegten Einheit zur friedlichen Revolution in der DDR kamen Aussagen von Zeitzeuginnen und Zeitzeugen zum Einsatz: (1) in Form einer Live-Befragung, (2) als Video bzw. (3) als Transkripte von Interviews von Zeitzeuginnen und Zeitzeugen. Um die drei Interventionsbedingungen ansonsten vergleichbar zu halten, wurden die übrigen Aspekte der Intervention (Materialien, Zeitaufwand, Unterrichtsinhalte) konstant gehalten; insgesamt kamen vier Zeitzeuginnen und Zeitzeugen zum Einsatz. Ausführlich ist die Unterrichtseinheit bei Bertram (2017) beschrieben.

Insgesamt nahmen 35 Schulklassen der neunten Jahrgangsstufe aus zehn Gymnasien an der Studie teil. An fünf Schulen mit vier Parallelklassen wurden die Klassen randomisiert je einer der drei Interventionsbedingungen (Live, Video, Transkript) sowie der Kontrollgruppe, in der der übliche Unterricht bei der regulären Lehrkraft stattfand, zugewiesen; in den fünf Schulen mit lediglich drei Parallelklassen wurden die Klassen randomisiert auf die drei Interventionsbedingungen verteilt. Zur Sicherung einer hohen internen Validität wurden alle Klassen in den drei Interventionsbedingungen von ein- und derselben Lehrkraft unterrichtet. Untersuchungsinstrumente, die sowohl Fragebögen als auch Leistungstests enthielten, wurden zu Beginn und nach Abschluss der Intervention sowie in einem Abstand von einigen Wochen nach der Intervention eingesetzt.

Die Befunde der Studie wiesen eindrücklich auf die Chancen und Risiken der Modalität von Befragungen von Zeitzeuginnen und Zeitzeugen hin (vgl. Bertram et al., 2017). So zeigte sich einerseits, dass alle drei Interventionsgruppen im Vergleich zur Kontrollgruppe auf vier von fünf Leistungstests günstigere Werte aufwiesen. Zudem berichteten die Schülerinnen und Schüler der Interventionsbedingung, die live mit einer Zeitzeugin oder einem Zeitzeugen arbeiteten, positiver über die Lerneinheit und waren überzeugter von ihrem Lernfortschritt als die Schülerinnen und Schüler der Video/Text-Bedingungen. Demgegenüber zeigten sich jedoch in den Leistungstests gewisse Vorteile für die Video/Text-Bedingungen gegenüber der Live-Gruppe. Die Befunde wiesen somit insgesamt darauf hin, dass der Unterricht mit Live-Berichten „Spaß“ macht, aber nicht notwendigerweise auch den Kompetenzerwerb besonders effektiv förderte.

Das differenzierte Bild von „Wirkungen“ und „Nebenwirkungen“ hat natürlich auch zur Folge, dass generelle Empfehlungen zur Nutzung oder zum Verzicht der Nutzung von Zeitzeuginnen- und Zeitzeugenberichten im Geschichtsunterricht nicht angezeigt sind. Die Empfehlungen, die auf der Basis der ersten Studie

(Bertram et al., 2017) und von Folgestudien zur Authentizität von Zeitzeuginnen und Zeitzeugen (Zachrich et al., 2022) sinnvoll erscheinen, fallen differenziert aus: Die Studie zeigt beispielsweise, dass selbst bei intensiver Vorarbeit auf ein Gespräch mit Zeitzeuginnen und Zeitzeugen die Gefahr besteht, dass deren Äußerungen (womöglich als „Nebenwirkung" einer hohen Authentizität) zu wenig hinterfragt werden – vermutlich bedarf es also noch stärkerer didaktischer Mittel, um dies zu vermeiden. Dies ist eine wichtige Erkenntnis für die Praxis, und in der Tat hat beispielsweise das Zeitzeugenbüro in Berlin, das DDR-Zeitzeuginnen und -Zeitzeugen für den Unterricht vermittelt, auf der Grundlage unserer Befunde eine Handreichung für Lehrkräfte entwickelt, wie diese beim Besuch von Zeitzeuginnen und Zeitzeugen die Risiken der Befragung durch eine angemessene Nachbereitung minimieren können. Im Sinne eines evidenzorientierten Vorgehens in der schulischen Praxis wäre es wünschenswert, wenn entsprechende Weiterentwicklungen dann wiederum im Rahmen von wissenschaftlichen Begleitstudien systematisch begleitet werden könnten.

Die Studie ist somit ein gutes Beispiel dafür, dass – im Sinne eines theoriegeleiteten Forschungsprozesses – RCTs oftmals keine „endgültige" Antwort auf die Fragestellung erbringen, aber zu einem tieferen Verständnis sowie weitergehenden Fragen führen. Im Falle der Zeitzeug*innen-Studie betrifft dies u.a. die Frage, ob und in welcher Weise sich ein Lernprozess, der von einer „Aura der Authentizität" (Sabrow, 2012, S. 27) und damit assoziierten Verarbeitungsprozessen geprägt ist, mit einem kritisch-reflexiven Verarbeitungsmodus verbinden lässt. Dies wird in einem nächsten Schritt in einer zweiten Zeitzeug*innen-Studie geprüft, die gemeinsam von der Universität Konstanz (Bertram) und dem Hector-Institut (Wagner, Trautwein) mit DFG-Mitteln in den kommenden Jahren durchgeführt werden soll. Da in dieser Folgestudie die Stichprobengröße substantiell erhöht und die Maßnahme im Sinne einer Effektivitätsstudie durch reguläre Lehrkräfte durchgeführt werden soll, wurde eine Kooperation mit dem Zentrum für Schulqualität und Lehrerbildung Baden-Württemberg eingegangen, das u.a. für die Fortbildung von Lehrkräften in Baden-Württemberg zuständig ist. Mit dieser Kooperation wird auch der Grundstein für eine potenzielle nachhaltige Nutzung der entwickelten Intervention gelegt.

3.2 Motivationsförderung im Mathematikunterricht (MoMa)

„Warum soll ich das eigentlich alles lernen?" Schülerinnen und Schüler, aber auch Studierende stellen häufig die Relevanz der Lerninhalte für ihre persönliche Zukunft in Frage. Genau an dieser Stelle knüpfen Nützlichkeitsinterventionen an: Sie zielen darauf ab, dass Lernende die Relevanz von schulischen bzw. universitären Lerninhalten für ihr weiteres Leben erkennen und somit ihre Motivation gesteigert wird (vgl. Gaspard et al., 2019). Viele dieser Interventionen basieren konzeptionell auf der Erwartungs-Wert-Theorie von Eccles und Kollegen (1983). Diese geht davon aus, dass Lernverhalten und akademische Entscheidungen direkt durch die Erfolgserwartung („Kann ich es?“) und Wertüberzeugungen („Was bringt es mir?“) beeinflusst werden. In der Theorie wird zwischen verschiedenen Komponenten, die zu Wertüberzeugungen beitragen, unterschieden (Eccles, 2005). Hierzu gehört auch die Nützlichkeit in Bezug auf das Erreichen kurz- oder langfristiger persönlicher Ziele, welche im Fokus der Interventionen steht, da die Annahme besteht, dass sie sich leichter von außen beeinflussen lässt als die anderen Wertkomponenten. Die grundlegenden Annahmen der Erwartungs-Wert-Theorie wurden in den letzten Jahrzehnten in zahlreichen Studien untersucht. So haben sich Erfolgserwartungen und Wertüberzeugungen tatsächlich als bedeutsame Prädiktoren für Anstrengungsbereitschaft, Durchhaltevermögen, Leistung und akademische Wahlentscheidungen in verschiedenen Schulfächern erwiesen (für einen Überblick siehe Eccles & Wigfield, 2020). Dagegen blieben empirische Belege dafür, dass man die Motivation einzelner Schülerinnen und Schüler bzw. sogar gesamter Klassen systematisch fördern kann, lange Zeit Mangelware.

Mit dem Ziel, die wahrgenommene Nützlichkeit des Faches Mathematik bei Schülerinnen und Schülern zu steigern, wurde deshalb die so genannte MoMa-Intervention entwickelt und mittels zweier großer cluster-randomisierter kontrollierter Feldstudien mit 82 bzw. 78 teilnehmenden Klassen (für MoMa 1 siehe Brisson et al., 2017; Gaspard et al., 2015; für MoMa 2 siehe Gaspard et al., 2021) auf ihre Wirksamkeit und Effektivität hin überprüft. Die MoMa-Intervention ist eine 90-minütige Unterrichtseinheit für den Mathematikunterricht in neunten Klassen, in der den Schülerinnen und Schülern die Nützlichkeit der Mathematik vor Augen geführt wird und die dabei teilweise auf Vorarbeiten aus dem anglo-amerikanischen Bereich aufbaut (vgl. Hulleman & Harackiewicz, 2009; Hulleman et al., 2010). In der ersten Hälfte werden den Schülerinnen und Schülern Forschungsergebnisse zur Rolle von Anstrengung, dem Selbstkonzept und verschiedenen Referenzrahmen für die Leistung in Mathematik und deren Einschätzung präsentiert. Außerdem wird der Nutzen der Mathematik für die Schule, die zukünftige Ausbildung, den Beruf sowie für den Alltag und die Freizeit thematisiert. Im zweiten Teil der Doppelstunde beschäftigen sich die Schülerinnen und Schüler anhand von Arbeitsaufträgen eigenständig mit der Relevanz von Mathematik für ihre persönliche Zukunft.

Sowohl in MoMa 1 als auch in MoMa 2 wurden die teilnehmenden Klassen zufällig einer von zwei Interventionsbedingungen oder einer Wartekontrollbedingung zugeteilt. Während in MoMa 1 (Wirksamkeitsstudie) überprüft wurde, ob sich die Wertüberzeugungen der Schülerinnen und Schüler durch eine solche Intervention unter vergleichsweise optimalen, standardisierten Bedingungen fördern lassen und welcher Ansatz sich hierbei als besonders wirksam erweist, wurde in MoMa 2 (Effektivitätsstudie) die Effektivität des erfolgreicheren Ansatzes unter praxisnäheren Bedingungen getestet. In MoMa 1 wurde die Intervention in allen Klassen der Interventionsbedingungen durch Wissenschaftlerinnen durchgeführt, welche selbst an der Entwicklung der Unterrichtseinheit beteiligt waren. In der zweiten Hälfte der Intervention wurden zwei verschiedene Arbeitsaufträge – und somit zwei verschiedene Interventionsvarianten – miteinander verglichen. Ziel war es zu überprüfen, ob sich das bis dato etablierte Vorgehen der Selbstgenerierung von Nützlichkeitsargumenten (bspw. durch das Verfassen eines Aufsatzes zur Nützlichkeit von Mathematik für das eigene Leben; Textbedingung) oder ein neuer Ansatz, das Bewerten und Evaluieren von authentischen Informationen bezüglich der Nützlichkeit (Evaluieren von Interviewzitaten junger Erwachsener; Zitatebedingung), als erfolgreicher erweist. In MoMa 2 wurde die erfolgreichere der beiden Interventionsbedingungen umgesetzt (d.h. die Zitatebedingung; Brisson et al., 2017; Gaspard et al., 2015), wobei hier die Intervention durch verschiedene Gruppen von geschulten Personen durchgeführt wurde: In der Lehrkräftebedingung führten die teilnehmenden Mathematiklehrkräfte nach einer kurzen Schulung die Intervention eigenständig in ihrem Unterricht durch, während in der Studierendenbedingung geschulte Masterstudierende der Empirischen Bildungsforschung und Pädagogischen Psychologie die Intervention implementierten. Um die Effekte der Interventionen zu beurteilen, wurde in beiden Studien die Motivation der Schülerinnen und Schüler mittels einer Selbsteinschätzung in einem Prätest-Posttest-Follow-Up-Design erfasst. Darüber hinaus wurden standardisierte Leistungstests eingesetzt. Die Mathematiklehrkräfte (und in MoMa 1 auch die Eltern) wurden im Rahmen der Studien ebenfalls gebeten Fragebögen auszufüllen. Um die Qualität der Durchführung und deren Einfluss genauer untersuchen zu können, wurde in MoMa 2 zudem die Intervention durch zwei Projektmitarbeiterinnen mit Blick auf die Umsetzung der Intervention, das Verhalten der Schülerinnen und Schüler und die Unterrichtsqualität beobachtet.

Verglichen mit den Wartekontrollgruppen berichteten Schülerinnen und Schüler der Interventionsbedingungen in beiden Studien eine höhere Nützlichkeitswahrnehmung in Mathematik, wobei sich in MoMa 1 stärkere Effekte (d = 0.14 – 0.30) zeigten als in MoMa 2 (d = 0.09 – 0.18) (Gaspard et al., 2015, 2021). In MoMa 1 berichteten Schülerinnen und Schüler, die Zitate bewertet hatten, außerdem eine höhere Wichtigkeit von Mathematik, mehr Freude an Mathematik, ein höheres Selbstkonzept, erzielten bessere Ergebnisse in einem Leistungstest, und ihre Anstrengungsbereitschaft wurde durch ihre Mathematiklehrkräfte als höher eingeschätzt (Brisson et al., 2017; Gaspard et al., 2015). Diese Ergebnisse fanden sich nicht nur sechs Wochen nach der Intervention, sondern zeigten sich überwiegend auch noch fünf Monate nach der Intervention. Bei einer Untersuchung potenzieller Nebenwirkungen der Intervention in sprachlichen Fächern zeigte sich, dass Schülerinnen und Schüler in der Zitatebedingung fünf Monate nach der Intervention dem Fach Deutsch im Vergleich zur Wartekontrollbedingung einen geringeren Wert beimaßen – ein Effekt, der sich über Vergleiche zwischen Fächern erklären lässt (Gaspard et al., 2016). In MoMa 2 – anders als in MoMa 1 – berichteten Schülerinnen und Schüler der Interventionsbedingungen höhere subjektive Kosten und zum Teil eine geringere Freude an Mathematik im Vergleich zur Wartekontrollgruppe (Gaspard et al., 2021). Darüber hinaus nahmen Schülerinnen und Schüler beider Interventionsgruppen eine höhere Relevanz der Mathematik für ihre persönlichen Berufsziele wahr (Piesch et al., 2020). Wenngleich sich die Masterstudierenden bei der Durchführung stärker an das standardisierte Skript hielten als die Mathematiklehrkräfte, machte es in Hinblick auf die Zielkonstrukte letztlich nur geringe Unterschiede, ob die Intervention durch die Masterstudierenden oder regulären Mathematiklehrkräfte durchgeführt wurde (Gaspard et al., 2021).

Insgesamt zeigen die Ergebnisse beider MoMa-Studien ausgehend von einer strengen wissenschaftlichen Evaluation, dass kurze Nützlichkeitsinterventionen im Mathematikunterricht durchaus langfristig positive Effekte haben können und das auch bei der Durchführung durch Lehrkräfte. Allerdings waren die Effekte relativ schwach ausgeprägt, zeigten sich nicht durchgängig auf allen Zielkonstrukten und waren teilweise von unerwünschten Nebenwirkungen begleitet. Somit scheint eine flächendeckende Implementation der für neunte Klassen manualisierten Intervention nur bedingt angebracht. Gleichzeitig konnten aus den Studien zahlreiche Erkenntnisse über die Gültigkeit der theoretischen Annahmen in der Praxis sowie die Fragen, für wen sich Erwartungs-Wertüberzeugungen wie und unter welchen Bedingungen fördern lassen, erzielt werden. Diese sollen in einem nächsten Schritt genutzt werden, um die Interventionsmaterialien noch gezielter an einzelne Schülerinnen und Schüler und deren Bedürfnisse und Interessen anzupassen.

3.3 Randomisierte Feldstudien im Programm der Hector Kinderakademien

Der bislang anspruchsvollste und systematischste Ansatz zur Verwendung von randomisierten Feldstudien am Hector-Institut erfolgt im Rahmen der wissenschaftlichen Begleitung der Hector Kinderakademien. Die rund 70 Hector Kinderakademien bieten eine fast flächendeckende außerunterrichtliche Begabtenförderung an Grundschulen in Baden-Württemberg mithilfe eines breiten Kursangebots, das einen Schwerpunkt im Bereich der MINT-Förderung hat. Kinder werden von Lehrkräften der Grundschule, die sie besuchen, für das Angebot nominiert, von ihren Eltern angemeldet und von Kursleitenden der Hector Kinderakademien, die unterschiedliche berufliche Hintergründe mitbringen, unterrichtet.

Ein elementarer Bestandteil des Programms der Hector Kinderakademien ist eine wissenschaftliche Begleitung, die dazu beitragen soll, die Effektivität des Kursangebots zu sichern. Im Rahmen dieser Qualitätssicherung gab es über die Jahre eine Verschiebung der Arbeitsschwerpunkte von der „Evaluation“ bestehender Kursangebote, die sich als voraussetzungsreich erwiesen hat (vgl. aber Golle et al., 2018), hin zu einer „Intervention“ mithilfe von wissenschaftlich fundierten, systematisch entwickelten und überprüften Kursen, den sogenannten *Hector Core Courses* (vgl. Golle et al., 2017). Die Hector Core Courses stellen ein Kernelement des Förderprogramms der Hector Kinderakademien dar und werden in engem Austausch mit Fachdidaktikerinnen und Fachdidaktikern anhand neuester Erkenntnisse aus der Psychologie und Unterrichtsqualitätsforschung entwickelt. Sie werden flächendeckend an den Hector Kinderakademien angeboten und sollen einen zentralen Beitrag zur Qualitätssicherung des Förderangebots im MINT-Bereich leisten.

In der wissenschaftlichen Begleitung der Hector Kinderakademien folgt die Entwicklung und Prüfung der Hector Core Courses inzwischen streng einem systematischen Schema (vgl. Herbein et al., 2020; siehe Abbildung 1). Ein Beispiel dafür ist die Entwicklung und systematische Evaluation des Hector Core Course „Kleine Forscher – Wir arbeiten wie Wissenschaftler". Dieser zielt auf die Förderung des Wissenschaftsverständnisses sowie des Interesses von Schülerinnen und Schülern der dritten und vierten Klasse, sich mit Naturwissenschaften zu beschäftigen, ab. Dabei geht es in dem Kurs nicht nur um die Vermittlung von Fach- oder Inhaltswissen, sondern um die Vermittlung eines grundlegenden Verständnisses dafür, wie Wissenschaft und wissenschaftliches Arbeiten funktionieren. Bei der Konzeption des Förderprogramms fand eine enge Zusammenarbeit zwischen Psychologinnen und Psychologen, Bildungsforscherinnen und Bildungsforschern, Naturwissenschaftlerinnen und Naturwissenschaftlern sowie Fachdidaktikerinnen und Fachdidaktikern der Biologie statt. Die in vier Modulen organisierten Kurseinheiten basieren auf der schrittweisen Öffnung des Forschenden Lernens, der schrittweisen Implementation des Forschungszyklus als zentrale Methode naturwissenschaftlicher Erkenntnisgewinnung sowie der Reflexion und dem Austausch über wissenschaftliches Arbeiten (Oschatz & Schiefer, 2017).

In der ersten Phase der Kursevaluation (Wirksamkeitsstudie 2013/14, siehe Abb. 1) wurde der 8-wöchige Kurs unter standardisierten Bedingungen von den Programmentwicklerinnen und Programmentwicklern des Hector-Instituts für Empirische Bildungsforschung an vier Hector Kinderakademien durchgeführt. Ziel dieser Studie (N = 65 Kinder), bei der die Teilnehmerinnen und Teilnehmer innerhalb jeder Akademie zufällig dem Kurs „Kleine Forscher" oder einem Alternativkurs zugewiesen wurden, war die Überprüfung des Erreichens der Förderziele (Schiefer et al., 2020). Die Ergebnisse zeigen, dass die Kinder, die den Kurs besuchten, im Vergleich zu Kindern in der Kontrollgruppe ihre Vorstellungen zu Wissen und Wissenserwerb in den Naturwissenschaften (epistemische Überzeugungen) systematisch verbessert haben sowie ihre Freude am Denken gestiegen ist. In einem zweiten Schritt („Effektivitätsstudie", siehe Abb. 1) wurde der Kurs von zehn Dozierenden an den Hector Kinderakademien durchgeführt (Schiefer et al., 2017). Ziel dieser Studie (N = 110 Kinder), bei der die Teilnehmerinnen und Teilnehmer innerhalb jeder Akademie zufällig dem Kurs „Kleine Forscher" oder einer Wartekontrollgruppe zugewiesen wurden, war die erste Multiplikation des Programms sowie die Überprüfung der Wirksamkeit unter regulären Bedingungen vor Ort an den Akademien. Voraussetzung dafür war die Erstellung eines Kursmanuals sowie die Konzeption und Durchführung einer obligatorischen Qualifizierungsveranstaltung für Dozierende, die während der Kursdurchführung die Durchführbarkeit sowie die Einhaltung des Kursprogramms (Implementationsgüte, Nelson et al., 2012) dokumentierten. Die Ergebnisse zeigen, dass die am Kurs teilnehmenden Kinder den Ablauf eines Forschungsprozesses besser verstanden haben und ihre Freude am Denken gefördert werden konnte. Keine Effekte zeigten sich jedoch im Hinblick auf die Förderung ihrer Vorstellungen zu Wissen und Wissenserwerb in den Naturwissenschaften (epistemische Überzeugungen). Nach erfolgter Optimierung und weiterer Verbreitung des Kurses wurde seine Durchführbarkeit und Wirksamkeit 2017/18 in einer Scaling-up-Studie (siehe Abb. 1) mit 30 Kursen an 28 Standorten geprüft (Schiefer et al., 2021). Ziel dieses RCTs ($N = 310$ Kinder) war die Prüfung des Programms nach seiner flächendeckenden Implementation an den unterschiedlichen Standorten in Baden-Württemberg. Zudem sollte ein Fokus auf die Untersuchung differentieller Geschlechtereffekte der Intervention „Ist das Programm für Mädchen und Jungen gleichermaßen wirksam?“ gelegt werden. Wie der Vergleich mit den Kindern aus der Wartekontrollgruppe zeigt, führte eine Kursteilnahme dazu, dass die 8- bis 9-jährigen Kinder den Ablauf eines Forschungsprozesses besser verstanden, eine klarere Vorstellung über die Natur von Wissen erlangten und insgesamt motivierter waren, sich mit Naturwissenschaften zu beschäftigen. Hierbei zeigten sich stärkere Förderwirkungen bei den Mädchen als bei den Jungen.

Insgesamt signalisieren die Ergebnisse, dass der Hector Core Course „Kleine Forscher“ das Wissenschaftsverständnis sowie die Motivation der teilnehmenden Kinder fördern kann, jedoch nicht alle Kursziele in allen Phasen der Programmevaluation erreicht werden konnten und das Programm nicht für alle Teilnehmerinnen und Teilnehmer gleichermaßen wirksam ist. Die flächendeckende Implementation des Kurses als fester Bestandteil der Begabtenförderung an den Hector Kinderakademien kann jedoch insgesamt als erfolgreich (praktikabel, umsetzbar, wirksam) bezeichnet werden und einen wichtigen Beitrag dazu leisten, dass besonders begabte und hochbegabte Grundschulkinder, die durch den Regelunterricht häufig unterfordert sind, eine für sie passende und „wirksame“ Lerngelegenheit erhalten.

4. Randomisierte Feldstudien: Selbstverständlicher Beitrag zur Evidenzorientierung und Theorienentwicklung

RCTs haben sich in der Forschung zu Lehr-Lernprozessen international als feste Größe etabliert, auch wenn ihre Anzahl nach wie vor begrenzt ist, gerade auch in Deutschland. Aus unserer Sicht gilt es daher, das Verständnis des Beitrags von RCTs für Wissenschaft und Praxis nochmals zu schärfen und mögliche Hindernisse, die bislang eine noch weitergehende Nutzung beeinträchtigt haben, in den Blick zu nehmen. Auf der Basis unserer eigenen Studien werden wir im Folgenden drei kritische Herausforderungen (vgl. Connolly et al., 2018) adressieren.

4.1 Theoretische Fundierung und schrittweise Entwicklung und Überprüfung von Interventionen anstatt naivem Positivismus

In manchen Forschungskontexten werden RCTs als eine Art „Entscheidungsexperiment“ gesehen bzw. konzipiert (vgl. Biesta, 2017; Connolly et al., 2018): RCTs sollen hier eine eindeutige Aussage darüber liefern, ob eine bestimmte Maßnahme wirksam ist oder nicht und dementsprechend auch in der Praxis zum Einsatz kommen soll. Hier findet sich die Analogie zur Medizin, in der eine große Studie über die Wirksamkeit und damit auch Zulassung eines bestimmten Medikaments entscheidet. Solche „Entscheidungsstudien“ haben in den Sozialwissenschaften einige Kritik hervorgerufen. Sie werden als theorielos charakterisiert und würden nur einen begrenzten Erkenntnisgewinn liefern (z.B. Lareau, 2009). Selbst wenn eine Intervention einen pädagogisch erwünschten Effekt zeigen würde, sei zudem die Generalisierbarkeit der Befunde jenseits der jeweils spezifischen Kontexte nicht gewährleistet. Teilweise werden die Erkenntnisse aus randomisierten kontrollierten Studien auch mit einer „Black Box" verglichen, weil sie nicht oder nur sehr bedingt einen Einblick in die Prozesse liefern können, die die Intervention ausmachen und damit für die gefundenen Unterschiede verantwortlich sind (Nelson et al., 2012).

Die grundlegende Kritik an dieser Art von RCTs als letztlich naivem Positivismus, der zudem oft die Erfordernisse der pädagogischen Praxis verkenne, ist nicht per se unberechtigt – aber sie ist keine adäquate Charakterisierung des Gros der Studien, die derzeit oder in der jüngeren Vergangenheit im Bereich der empirischen Bildungsforschung durchgeführt werden bzw. wurden (vgl. Connolly et al., 2018). Diese Studien sind häufig theoriegeleitet und werden von Beginn an als Bestandteil eines größeren Forschungsprozesses verstanden, durch welchen auch Brücken zwischen Theorie und Praxis gebaut werden können. So entsteht im Idealfall, ausgehend von einer praktischen Herausforderung und der Analyse der bestehenden pädagogischen Praxis, auf der Basis von theoretischen Überlegungen sowie empirischen Befunden (oftmals aus nicht-experimentell angelegten Studien) eine pädagogische Intervention, die in der Praxis wirksam ist und mehr oder weniger deutlich zur weiteren Theorienbildung beiträgt. Für die umfassende Konzeption und Evaluation einer pädagogischen Intervention ist dann nicht die *eine* Studie verantwortlich, sondern ein umfassendes Forschungsprogramm, in welchem die Intervention schrittweise entwickelt und überprüft wird – und wofür die Entwicklung der Hector Core Courses (vgl. Abschnitt 3) ein gutes Beispiel sind.

Eine dezidierte theoretische Fundierung von Interventionen sowie die schrittweise Überprüfung im Rahmen eines Forschungsprogramms sind dabei auch wichtig für die Frage nach der Generalisierbarkeit von Befunden. Selbstverständlich lassen sich die Ergebnisse eines einzelnen RCTs nur begrenzt generalisieren – eine Einschränkung, die für jedes Experiment gilt, aber im Falle komplexer pädagogischer Umgebungen eine besondere Bedeutung gewinnt. In der dargestellten Studie zu Zeitzeuginnen und Zeitzeugen im Geschichtsunterricht beispielsweise wurde die Studie mit Neuntklässlerinnen und Neuntklässlern am Gymnasium durchgeführt – es ist möglich, dass sich in anderen Gruppen von Schülerinnen und Schülern andere Ergebnisse zeigen. Eine empirische Überprüfung von Interventionen unter verschiedenen Kontextbedingungen ist daher angeraten und ist in der Phase des Scaling-Ups (siehe Abbildung 1) vorgesehen. Durch eine adäquate theoretische Fundierung tragen RCTs jedoch stets auch zur Entwicklung bzw. Überprüfung von Theorien bei. Das MoMa-Projekt leistet in diesem Sinne einen Beitrag zur Prüfung der Erwartungs-Wert-Theorie nach Eccles und mit der beschriebenen Studie zum Wissenschaftsverständnis im Rahmen der Hector Kinderakademien ging auch ein besseres Verständnis der Entwicklung epistemischer Überzeugungen einher.

4.2 Die Rolle von Prozessen und die Implementationsgüte

Eine weitere Kritik an RCTs ist der „Black-Box"-Charakter der Intervention: Oftmals sei völlig unklar, warum eine Maßnahme wirksam sei oder nicht (vgl. Connolly et al., 2018). Der Ausgangspunkt von RCTs ist tatsächlich die Effektivität im Feld; manche Proponenten von RCTs würden entsprechend argumentieren, dass der Erkenntnisgewinn für die Praxis entscheidend sei. Aus grundlagenwissenschaftlicher Perspektive lässt sich jedoch kritisch nachfragen, was mit Feldstudien (hohe „externe Validität") gewonnen wird, wenn diese dazu führen, dass man womöglich nichts mehr über die Wirkfaktoren („interne Validität") sagen kann. Diese Kritik mag zwar auf viele veröffentlichte RCTs zutreffen, aber sie unterschätzt die Möglichkeiten, die RCTs bieten. Moderne RCTs können, so unsere Argumentation, helfen, dieses Dilemma zu überwinden. Viele RCTs erbringen nämlich nicht nur über das Ergebnis („Wirkt die Intervention?") wichtigen Erkenntnisgewinn, sondern der gesamte Prozess birgt potenziell wichtige Erkenntnisse, sofern eine Intervention theoretisch fundiert ist und die angenommenen Wirkmechanismen genau genug beschrieben werden können. Eine solche Spezifikation des angenommenen Wirkmodells wird auch als „Change Model" bezeichnet, das nach Möglichkeit explizit auf theoretische Annahmen zurückgeführt werden kann („Theory of Change"). Das Change Model hilft dabei, die „Black Box" der Intervention zu öffnen.

Aus dem Change Model mit den Kernkomponenten der Intervention lassen sich die zu erfassenden Maße der Implementationsgüte ableiten (Nelson et al., 2012). In der Literatur werden hierfür verschiedene Begriffe synonym verwendet oder zumindest sehr ähnlich definiert (im Englischen *Implementation Fidelity*, *Implementation Quality* oder *Treatment Integrity*). Nach Dane und Schneider (1998) werden fünf Komponenten der Implementationsgüte unterschieden: (1) Manualtreue *(Adherence)* oder das Ausmaß, in dem sich die durchführende Person an die Struktur und Reihenfolge der beschriebenen Interventionselemente hält, (2) Exposition (*Exposure*) oder die Anzahl und Länge der Interventionssitzungen bzw. die Häufigkeit, mit der die Interventionselemente umgesetzt werden, (3) Durchführungsqualität (*Quality of Deliverance*) oder die qualitativen Aspekte der Durchführung, wobei der Fokus auf dem Prozess liegt, hierzu gehören beispielsweise die Vorbereitung, die Fähigkeiten und das Engagement der durchführenden Person, (4) Responsivität (*Responsiveness*) der Teilnehmenden oder die Reaktionen der Teilnehmenden auf die Intervention, zum Beispiel deren Beteiligung und Interesse und (5) Programmdifferenzierung (*Program Differentiation*) oder eine fehlende Diffusion der Bedingungen, d. h. eine Überprüfung, dass tatsächlich jede Untersuchungsbedingung nur die geplanten Maßnahmen erhält.

Neben der Frage „Was wirkt?" können durch randomisierte kontrollierte Interventionsstudien im Idealfall auch Erkenntnisse zur Beantwortung weitergehender Fragen wie „Unter welchen Bedingungen?", „Wie lange?", „Für wen?" und „Warum?" beantwortet werden, wenn unterschiedliche Aspekte der Implementationsgüte erfasst und mit den angestoßenen Veränderungen in Zusammenhang gebracht werden. Die Erfassung der Implementationsgüte ist insbesondere in den späteren Phasen der empirischen Prüfung von Interventionen von zentraler Bedeutung, da es bei geringerer Kontrolle durch die Forschenden leichter auch zu Variationen in der Durchführung kommt (Gottfredson et al., 2015; Hulleman & Cordray, 2009). Ein Punkt, der in diesem Rahmen häufig diskutiert wird, ist, dass Anpassungen nicht unbedingt zu geringeren Effekten der Intervention führen, wenn beispielsweise die Passung durch auf die Teilnehmenden zugeschnittene Inhalte erhöht wird (z. B. Blase & Fixsen, 2013); wichtig ist jedoch, dass die Kernkomponenten der Intervention weiterhin wie intendiert durchgeführt werden. Die Erfassung der Implementationsgüte kann entsprechend auch dazu dienen, ein besseres Verständnis der Intervention und der durch sie angestoßenen Prozesse zu erlangen. Zudem können Variationen einzelner Faktoren der Implementation Erkenntnisse darüber liefern, unter welchen Bedingungen eine hohe Implementationsgüte sichergestellt werden kann (bspw. in Bezug auf die Motivation und die Kenntnisse der Durchführenden, aber auch Unterstützung durch den Kontext) und somit weitere wichtige Erkenntnisse zur effektiven Umsetzung der Intervention in der Praxis erzielt werden. Lendrum und Humphrey (2012) nennen in ihrer Überblicksarbeit weitere wichtige Argumente für eine intensive Beschäftigung mit der Implementationsgüte von RCTs.

In den meisten unserer eigenen Studien wurden unterschiedliche Aspekte der Implementationsgüte erfasst und teilweise auch mit den beobachteten Effekten der Interventionen in Zusammenhang gebracht. So wurde in der oben beschriebenen MoMa 1-Studie die Responsivität der Schülerinnen und Schüler anhand einer Kodierung der schriftlichen Arbeitsaufträge erfasst. Dabei zeigte sich, dass diese nur unter der Bedingung von der Intervention profitierten, dass sie die Arbeitsaufträge entsprechend der Instruktionen bearbeiteten (d. h. ihre Texte enthielten Argumente für und nicht gegen die Nützlichkeit der Mathematik, persönliche Bezüge und eigene oder umformulierte Argumente als Indikator für Reflexion; Brisson et al., 2020; Nagengast et al., 2018). In der MoMa 2-Studie wurden Studierende und Lehrkräfte in Bezug auf die Manualtreue, die Qualität der Durchführung und die Responsivität der Schülerinnen und Schüler verglichen (Gaspard et al., 2021). Hier sagten eine höhere Manualtreue sowie geringere Disziplinprobleme während der Intervention die durch die Schülerinnen und Schüler wahrgenommene Nützlichkeit nach der Intervention vorher. Somit konnten in beiden Studien Faktoren identifiziert werden, die mit stärkeren Effekten der Intervention einhergingen. Diese Befunde stützen zudem das angenommene Wirkmodell.

4.3 Wie sich RCTs realisieren lassen: eine Frage der Professionalisierung des Felds

Ein RCT ist natürlich nicht immer das Design der Wahl, um eine bestimmte Frage empirisch zu untersuchen: Manchmal sind experimentelle Variationen schlechterdings unmöglich in authentischen Lernkontexten umzusetzen, manchmal sprechen auch ethische Erwägungen dagegen, beispielsweise wenn damit bestimmten Schülerinnen und Schülern potenziell hilfreiche Interventionen vorenthalten würden.

Und natürlich ist das Ergebnis eines RCTs selten eine klare „Handlungsanweisung" im Sinne der Implementierung bestimmter Maßnahmen – es gilt ja immer einen breiteren Kranz von Wirkungen und Nebenwirkung sowie auch Fragen von Kosten und Akzeptanz zu berücksichtigen. Dementsprechend sind RCTs kein Allheilmittel für Defizite bei der Qualität im Bildungsbereich. Aber noch häufiger scheinen es finanzielle und organisatorische Hürden zu sein sowie die Sorge, keine ausreichend große Stichprobe gewinnen zu können, die die Durchführung von RCTs behindern. Angesichts der generell kaum umstrittenen hohen Aussagekraft von RCTs in Bezug auf die Wirkung bestimmter Interventionen sowie ihren Beitrag zur Theorienentwicklung, auf den wir oben ausführlich eingegangen sind, scheint es uns notwendig zu sein, dass weitere Anstrengungen unternommen werden, um die Zahl und Bedeutung von RCTs systematisch zu steigern.

Der vielleicht wichtigste Beitrag zur Stärkung der Rolle von RCTs wird hierbei die Etablierung eines besseren geteilten Verständnisses der Stärken von RCTs sein, das sich früher oder später auch in impliziten oder expliziten professionellen Standards für deren Einsatz manifestieren wird. Dieser Prozess ist bereits erkennbar in der Publikationspolitik renommierter Zeitschriften im Bildungsbereich, bei denen ein zunehmend größeres Gewicht auf Studien mit experimentellem Design und angemessener Power gelegt und eine ökologische Validität von Studien als wichtiger Qualitätsfaktor angesehen wird (vgl. z. B. Harris, 2018). Um diesen Prozess weiter zu fördern, wird ein besseres Verständnis von RCTs benötigt. Das vorliegende Kapitel sehen wir als entsprechenden Diskussionsbeitrag.

Ebenso wichtig ist aber auch eine Förderung der notwendigen zeitlichen, personellen und finanziellen Rahmenbedingungen, um den systematischen und anspruchsvollen Forschungsprozess zu RCTs samt der meist aufwändigen Feldarbeit zu ermöglichen. So sind in aller Regel Studien mit vielen Untersuchungsteilnehmerinnen und Untersuchungsteilnehmern notwendig, um tatsächlich aussagekräftige Ergebnisse zu erzielen. Hierbei stellt sich auch die Frage, ob für die regelmäßige Durchführung von RCTs nicht neue Formen von Forschungsinfrastruktur benötigt werden. Was die fMRI-Scanner bzw. die Elektronenmikroskope für manche naturwissenschaftliche Disziplinen sind – nämlich gemeinsam genutzte Komponenten einer exzellenten Forschungsinfrastruktur – wären für die Bildungsforschung effektive universitäre Zentren für empirische Feldarbeit in Bildungskontexten. An entsprechenden Finanzierungsmöglichkeiten fehlt es jedoch – zumindest in Deutschland, wo es an groß angelegten Förderformaten für RCTs mangelt. Auffällig ist zudem, dass randomisierten Feldstudien in den Rahmenprogrammen der Empirischen Bildungsforschung des BMBFs sowie bei dem Engagement der Länder der Bundesrepublik Deutschland keine herausgehobene Rolle zukommt. Im Gegenteil: Verglichen mit den Maßnahmen zur Entwicklung von Assessments sowie der Durchführung von Kompetenzmessung (inkl. der Etablierung des IQB) sowie in der längsschnittlichen Erfassung und Analyse von akademischen Biographien (entscheidend war hier die Etablierung des Nationalen Bildungspanels am heutigen Leibniz-Institut für Bildungsverläufe) mangelt es nach wie vor an weithin sichtbaren Schritten zur systematischen Etablierung von RCTs im deutschen Bildungssystem. Am Standort Tübingen konnte nur deshalb ein Minimum an entsprechenden institutionell verankerten Unterstützungssystemen aufgebaut werden, weil Mittel aus der Exzellenzinitiative des Bundes und der Länder für das LEAD Graduate School & Research Network u.a. für den Aufbau eines Schulpartnerschafts-Netzwerks aufgewendet wurden.

Allerdings bedarf es im Zusammenhang mit der Schaffung einer entsprechenden Forschungsinfrastruktur neben einer angemessenen Finanzierung weiterer Schritte zur nachhaltigen Implementation von RCTs im Sinne einer strategischen Nutzung von RCTs innerhalb von Hochschulen, die wiederum positive Rückwirkungen auf die Beiträge einer Hochschule zu Wissenschaft und Praxis haben können. Insbesondere sind hier Formen der Zusammenarbeit der Fachkolleginnen und Fachkollegen gemeint. RCTs sind komplexe Unterfangen, die sehr häufig von einer intensiven Zusammenarbeit von Bildungswissenschaft, Fachwissenschaft und Fachdidaktik profitieren; gerade auch für die Fachdidaktik stellen – so zeigen auch unsere eigenen Erfahrungen – randomisierte kontrollierte Interventionsstudien eine Möglichkeit dar, unverzichtbare Kompetenzen in eine Zusammenarbeit einzubringen, international sichtbar zu publizieren und direkte Beiträge zur Weiterentwicklung der Lehr-und Lernkultur in Schulen zu leisten. Bislang scheint dieses Potenzial nur an wenigen Hochschulstandorten systematisch genutzt zu werden.

5. Die Zukunft: mehr RCTs

Randomisierte kontrollierte Interventionsstudien können einen sehr wichtigen Baustein zur Evidenzbasierung in der Bildung darstellen und bergen großes Potenzial bei der Prüfung und Weiterentwicklung von Theorien. Nicht alle Fragestellungen lassen sich auf solche Programme bzw. Maßnahmen herunterbrechen, und manchmal werden forschungsethische und -praktische Erwägungen den Ausschlag dafür geben, anderen Forschungsansätzen den Vorzug zu geben. Grundsätzlich gilt jedoch, dass zu oft auch dort, wo RCTs durchgeführt werden könnten und sollten, nicht davon Gebrauch gemacht wird bzw. gemacht werden kann. Das sollte sich im Dienste und im Sinne von besserer Forschung für höhere Bildungsqualität ändern.

Literatur

Baker, E. L. (2006). Principles for scaling up: Choosing, measuring effects, and promoting the widespread use of educational innovation. In B. Schneider & S.-K. McDonald (Hrsg.), *Scale-Up in Education: Ideas in Principle* (S. 37–54). Rowman & Littlefield Publishers.

Berliner, D. C. (2002). Educational research: The hardest science of all. *Educational Researcher, 31*(8), 18–20.

Bertram, C. (2017). *Zeitzeugen im Geschichtsunterricht. Chance oder Risiko für historisches Lernen? Eine randomisierte Interventionsstudie* (Reihe Geschichtsunterricht erforschen). Wochenschau.

Bertram, C., Wagner, W., & Trautwein, U. (2017). Learning historical thinking with oral history interviews: A cluster randomized controlled intervention study of oral history interviews in history lessons. *American Educational Research Journal, 54*(3), 444–484. https://doi.org/10.3102/0002831217694833

Bertram, C., Wagner, W., & Trautwein, U. (2019). Empirische Bildungsforschung trifft Geschichtsdidaktik: Die Zeitzeugenstudie. In W. Schreiber & B. Ziegler (Hrsg.), *Geschichtsdidaktischer Zwischenhalt. Beiträge aus der Tagung „Kompetent machen für ein Leben in, mit und durch Geschichte" in Eichstätt vom November 2016* (S. 323–332). Waxmann.

Biesta, G. (2007). Why "what works" won't work: Evidence-based practice and the democratic deficit in educational research. *Educational Theory, 57*(1), 1–22.

Blase, K., & Fixsen, D. L. (2013). *Core intervention components: Identifying and operationalizing what makes programs work. ASPE research brief.* US Department of Health and Human Services.

Brisson, B. M., Dicke, A.-L., Gaspard, H., Häfner, I., Flunger, B., Nagengast, B., & Trautwein, U. (2017). Short intervention, sustained effects: Promoting students' math competence beliefs, effort, and achievement. *American Educational Research Journal, 54*(6), 1048–1078. https://doi.org/10.3102/0002831217716084

Brisson, B. M., Hulleman, C. S., Häfner, I., Gaspard, H., Flunger, B., Dicke, A.-L., Trautwein, U., & Nagengast, B. (2020). Who sticks to the instructions – and does it matter? Antecedents and effects of students' responsiveness to a classroom-based motivation intervention. *Zeitschrift für Erziehungswissenschaft, 23*(1), 121–144. https://doi.org/10.1007/s11618-019-00922-z

Brunner, M., Keller, U., Wenger, M., Fischbach, A., & Lüdtke, O. (2018). Between-school variation in students' achievement, motivation, affect, and learning strategies: Results from 81 countries for planning group-randomized trials in education. *Journal of Research on Educational Effectiveness, 11*(3), 452–478. https://doi.org/10.1080/19345747.2017.1375584

Campbell, M. K., Piaggio, G., Elbourne, D. R., Altman, D. G., & for the CONSORT Group. (2012). Consort 2010 statement: Extension to cluster randomised trials. *BMJ, 345*(sep04 1), Article e5661–e5661. https://doi.org/10.1136/bmj.e5661

Connolly, P., Keenan, C. & Urbanska, K. (2018). The trials of evidence-based practice in education: a systematic review of randomised controlled trials in education research 1980–2016. *Educational Research, 60*, 276–291. https://doi.org/10.1080/00131881.2018.1493353

Dawson, A., Yeomans, E. & Brown, E. R. (2018). Methodological challenges in education RCTs: reflections from England's Education Endowment Foundation. *Educational Research, 60*, 292–310. https://doi.org/10.1080/00131881.2018.1500079

Deaton, A., & Cartwright, N. (2018). Understanding and misunderstanding randomized controlled trials. *Social Science & Medicine, 210*, 2–21. https://doi.org/10.1016/j.socscimed.2017.12.005

Eccles, J. S. (2005). Subjective task value and the Eccles et al. model of achievement-related choices. In A. J. Elliot, & C. S. Dweck (Hrsg.), *Handbook of competence and motivation* (S. 105–121). Guilford Press.

Eccles, J. S., Adler, T. F., Futterman, R., Goff, S. B., Kaczala, C. M., Meece, J. L., & Midgley, C. (1983). Expectancies, values, and academic behaviors. In J. T. Spence (Hrsg.), *Achievement and achievement motives* (S. 74–146). W. H. Freeman.

Eccles, J. S., & Wigfield, A. (2020). From expectancy-value theory to situated expectancy-value theory: A developmental, social cognitive, and sociocultural perspective on motivation. *Contemporary Educational Psychology, 61,* Article 101859. https://doi.org/10.1016/j.cedpsych.2020.101859

Fauth, B., Wagner, W., Bertram, C., Göllner, R., Roloff, J., Lüdtke, O., Polikoff, M. S., Klusmann, U., & Trautwein, U. (2020). Don't blame the teacher? The need to account for classroom characteristics in evaluations of teaching quality. *Journal of Educational Psychology, 112*(6), 1284–1302. https://doi.org/10.1037/edu0000416

Feuer, M. J., Towne, L., & Shavelson, R. J. (2002). Scientific culture and educational research. *Educational Researcher, 31,* 4–14.

Gaspard, H., Dicke, A.-L., Flunger, B., Brisson, B. M., Häfner, I., Nagengast, B., & Trautwein, U. (2015). Fostering adolescents' value beliefs for mathematics with a relevance intervention in the classroom. *Developmental Psychology, 51*(9), Article 1226–1240. https://doi.org/10.1037/dev0000028

Gaspard, H., Dicke, A.-L., Flunger, B., Häfner, I., Brisson, B. M., Trautwein, U., & Nagengast, B. (2016). Side effects of motivational interventions? Effects of an intervention in math classrooms on motivation in verbal domains. *AERA Open, 2*(2), 1–14. https://doi.org/10.1177/2332858416649168

Gaspard, H., Parrisius, C., Piesch, H., Kleinhansl, M., Wille, E., Nagengast, B., Trautwein, U., & Hulleman, C. S. (2021). The potential of relevance interventions for scaling up: A cluster-randomized trial testing the effectiveness of a relevance intervention in math classrooms. *Journal of Educational Psychology, 113*(8), 1507-1528. https://doi.org/10.1037/edu0000663

Gaspard, H., Parrisius, C., Nagengast, B. & Trautwein, U. (2019). Förderung von Wertüberzeugungen durch Nützlichkeitsinterventionen. In H. Gaspard, U. Trautwein & M. Hasselhorn (Hrsg.), *Diagnostik und Förderung von Motivation und Volition* (S. 161–175). Hogrefe.

Gaspard, H. & Trautwein, U. (2021). Randomisierte kontrollierte Feldstudien: Überprüfung der Wirksamkeit von pädagogischen Interventionen in realen Lernkontexten. In G. Weißeno & B. Ziegler (Hrsg.), *Handbuch Geschichts- und Politikdidaktik.* VS Verlag für Sozialwissenschaften.

Golle, J., Herbein, E., Hasselhorn, M., & Trautwein, U. (2017). Begabungs- und Talentförderung in der Grundschule durch Enrichment: Das Beispiel der Hector-Kinderakademien. In U. Trautwein & M. Hasselhorn (Hrsg.), *Begabungen und Talente* (S. 191–210). Hogrefe.

Golle, J., Zettler, I., Rose, N., Trautwein, U., Hasselhorn, M., & Nagengast, B. (2018). Effectiveness of a "grass roots" statewide enrichment program for gifted elementary school children. *Journal of Research on Educational Effectiveness, 11*(3), 375–408. https://doi.org/10.1080/19345747.2017.1402396

Gottfredson, D. C., Cook, T. D., Gardner, F. E. M., Gorman-Smith, D., Howe, G. W., Sandler, I. N., & Zafft, K. M. (2015). Standards of evidence for efficacy, effectiveness, and scale-up research in prevention science: Next generation. *Prevention Science, 16*(7), 893–926. https://doi.org/10.1007/s11121-015-0555-x

Gräsel, C. (2010). Stichwort: Transfer und Transferforschung im Bildungsbereich. *Zeitschrift für Erziehungswissenschaft, 13,* 7–20.

Hager, W., & Hasselhorn, M. (2000). Psychologische Interventionsmaßnahmen: Was sollen sie bewirken können? In W. Hager, J.-L. Patry, & H. Brezing (Hrsg.), *Evaluation psychologischer Interventionsmaßnahmen* (S. 41–85). Huber.

Harris, K. R. (2018). Educational psychology: A future retrospective. *Journal of Educational Psychology, 110,* 163–173. http://dx.doi.org/10.1037/edu0000267

Henke-Bockschatz, G. (2014). *Oral History im Geschichtsunterricht.* Wochenschau Verlag.

Herbein, E., Golle, J., Nagengast, B., & Trautwein, U. (2020). Förderung von Präsentationskompetenz: Schrittweise Implementation und Effektivitätsüberprüfung eines Präsentationstrainings für Grundschulkinder. *Zeitschrift für Erziehungswissenschaft*, *23*(1), 83–120. https://doi.org/10.1007/s11618-019-00923-y

Herbein, E., Golle, J., Tibus, M., Zettler, I., & Trautwein, U. (2018). Putting a speech training program into practice: Its implementation and effects on elementary school children's public speaking skills and levels of speech anxiety. *Contemporary Educational Psychology*, *55*, 176–188. https://doi.org/10.1016/j.cedpsych.2018.09.003

Hulleman, C. S., & Harackiewicz, J. M. (2009). Promoting interest and performance in high school science classes. *Science*, *326*(5958), 1410–1412. https://doi.org/10.1126/science.1177067

Hulleman, C. S., Godes, O., Hendricks, B. L., & Harackiewicz, J. M. (2010). Enhancing interest and performance with a utility value intervention. *Journal of Educational Psychology*, *102*(4), 880–895. https://doi.org/10.1037/a0019506

Humphrey, N., Lendrum, A., Ashworth, E., Frearson, K., Buck, R., & Kerr, K. (2016). *Implementation and process evaluation (IPE) for interventions in education settings: A synthesis of the literature.* https://educationendowmentfoundation.org.uk/public/files/Evaluation/Setting_up_an_Evaluation/IPE_Review_Final.pdf

Körber, A., Schreiber, W., & Schöner, A. (Hrsg.) (2007). *Kompetenzen historischen Denkens. Ein Strukturmodell als Beitrag zur Kompetenzorientierung in der Geschichtsdidaktik*. ars una.

Kraft, M. A. (2020). Interpreting effect sizes of education interventions. *Educational Researcher*, *49*(4), 241–253. https://doi.org/10.3102/0013189X20912798

Lareau, A. (2009). Narrow questions, narrow answers: The limited value of randomized controlled trials for education research. In P. Walters, A. Lareau, & S. H. Ranis (Hrsg.), *Education research on trial: Policy reform and the call for scientific rigor* (S. 145–161). Routledge.

Lendrum, A., & Humphrey, N. (2012) The importance of studying the implementation of interventions in school settings. *Oxford Review of Education*, *38*(5), 635–652, https://doi.org/10.1080/03054985.2012.734800

Leutner, D. (2010). Perspektiven pädagogischer Interventionsforschung. In T. Hascher & B. Schmitz (Hrsg.), *Pädagogische Interventionsforschung: Theoretische Grundlagen und empirisches Handlungswissen* (S. 63–72). Juventa.

Mittag, W., & Bieg, S. (2010). Die Bedeutung und Funktion pädagogischer Interventionsforschung und deren grundlegende Qualitätskriterien. In T. Hascher & B. Schmitz (Hrsg.), *Pädagogische Interventionsforschung: Theoretische Grundlagen und empirisches Handlungswissen* (S. 31–47). Juventa.

Moher, D., Hopewell, S., Schulz, K. F., Montori, V., Gøtzsche, P. C., Devereaux, P. J., Egger, M., & Altman, D. G. (2010). CONSORT 2010 Explanation and Elaboration: updated guidelines for reporting parallel group randomised trials. *BMJ*, *340*, Article c869.

Nagengast, B., Brisson, B. M., Hulleman, C. S., Gaspard, H., Häfner, I., & Trautwein, U. (2018). Learning more from educational intervention studies: Estimating complier average causal effects in a relevance intervention. *Journal of Experimental Education*, *86*(1), 105–123. https://doi.org/10.1080/00220973.2017.1289359

Nelson, M. C., Cordray, D. S., Hulleman, C. S., Darrow, C. L., & Sommer, E. C. (2012). A procedure for assessing intervention fidelity in experiments testing educational and behavioral interventions. *Journal of Behavioral Health Services and Research*, *39*(4), 374–396. https://doi.org/10.1007/s11414-012-9295-x

Nickolaus, R. & Gräsel, C. (Hrsg.). (2006). *Innovation und Transfer. Expertisen zur Transferforschung*. Schneider.

Oschatz, K. & Schiefer, J. (2017). Über Wissenschaft nachdenken in der Grundschule: Ein Hector Core Course. In U. Trautwein & M. Hasselhorn (Hrsg.), *Begabungen und Talente, Tests & Trends – Jahrbuch der pädagogisch-psychologischen Diagnostik, Band 15* (S. 197–212). Hogrefe.

Piesch, H., Gaspard, H., Parrisius, C., Wille, E., & Nagengast, B. (2020). How can a relevance intervention in math support students' career choices? *Journal of Applied Developmental Psychology, 71*, Article 101185. https://doi.org/10.1016/j.appdev.2020.101185

Pintrich, P. (2003). A motivational science perspective on the role of student motivation in learning and teaching contexts. *Journal of Educational Psychology, 95*, 667–686.

Raudenbush, S. W. (1997). Statistical analysis and optimal design for cluster randomized trials. *Psychological Methods, 2*(2), 173–185. https://doi.org/10.1037/1082-989X.2.2.173

Sabrow, M. (2012). Der Zeitzeuge als Wanderer zwischen zwei Welten. In M. Sabrow & N. Frei (Hrsg.), *Die Geburt des Zeitzeugen nach 1945* (S. 13–32). Wallstein.

Sauer, M. (Hrsg.). (2014). *Spurensucher. Ein Praxisbuch für historische Projektarbeit.* Edition Körber-Stiftung

Schiefer, J., Golle, J., Tibus, M., Herbein, E., Gindele, V., Trautwein, U., & Oschatz, K. (2020). Effects of an extracurricular science intervention on elementary school children's epistemic beliefs – A randomized controlled trial. *British Journal of Educational Psychology, 90*, 382–402. https://doi.org/10.1111/bjep.12301

Schiefer, J., Golle, J., Tibus, M., Trautwein, U., & Oschatz, K. (2017). Elementary school children's understanding of science: The implementation of an extracurricular science intervention. *Contemporary Educational Psychology, 51*, 447–463. https://doi.org/10.1016/j.cedpsych.2017.09.011

Schiefer, J., Stark, L., Gaspard, H., Wille, E., Trautwein, U., & Golle, J. (2021). Scaling up an extracurricular science intervention for elementary school students: It works, and girls benefit more from it than boys. *Journal of Educational Psychology, 113*, 784–807. http://dx.doi.org/10.1037/edu0000630

Schrader, J. (2014). Analyse und Förderung effektiver Lehr-Lernprozesse unter dem Anspruch evidenzbasierter Bildungsreform. *Zeitschrift für Erziehungswissenschaft, 17*, 193–223. https://doi.org/10.1007/s11618-014-0540-3

Schreiber, W., & Árkossy, K. (2009). *Zeitzeugengespräche führen und auswerten: Historische Kompetenzen schulen*. ars una.

Shadish, W. R., Cook, T. D., & Campbell, D. T. (2002). *Experimental and quasi-experimental designs for generalized causal inference*. Wadsworth.

Slavin, R. E. (2002). Evidence-based education policies: Transforming educational practice and research. *Educational Researcher, 31*(7), 15–21. https://doi.org/10.3102/0013189X031007015

Spybrook, J., Shi, R., & Kelcey, B. (2016). Progress in the past decade: an examination of the precision of cluster randomized trials funded by the U.S. Institute of Education Sciences. *International Journal of Research & Method in Education, 39*(3), 255–267. https://doi.org/10.1080/1743727X.2016.1150454

Spybrook, J., Zhang, Q., Kelcey, B., & Dong, N. (2020). Learning from cluster randomized trials in education: An assessment of the capacity of studies to determine what works, for whom, and under what conditions. *Educational Evaluation and Policy Analysis, 42*(3), 354–374. https://doi.org/10.3102/0162373720929018

Stokes, D. E. (1997). *Pasteur's quadrant: Basic science and technological innovation.* Brookings Institution Press.

Tipton, E., & Olsen, R. B. (2018). A review of statistical methods for generalizing from evaluations of educational interventions. *Educational Researcher, 47*(8), 516–524. https://doi.org/10.3102/0013189X18781522

Weiss, M. J., Bloom, H. S., & Brock, T. (2014). A conceptual framework for studying the sources of variation in program effects. *Journal of Policy Analysis and Management, 33*(3), 778–808. https:///doi.org/10.1002/pam.21760

What Works Clearinghouse. (2020). *What Works Clearinghouse: Standards handbook, Version 4.1.* U.S. Department of Education, Institute of Education Sciences, National Center for Education and Regional Assistance.

Wierling, D. (2014). Oral History und Zeitzeugen in der politischen Bildung. Kommentar zu einem Spannungsverhältnis. In C. Ernst (Hrsg.), *Geschichte im Dialog? DDR-Zeitzeugen in Geschichtskultur und Bildungspraxis* (S. 99–107). Wochenschau.

Zachrich, L., Bertram, C., Wagner, W. & Trautwein, U. (in Druck). „Die Vergangenheit hat sich plötzlich so nah angefühlt". Eine komplexe Lernerfahrung im Geschichtsunterricht verstehen und standardisiert erfassen. In M. Waldis & B. Ziegler & (Hrsg.), *Forschungswerkstatt Geschichtsdidaktik 20. Beiträge zur Tagung „geschichtsdidaktik empirisch 20"* (Reihe Geschichtsdidaktik heute) hep-Verlag.

Mirjam Steffensky

Fachdidaktische Entwicklungsforschung und randomisierte Wirksamkeitsstudien im Feld – eine zielführende Ergänzung?

1. Einleitung

Fachdidaktische Forschung versteht sich als Verbindung zwischen Grundlagen- und Anwendungsforschung (Prediger et al., 2016), die darauf abzielt, fachspezifische Lehr-Lern-Prozesse zu verstehen und zu optimieren. Eine weitere und aktuell viel diskutierte zentrale Anforderung an die Fachdidaktiken ist die Frage des gelingenden Transfers evidenzorientierter Erkenntnisse der Forschung in die unterrichtliche Praxis.[1] So gesehen ist die Frage nach der Optimierung oder etwas vorsichtiger formuliert der Weiterentwicklung institutionalisierter Bildungsprozesse gleichermaßen zentral für die stärker generisch orientierte Lern- und Unterrichtsforschung als auch für die Fachdidaktiken.

Gleichzeitig muss man sich vergegenwärtigen, dass Fragen nach „What works?" von verschiedenen Personengruppen unterschiedlich gestellt werden. Die Frage, wie man Chemie- und Physikunterricht so gestalten kann, dass er über den schulischen Bildungsverlauf und darüber hinaus Interesse fördert, interessiert Lehrkräfte, die Bildungspolitik, Berufsverbände und viele andere Gruppen. Die Frage, wie man den konkreten Lerngegenstand „Oxidationen von Nichtmetallen" interessensfördernd im Unterricht umsetzen kann, ist dagegen für Lehrkräfte durchaus relevant, für andere Personengruppen weniger. In beiden Fällen spielen der konkrete Fachunterricht und die dort stattfindenden fachspezifischen Lernprozesse eine zentrale Rolle. Fachdidaktische Forschung muss also „What-Works-Fragen" auf verschiedenen Ebenen und in unterschiedlichen zeitlichen Perspektiven beantworten. Sie können ein übergeordnetes Bildungsziel wie politische Partizipationsfähigkeit oder ein konkretes Lernziel wie das Wissen über politische Institutionen betreffen.

Trotz dieses Selbstverständnisses von angewandter fachdidaktischer Forschung gibt es – wie in der Bildungsforschung generell – eine Lücke zwischen fachdidaktischer Forschung und Praxis. Damit soll nicht impliziert werden, dass alle Erkenntnisse der fachdidaktischen Bildungsforschung überhaupt das Ziel haben, direkt für die Praxis nutzbar zu sein. So gibt es fachdidaktische Forschung wie die Untersuchung von Vorstellungen von Schülerinnen und Schülern, die eher der Grundlagenforschung zuzuordnen ist. Aber auch Erkenntnisse einer stärker anwendungsorientierten Forschung können nicht wie pharmazeutische Erkenntnisse über ein wirksames Medikament in der Praxis eins-zu-eins umgesetzt werden. Fast immer

1 Ein gesonderter zentraler Anforderungsbereich der fachdidaktische Forschung, der aber hier nicht im Mittelpunkt steht, ist die Lehrkräftebildung und deren Weiterentwicklung, in der der Fachdidaktik verschiedene Vermittlungsaufträge zwischen Disziplinen und Ausbildungsphasen zukommt (Schilcher & Krauss, 2019).

müssen Lehrkräfte sie an ihre Lernenden, Kontexte und aktuelle Entwicklungen anpassen (Messner & Reusser, 2000). Gleichzeitig gibt es aber auch fachdidaktische Erkenntnisse, die noch aus anderen Gründen nicht für die Praxis nutzbar oder nützlich sind. Manche der fachdidaktischen Erkenntnisse stammen aus Interventionsstudien, die nicht auf die Bedingungen der Praxis übertragbar sind, weil z. B. Lehrkräften für die Umsetzung des intendierten Unterrichts notwendige professionelle Kompetenzen fehlen oder Interventionen nicht mit den Strukturen oder der Ausstattung der Schulen kompatibel sind. Manche fachdidaktischen Arbeiten, bei denen z. B. didaktische Materialien entwickelt werden, sind nur unzureichend hinsichtlich ihrer Wirkung geprüft, weil sie zum Beispiel nur in wenigen Klassen und ohne eine geeignetes Kontrollgruppendesign untersucht wurden.

Randomisierte Feldstudien im Kontrollgruppendesign (Randomized Controlled Field Trials, RCT) stellen, wie Ulrich Trautwein und Kolleginnen und Kollegen in ihrem Beitrag überzeugend argumentieren, einen wichtigen Ansatz dar, um robuste Ergebnisse über gelingende Interventionen für die Praxis zu generieren. Gelingen bezieht sich dabei einerseits auf die Unterstützung der angestrebten Lernziele, z. B. Motivation oder Wissen, auf der Seite der Schülerinnen und Schüler und anderseits auch auf die Umsetzbarkeit der Interventionen unter den verschiedenen Bedingungen der Praxis. Randomisierte kontrollierte Feldstudien sind entsprechend eingebettet in einen in der Regel langfristig angelegten sukzessiven Prozess aus Entwicklungsarbeiten, der schrittweisen Überprüfung der Wirksamkeit von Maßnahmen in zunehmend realistischeren Praxisbedingungen sowie Implementierungsstudien (Herbein et al., 2020). So gesehen, stellen sie einen sehr guten Ansatz dar, einem originär fachdidaktischen Anliegen nämlich der Weiterentwicklung fachlicher Lehr-Lern-Prozesse zu begegnen. Aktuell gibt es allerdings nur wenige Beispiele, in denen systematisch RCTs genutzt werden, um fachspezifischen Fragen nachzugehen, wie der Wirkung des Einsatzes von Zeitzeugen im Zusammenhang mit der friedlichen Revolution 1989 in der DDR (siehe Abschnitt 3.1 des Beitrags von Trautwein et al. in diesem Band). Das liegt sicherlich neben kritischen Einschätzungen solcher Studien (siehe Trautwein et al.) vor allem an praktischen Gründen wie Aufwand, Ressourcen und Langfristigkeit der Vorhaben.

Im Folgenden soll zunächst der Frage nachgegangen werden, an welchen Stellen in diesem sukzessiven Forschungsprozess der fachdidaktischen Perspektive eine besondere Bedeutung zukommt. Anschließend sollen Beispiele von solchen Forschungsprozessen aus dem MINT-Bereich vorgestellt werden, in denen fachdidaktische Entwicklungsarbeiten in Feldstudien unter Kontrollgruppendesign gemündet sind. In den Beispielen werden aber auch verschiedene Herausforderungen sichtbar.

2. Wo spielt die fachdidaktische Perspektive in der sukzessiven Untersuchung von Interventionen eine besondere Rolle?

Im Beitrag von Trautwein et al. in diesem Band wird eine stufenweise Abfolge von der Entwicklung einer Intervention, die auf einen Bedarf der Praxis abgestimmt ist, über Wirksamkeits- und Effektivitätsstudien zu Scaling-up-Studien beschrieben. Im sukzessiven Verlauf dieser verschiedenen Studien nimmt die Kontrolle über die „optimalen" Bedingungen und konfundierenden Faktoren der Umsetzung immer mehr ab und gleichzeitig die ökologische Validität immer mehr zu. So können zunehmend generalisierbare Ergebnisse erhalten werden. In den Scaling-up-Studien wird die Intervention nicht nur in einer größeren Stichprobe unter vielfältigeren Bedingungen überprüft, sondern auch die Frage nach einer gelingenden Implementierung stärker in den Mittelpunkt. Auch wenn dieser Prozess linear dargestellt ist, wird häufig angemerkt, dass in diesem Prozess auch Erkenntnisse entstehen, die relevant für vorangegangene Phasen sein können oder neue Fragen aufwerfen (Gottfredson et al., 2015). Etwas weiter gefasst: Erkenntnisse aus dieser Anwendungsforschung können darüber hinaus auch zu Fragen führen, die sich eher der Grundlagenforschung zuordnen lassen, da man in den meisten Feldern keine gradlinige Richtung von grundlagen- zu anwendungsorientierter Forschung annimmt (Klahr, 2019).

Für den gesamten Forschungsprozess ist die Zusammenarbeit verschiedener Teildisziplinen der Bildungsforschung vorteilhaft, um die verschiedenen Perspektiven, zum Beispiel der Lernpsychologie, Fachdidaktik, der Forschungsmethodik oder Schulentwicklungsforschung, zusammen zu bringen. An dieser Stelle wird speziell auf die fachdidaktische Perspektive eingegangen – ohne damit die Bedeutung anderer Perspektiven schmälern zu wollen. Zweifelsohne ist der erste Teil dieses sukzessiven Prozesses, nämlich die Identifikation eines Praxisproblems im Zusammenhang mit fachlichen Lehr-Lernprozessen und die darauf abgestimmte Entwicklung einer Intervention, ein Teil des Prozesses, in dem die fachdidaktische Perspektive und Expertise eine zentrale Rolle spielt. Beispielsweise stellt das materialgestützte argumentierende Schreiben, bei dem in der Regel verschiedene Quellen wie Texte, Diagramme, Karten etc. einbezogen werden müssen hohe (fach) sprachliche Anforderungen an viele Schülerinnen und Schüler. Die Identifikation, für welche Schülerinnen und Schüler sich hier besondere Schwierigkeiten ergeben, welche und wie viele Materialien geeignet sind, ist grundlegend, um darauf abgestimmte Unterstützungsmaßnahmen als Intervention zu entwickeln. Intervention ist hier im weiten Sinne als eine Maßnahme zu verstehen, mit der ein fachspezifischer Lehr-Lern-Prozess verbessert werden kann. Interventionen können also zum Beispiel eine Lernumgebung, eine Instruktionsstrategie, ein Diagnoseinstrument oder ein längerfristig angelegtes Curriculum sein.

Entwicklung von Interventionen

Diese Entwicklungsarbeit ist dabei nicht nur spezifisch für das Fach, sondern auch für den jeweiligen Lerngegenstand. Das bedeutet, dass generische Erkenntnisse der allgemeinen Didaktik oder der Lehr-Lern-Forschung für den Lerngegenstand konkretisiert und angepasst werden müssen. Beispielsweise müssen herausfordernde Aufgaben, einem zentralen Merkmal kognitiver Aktivierung oder vergleichbaren Konstrukten (Praetorius & Charalambous, 2018), oder auch die Anbindung von Aufgaben an die Lebenswelt der Schülerinnen und Schüler (Einsiedler, 2007) für den Lerngegenstand spezifiziert werden. Gleiches gilt auch für die instruktionale Unterstützung von Schülerinnen und Schülern bei der Bearbeitung von Aufgaben. So müssen die generischen Merkmale guten Unterrichts zur Unterstützung wie Zielorientierung, Fokussierungen auf zentrale Aspekte, das Einfordern von Begründungen oder die Nutzung geeigneter Repräsentationen konkretisiert werden. Dabei muss sowohl auf die fachliche Perspektive als auch auf die Perspektive der Lernenden Bezug genommen werden, ähnlich wie es im Modell der didaktischen Rekonstruktion (Duit et al., 2012) beschrieben wird.

In dieser Forschungsphase sind also zunächst Fragen nach der theoriegeleiteten Strukturierung des Lerngegenstands zentral. Dies geschieht zum Beispiel durch die Identifikation zentraler Verstehenselemente des Lerngegenstands, wie beispielsweise zentrale Begriffe und (anschlussfähige) Konzepte (Drollinger-Vetter, 2011), die Berücksichtigung motivationaler und kognitiver Voraussetzungen wie Interessen bzw. Präkonzepte (Vosniadou et al., 2001) und die angemessene Sequenzierung von Inhalten, die bekannte oder antizipierte Lernwege und Schwierigkeiten berücksichtigen (Einsiedler & Hardy, 2010). Diese Überlegungen müssen dann in konkrete Lernaktivitäten und Maßnahmen der instruktionalen Unterstützung überführt werden. Anschließende Erprobungen und Überprüfungen, die teilweise zunächst mit Kleingruppen von Schülerinnen und Schülern und erst dann mit ganzen Klassen durchgeführt werden, geben Hinweise auf die grundsätzliche Umsetzbarkeit der Intervention und auf Lernzuwächse, also auf die Frage nach der Wirksamkeit der Intervention.

Für die Entwicklung der Intervention ist es entscheidend nicht nur die Lernzuwächse zu betrachten, sondern auch die in der Intervention ablaufenden Lernprozesse zu berücksichtigen. Mit Analysen der Lernprozesse können zum Beispiel Schwierigkeiten im Lernverlauf oder bei der Nutzung von Materialien und Aktivitäten beschrieben werden, um so die Passung einzelner Schritte im Lernprozess für die (individuellen) Lernenden einschätzen zu können. Dies ist insbesondere wichtig, weil es längst nicht für alle Lerngegenstände empirisch fundierte Beschreibungen der Kompetenzentwicklungen im Sinne von learning progressions gibt, an denen man sich für eine kohärente Instruktion orientieren kann (Vorholzer et al., 2020).

Design-based Research oder fachdidaktische Entwicklungsforschung

Betrachtet man diese erste Forschungsphase genauer, zeigt sich oft ein langfristiger und iterativer Prozess, in dem verschiedene Zyklen einer systematischen und theoriegeleiteten Konzeption mit anschließender Erprobung, Überprüfung und Weiterentwicklung durchlaufen werden. Dieser Prozess lässt sich Forschungsansätzen des Design-based Research zuordnen (Design-based Research Collective, 2003; McKenney & Reeves, 2013; Reinmann, 2017). Dieser Forschungsansatz erhebt den Anspruch, nicht nur zu beschreiben und zu erklären, was ist, sondern auch zu prüfen, welche innovativen Entwicklungen möglich wären. Er wird auch als Reaktion auf die zum Teil nicht in die Praxis anwendbaren Erkenntnisse der empirischen Forschung aufgefasst (Euler, 2014). Auch im Design-based-Research-Ansatz ist der Ausgangspunkt der Forschung ein Problem der Praxis, zu dessen Lösung in einem sukzessiven Prozess eine Intervention entwickelt, erprobt, evaluiert und weiterentwickelt wird, um so zu Ergebnissen zu kommen, die für die Praxis relevant sind. Die Arbeiten greifen dabei aktuelle Fragen oder Herausforderungen des Unterrichts auf. Im Bereich der Inklusion lassen sich z.B. Lernumgebungen zur Bildung für nachhaltige Entwicklung für Schülerinnen und Schüler mit kognitiven Beeinträchtigungen anführen (Scholz et al., 2018). Auch werden „neue" Lerngegenstände wie Big Data und maschinelles Lernen (Biehler et al., 2018) sowie spezifische Fragen einzelner Fächer wie Planspiele im Politikunterricht zur Förderung EU-bezogener Kompetenzen thematisiert (Ivens & Oberle, 2020). Häufig arbeiten Forschende mit Lehrkräften von Anfang an zusammen, um beide Perspektiven – Forschung und Praxis – direkt in die Entwicklungsarbeit einfließen zu lassen. In der Fachdidaktik werden vergleichbare Ansätze auch als fachdidaktische Entwicklungsforschung bezeichnet (Einsiedler, 2010) und sind insbesondere im MINT-Bereich weit verbreitet. Beispiele hierfür sind die Entwicklungen und Untersuchungen von Lernumgebungen zum Programmieren in der Grundschule (Geldreich et al., 2018), zu physikalischen Themen des Sachunterrichts (Möller et al., 2009) oder zum Aufbau eines anschlussfähigen Verständnisses von Dezimalzahlen bei leistungsstarken Schülerinnen und Schülern (Schlund et al., 2018).

Herausforderungen dieses Forschungsansatzes

Obwohl Design-based Research bzw. fachdidaktische Entwicklungsforschung weit verbreitet ist, gibt es auch eine Reihe von Herausforderungen, die kritisch diskutiert werden. Dies betrifft zum Beispiel die Abgrenzung zu reinen Design-Prozessen oder zu Evaluationen (Easterday et al., 2018). Auch gibt es methodische Herausforderungen, die sich zum Beispiel dadurch ergeben, dass Entwicklung und Evaluation in diesem Ansatz von denselben Personen durchgeführt werden (McKenney & Reeves, 2013), und Standards zur Einschätzung der Güte Studien, die nach diesem Ansatz vorgehen, fehlen oder zumindest unklar sind (Dede, 2004; Sandoval, 2014). Eher grundsätzlicher Art ist die Kritik, dass zwar das Vorgehen in dem Ansatz beschrieben wird, es aber weniger klare Hinweise darauf gibt, wie daraus Theorien abgeleitet werden können. Auch die Frage, ob dieser Ansatz tatsächlich einen Einfluss auf die Praxis hat bzw. haben kann, wird kritisch diskutiert (McKenney & Reeves, 2013). Damit eng im Zusammenhang steht die Frage nach der systematischen Überprüfung der entwickelten Interventionen und der Generalisierbarkeit der Ergebnisse (Cobb, 1994; Cobb et al., 2015; Cobb & Bowers, 1999; Zheng, 2015). So besteht die Gefahr, dass Interventionen a) nur an wenigen Klassen und b) unter eher wohlwollenden Bedingungen erprobt werden, sodass unklar ist, inwiefern sie tatsächlich übertragbar sind auf andere Bedingungen. Anders gesagt, die ökologische Validität ist nicht *per se* in dem Ansatz gegeben.

Um diesen Problemen zu begegnen, ist die Verknüpfung von fachdidaktischer Entwicklungsforschung mit anschließenden Überprüfungen der Wirksamkeit in RCTs ein zielführender Ansatz. Gut vorbereitete Interventionen, die nicht nur die Outcomes, sondern auch die ablaufenden Prozesse in den Blick nehmen, sollten mit Studien verknüpft werden, die robuste Befunde über Wirkungen unter unterschiedlichen Praxisbedingungen ergeben.

Auch wenn in den folgenden Schritten des Forschungsprozesses die fachdidaktische Expertise nicht so stark im Vordergrund steht, wie in dem ersten Schritt, scheint sie mir trotzdem an einigen Stellen zentral. So werden zum Beispiel bei der Untersuchung der Wirkungen im Sinne von Effektivitäts- und Effizienzstudien geeignete Messinstrumente benötigt, die aus psychometrischer, aber eben auch fachlich-fachdidaktischer Perspektive für die Schülerinnen und Schüler und die Intervention passend sein müssen, wofür die fachdidaktischer Perspektive hilfreich ist. Vielleicht noch entscheidender ist die fachdidaktische Perspektive aber für den letzten Schritt des sukzessiven Forschungsprozesses – die Implementierung. Die Passung von Interventionen an strukturelle Bedingungen des Fachunterrichts wie Ausstattung und Bildungsvorgaben sowie an die fachbezogenen professionellen Kompetenzen von Lehrkräften sind wichtige Faktoren, die den Erfolg von Implementierung beeinflussen bzw. Ansatzpunkte zur Unterstützung der Implementierung darstellen und bei denen fachdidaktische Expertise wichtig ist.

3. Von der Entwicklungsarbeit zu Scaling-up-Studien

Anders als bei den Beispielen aus dem Geschichts- und Mathematikunterricht im Beitrag von Trautwein et al. liegt der Fokus fachspezifischer Studien, die RCTs nutzen, häufig auf der Untersuchung der Wirkung und Implementierung von spezifischen Curricula im Vergleich zu herkömmlichem Unterricht. Die Studien liefern also „nur" Evidenz für ein bestimmtes Programm und erscheinen damit hinsichtlich des Erkenntnisgewinns und ihrer Generalisierbarkeit auf den ersten Blick beschränkt. In vielen dieser Studien werden arrondierend zu der reinen Wirkungsbetrachtung allerdings weitere Fragen mit unterschiedlichen Methoden untersucht, die den Erkenntnisgewinn verbreitern. Abgesehen davon sind für die Untersuchung von Reformbemühungen und der damit intendierten Weiterentwicklung des Unterrichts auch solche „Black-Box-Studien" grundlegend und für Lehrkräfte durchaus relevant. Die Beispiele stammen aus dem MINT-Bereich. Sie zeigen exemplarisch wie sich eine fundierte Entwicklungsforschung mit einer fundierten Überprüfung verknüpfen lassen. Sie machen aber auch deutlich, dass (noch so) sorgsam entwickelte und geprüfte Interventionen sich nicht automatisch in der Praxis verbreiten lassen.

Chemistry that Applies

In dem „Scaling-up Curriculum for Achievement Learning and Equity Project“ aus der Arbeitsgruppe um Sharon Lynch wurden in den 2000er Jahren drei Reform-orientierte naturwissenschaftliche Curricula hinsichtlich ihrer Wirksamkeit untersucht (Lynch et al., 2007). Die übergeordnete Frage zielte darauf ab, die Wirksamkeit der Curricula für Schülerinnen und Schüler mit unterschiedlichen Voraussetzungen zu prüfen. Lediglich eines der drei Curricula erwies sich dabei als wirksam im Vergleich zu den Kontrollklassen, während die Effekte beim Scaling-up der beiden anderen Curricula nicht mehr nachweisbar waren und bei einem der Curricula sich differenzielle Effekte zu Ungunsten von Schülerinnen und Schülern aus Familien mit niedrigem sozioökonomischem Hintergrund zeigten. Diese ernüchternden Ergebnisse machen noch einmal deutlich wie wichtig die vielfältigen Überprüfungen von Interventionen nach dem Entwicklungsprozess sind.

Erfolgreich war das Curriculum „Chemistry That Applies“ (Blakeslee et al., 1993), das für den Chemieunterricht der Sekundarstufe (bzw. die chemiespezifischen Anteile des Science-Unterrichts) entwickelt wurde (u.a. Lee et al., 1993). Dieses Curriculum orientiert sich an den Benchmarks for Science Literacy (American Association for the Advancement of Science, 1993), was lange Zeit als Rahmenkonzept für Reform-orientierte Curricula galt. Inhaltlich zielt das 18–24 Stunden umfassende Curriculum vor allem auf das Verständnis der zentralen Konzepte „chemische Reaktionen“ und „Erhaltung von Materie“ ab. Das Vorgehen ist Phänomen-basiert, orientiert sich an den Conceptual-Change-Theorien und lässt sich als stark strukturierten Guided-Inquiry Ansatz beschreiben (Allen, 2007). Grundlegend für die Entwicklung des Curriculums waren die vielen Untersuchungen von (Fehl)Vorstellungen von Schülerinnen und Schülern zum Aufbau, Veränderung und Erhalt von Materie. Die Ergebnisse der RCTs zur Untersuchung der Wirksamkeit zeigen, dass alle, aber gerade auch Schülerinnen und Schüler mit Bildungsrisiken, u.a. sozioökonomischer Hintergrund, von dem Curriculum auch noch vier Monate nach der Intervention profitieren (*Cohens's* d = .35) (Lynch et al., 2005; Pyke et al., 2004). Die Wirkungen des Curriculums werden auch vom *What Works Clearinghouse* (https://ies.ed.gov/ncee/wwc/) als potenziell positiv, die vorhandene Evidenz allerdings als eher als gering eingeschätzt (https://ies.ed.gov/ncee/wwc/Study/70294). Letzteres liegt unter anderem daran, dass in den Studien lediglich zehn Klassen untersucht wurden.

Trotz der gezeigten Wirksamkeit zeigt eine retrospektive Untersuchung drei Jahre nach Ende der Implementierung, dass das Curriculum in den Schulen nicht mehr umgesetzt wurde (Lynch et al., 2012). Die Autorinnen und Autoren führen dafür teils sehr spezifische Gründe wie leicht verschobene Schwerpunksetzungen in den Bildungsvorgaben des hier relevanten School Districts an, die zu einer nicht mehr 100%igen Passung des Curriculums führte (obwohl es sich um ein zentrales Konzept der Chemie handelt). Sie nennen aber auch Ursachen, die wichtige Erkenntnisse im Hinblick auf die nachhaltige Implementierung darstellen. So nehmen die Lehrkräfte den Aufwand, die Versuchsmaterialien zu besorgen, als sehr hoch an, obwohl es sich „nur“ um Alltagsmaterialien und nicht um schwerer zu besorgende und teurere Laborchemikalien handelt. Vor allem aber deutet der beschriebene Eindruck mancher Lehrkräfte, dass Curriculum sei besonders für leistungsschwache Lernende, zu wiederholend und zu wenig anspruchsvoll, auf eine mangelnde Identifikation mit dem Curriculum hin. Zudem nutzten die Lehrkräfte die Handreichung für die Lehrkräfte kaum, sondern arbeiteten in erster Linie mit den Arbeitsheften für die Schülerinnen und Schüler, sodass man annehmen kann, dass die Unterstützungsmaßnahmen für die Schülerinnen und Schüler gar nicht vollständig genutzt wurden, die Wiedergabetreue also eingeschränkt war. Insgesamt macht diese retrospektive Einschätzung deutlich, wie wichtig es ist, nicht nur die Wirksamkeit, sondern auch die gelingende Implementierung mit dazugehörigen Unterstützungsmaßnahmen hinsichtlich der Übernahme, Wiedergabetreue und Nachhaltigkeit (Petermann, 2014) stark in den Blick zu nehmen.

Project-Based Inquiry Science

Ein zweites Beispiel ist die Entwicklung und Untersuchung des Curriculums „*Project-Based Inquiry Science*", das sich stark an den amerikanischen *Next Generation Science Standards* (NGSS Lead States, 2013) und dem dazugehörigen Rahmenkonzept (National Research Council, 2012) orientiert (Krajcik et al., 1998; Schneider, 2020). Unterricht auf Basis des Project-based Inquiry Science Ansatzes beginnt mit einer übergeordneten Fragestellung im Kontext eines authentischen Problems, z. B. „Wie beeinflusst die Wasserqualität das Leben einer Gemeinde?". Auf diese wird dann durch eine Sequenz von naturwissenschaftlichen Denk- und Arbeitsweisen wie Fragen stellen, Modelle entwickeln, Untersuchungen planen und durchführen eine Antwort erarbeitet (Schneider, 2020). Die Unterrichtseinheiten wurden in einem mehrjährigen Design-based Research Prozess gemeinsam mit Lehrkräften entwickelt (Kolodner et al., 2008). Im Vordergrund der begleitenden Forschung standen dabei zunächst unter anderem die Fragen, inwiefern die ausgewählten übergeordneten Fragestellungen überzeugend und passend für die Schülerinnen und Schüler waren, an welchen Stellen im Unterricht Lernschwierigkeiten auftraten oder ob die Schülerinnen in kollaborative Arbeitsphasen tatsächlich gemeinsam arbeiten und Bedeutungen aushandelten. Ein Teil der Unterrichtseinheiten wurden dann in einem RCT-Ansatz hinsichtlich ihrer Wirkung auf den Wissenszuwachs untersucht (Harris et al., 2015). Der inhaltliche Schwerpunkt der Unterrichtseinheiten in der Intervention lag a) auf dem Energiekonzept und b) auf Veränderungen naturgeographischer Strukturen sowie auf spezifischen damit verknüpften Denk- und Arbeitsweisen. In der Studie wurden 43 Klassen auf die Interventions- und Kontrollbedingung (Unterricht mit dem üblichen Schulbuch des Distrikts) verteilt. Es wurden die Leistungen zu den beiden zentralen Konzepten von zufällig ausgewählten Schülerinnen und Schülern der Klassen erhoben (N = 775 bzw. 654), wobei sich ein Vorteil für die Interventionsgruppen zeigte (Effektstärken von .22 bzw. .25). Für die Implementierung des Curriculums stehen Lehrkräften Handreichungen und Arbeitsmaterialien für die Schülerinnen und Schüler zu den verschiedenen Themen zur Verfügung. Zusätzlich kann man auf verschiedenen, teils kommerziellen Websites (www.pbiscyberpd.org und https://activatelearning.com/) (just-intime-)Unterstützung, Erklärvideos zu den Einheiten, Erläuterungen zur Passung zwischen den Einheiten und den Standards, Tests und vieles mehr erhalten. Damit verknüpft sind auch professionelle Lerngemeinschaften, um die Einheiten weiterzuentwickeln bzw. über den Einsatz zu reflektieren. In einer der begleitenden Befragungen zeigte sich auch eine hohe Akzeptanz bei Lehrkräften (Schneider et al., 2020). Das Beispiel zeigt die sehr gründliche Bearbeitung des Curriculums und die wohl recht erfolgreiche Förderung der Implementierung. Gleichzeitig wurden die Studien zur Wirksamkeit des Project-Based-Inquiry-Science-Curriculums (zumindest bislang) nicht in das Review des What-Works Clearing House aufgenommen (https://ies.ed.gov/ncee/wwc/Docs/InterventionReports/wwc_STEM_PBIS_IR_mar2020.pdf), was unter anderem an der nicht ausreichenden Darstellung der Vergleichbarkeit der beiden Gruppen in dem RCT lag.

Mathe sicher können

Auch wenn es sich nicht um ein RCT handelt, soll hier auf das Vorgehen im Zusammenhang mit dem Programm „*Mathe sicher können*" verwiesen werden (https://mathe-sicher-koennen.dzlm.de/), weil es ein Beispiel einer Studie aus Deutschland ist, in der nach einer ausführlichen Entwicklung im Sinne der fachdidaktischen Entwicklungsforschung eine Studie zur Wirksamkeit unter Alltagsbedingungen durchgeführt wurde. Dieses Programm wurde gezielt für leistungsschwächere Schülerinnen und Schüler in mehrjähriger Arbeit mit vielen kleineren Vorstudien und iterativen Forschungszyklen entwickelt. Teile davon wurden in einer kleineren quasi-experimentellen Studie auf die Wirksamkeit bei ausgewählten leistungsschwachen Schülerinnen und Schülern überprüft (Moser Opitz et al., 2017). Hierzu wurden zwei Interventionsgruppen (Kleingruppenarbeit und individuelle Bearbeitung der Interventionsmaterialien) mit einer Kontrollgruppe verglichen. Die Schülerinnen und Schüler der Interventionsgruppen schnitten im Posttest und Follow-up-Test besser ab als die der Vergleichsgruppe, Unterschiede zwischen der Intervention zeigten sich (erwartungswidrig) nicht. In einer anschließenden Scaling-up Studie wurde untersucht, inwiefern sich das Programm auch in einer größeren Stichprobe auf das mathematische Wissen auswirkt und wie es in die Fläche getragen werden kann (Prediger et al., 2019). Die Scaling-up Studie ist nicht randomisiert, da die Schulen sich an der Teilnahme des zweijährigen Programms freiwillig zuordneten – was kein untypisches Problem bei so langfristig angelegten Programmen ist, die eben nicht nur auf die Generierung von Erkenntnissen abzielen, sondern auch darauf, Praxis zu verändern. Die Ergebnisse zeigen, dass die Schülerinnen und Schüler aus der Interventionsgruppe mehr lernen im Vergleich zu denen der Kontrollgruppe. Die Effekte sind dabei klein (η^2 = .031), aber angesichts eines zweijährigen Programms realistisch. Die Lehrkräfte, die das Programm umgesetzt haben, hatten ausführliche Materialien (Selter et al., 2014), in denen die Verläufe der einzelnen Stunde detailliert beschrieben waren. Zudem haben sie in begleiteten professionellen Lerngemeinschaften zusammengearbeitet (Prediger et al., 2019). Auch dieses Programm zeigt, wie wichtig es ist, nicht nur die Interventionen auf der Ebene der Schülerinnen und Schüler sehr sorgsam zu planen, sondern auch auf der Ebene der Lehrkräfte im Hinblick auf eine gelingende Implementierung.

4. Fazit

Sukzessive Forschungsprozesse mit integrierten RCTs stellen einen Weg dar, um zu robusten Erkenntnissen über die Wirkung von Interventionen unter stärker kontrollierten und unter Bedingungen der Praxis zu gelangen. Sie lassen also Aussagen über das „What works?" im Hinblick auf die Wirksamkeit einer Intervention zu und begegnen damit auch dem Anspruch der Fachdidaktik und fachübergreifenden Bildungsforschung, neben grundlegenden Erkenntnissen auch praxisrelevante Ergebnisse zu generieren. Gleichzeitig wird hier ein Desiderat sichtbar. So gibt es gerade im nationalen Kontext nach wie vor einen Mangel an Studien, in denen die Wirkung von Interventionen unter verschiedenen Bedingungen in RCTs untersucht wird. Das gilt auch für die fachdidaktische Entwicklungsforschung, die zum Teil bei der Überprüfung von Interventionen in sehr kleinen Gruppen und eher laborähnlichen und oft zu wohlwollenden Bedingungen stehen bleibt (McKenney & Reeves, 2013). Die Beispiele aus den Studien von Lynch et al. (2007) weisen auf die Bedeutsamkeit solcher Studien hin.

Aber auch am anderen Ende des gestuften Forschungsprozesses beim Scaling-up – im Sinne von Implementationsforschung – fehlt es an Studien (Schrader et al., 2020). Erkenntnisse über die Umsetzung von wirkungsvollen Interventionen in der Praxis, über entstehende Herausforderungen und Unterstützungsansätze für Lehrkräfte, Schulleitungen und Bildungsadministration sind für die Weiterentwicklung von Praxis genauso relevant. Möglichkeiten des Umgangs damit werden bei Trautwein et al. ausführlich diskutiert.

Diesen Desiderata zu begegnen, ist ein wichtiges Ziel zukünftiger Forschung. Grundlegend ist hierfür eine erfolgreiche Zusammenarbeit mit Praxisakteuren, was gerade in der Fachdidaktik an vielen Orten bereits erfolgreich praktiziert wird. Für die Durchführung solcher gestufter Forschungsprozesse erscheint es zudem zentral, Fragen nach der gelingenden Implementierung bereits bei der Entwicklung (noch) stärker zu berücksichtigen. Im Rahmen des Projektes „Project-based Inquiry Science" zeigte sich beispielsweise die Schwierigkeit, dass Lehrkräfte zwar dem übergeordneten Ziel des Ansatzes, Lerngelegenheiten mit authentischen komplexen Problemen zu schaffen, durchaus offen gegenüberstanden, gleichzeitig aber die nicht unberechtigte Sorge hatten, dass zu viel Unterrichtszeit auf nicht fachbezogene Inhalte aufgebracht wird. Strukturierende Zwischenschritte in den Planungsphasen der Schülerinnen und Schüler, explizite Bezugnahme auf die Standards wurden deswegen neben Unterstützungsmaßnahmen für Lehrkräfte in das Curriculum eingebaut, um so eine nachhaltige Umsetzung zu erleichtern (Miller & Krajcik, 2019). Neben dem Einholen von Rückmeldungen von Lehrkräften oder Stakeholdern zu Interventionen und zu geeigneten Unterstützungsmöglichkeiten bei der Implementierung sollte das Potenzial arrondierender Studien im Verlauf des sukzessiven Forschungsprozesses noch stärker genutzt werden, um beispielsweise vertiefte Einblicke über ablaufende Prozesse im Unterricht oder während der Implementierung zu erhalten.

Eine weitere Herausforderung für die zukünftige Forschung lässt sich anhand einiger aktueller und drängenden bildungs-relevanten Fragen zeigen, in denen Erkenntnisse vor allem über langfristige Wirkungen zentral sind. Dazu gehören zum Beispiel Fragen wie „Wie kann man Mädchen längerfristig für Informatik und Technik interessieren?", „Wie kann man Bildungssprache über den Fachunterricht der Sekundarstufe hinweg fördern?" oder „Wie können Kompetenzen im Umgang mit *Socioscientific Issues*, also komplexen, mehrdeutigen und authentischen Problemen wie dem Klimawandel, gefördert werden?" … Hier gibt es eine Reihe von erfolgreichen kurzen Einzelinterventionen. Gleichzeitig ist davon auszugehen, dass nicht eine einzelne Maßnahme für solche übergreifenden Bildungsziele zielführend ist, sondern ein Bündel an verschiedenen Maßnahmen über den Bildungsverlauf (oder zumindest über längere Abschnitte des Bildungsverlaufs) hinweg. Überspitzt formuliert, eine einzelne „Utility Value-Intervention" wird nicht das sinkende MINT-Interesse im Verlauf der Sekundarstufe aufhalten. Hier bedarf es vermutlich mehrere Interventionen auf der Ebene des Unterrichts, möglicherweise in Kombination mit außerschulischen Angeboten. Auch hier wären Erkenntnisse aus RCTs, in denen gekoppelte Maßnahmen untersucht werden hilfreich, um langfristige Wirkungen zu untersuchen und so zentralen Fragen der Praxis und der Bildungspolitik zu begegnen.

Beziehen sich die Interventionen auf fachspezifische Lehr-Lern-Prozesse erweist sich die Zusammenarbeit zwischen Fachdidaktik und der erziehungswissenschaftlichen und pädagogisch-psychologischen Forschung (wieder mal) als äußerst produktiv. Die gezielte Anbahnung von weiteren solcher größeren kooperativen Forschungsvorhaben im hier skizzierten Sinne stellen eine Chance dar, den (Fach-) Unterricht stärker evidenzorientiert zu fundieren.

Literatur

Allen, R. (2007). *The essentials of science, grades 7–12: Effective curriculum, instruction, and assessment. Priorities in practice.* Association for Supervision and Curriculum Development.

American Association for the Advancement of Science. (1993). *Benchmarks for Science Literacy.* Oxford University Press.

Biehler, R., Frischemeier, D., Podworny, S., Wassong, T., Budde, L., Heinemann, B. & Schulte, C. (2018). *Data Science and Big Data in Upper Secondary Schools: A Module to Build up First Components of Statistical Thinking in a Data Science Curriculum.* Vorab-Onlinepublikation. https://doi.org/10.5445/KSP/1000087327/28

Blakeslee, T., Bronstein, L., Chapin, M., Hesbitt, D., Peek, Y., Thiele, E. & Vellanti, J. (1993). *Chemistry That Applies.* Michigan Department of Education.

Cobb, P. (1994). Where is the mind? Constructivist and sociocultural perspectives on mathematical development. *Educational Researcher, 23*(7), 13–20. https://doi.org/10.3102/0013189X023007013

Cobb, P. & Bowers, J. S. (1999). Cognitive and situated learning perspectives in theory and practice. *Educational Researcher, 28*(2), 4–15. https://doi.org/10.3102/0013189X028002004

Cobb, P., Jackson, K. & Dunlap, C. (2015). Design Research: An Analysis and Critique. In L. D. English & D. Kirshner (Hrsg.), *Handbook of International Research in Mathematics Education* (S. 493–515). Routledge. https://doi.org/10.4324/9780203448946-29

Dede, C. (2004). If design-based research is the answer, what is the question? A commentary on Collins, Joseph, and Bielaczyc; diSessa and Cobb; and Fishman, Marx, Blumenthal, Krajcik, and Soloway in the JLS special issue on design-based research. *Journal of Learning Sciences, 13*(1), 105–114.

Design-based research Collective (2003). Design-Based Research: An Emerging Paradigm for Educational Inquiry. *Educational Researcher, 32*(1), 5–8. https://doi.org/10.3102/0013189X032001005

Drollinger-Vetter, B. (2011). *Verstehenselemente und strukturelle Klarheit. Fachdidaktische Qualität der Anleitung von mathematischen Verstehensprozessen im Unterricht*. Waxmann.

Duit, R., Gropengießer, H., Kattmann, U., Komorek, M. & Parchmann, I. (2012). The Model of Educational Reconstruction – a Framework for Improving Teaching and Learning Science. In D. Jorde & J. Dillon (Hrsg.), *Science education research and practice in Europe. Retrospective and prospective* (S. 13–37). Sense Publ. https://doi.org/10.1007/978-94-6091-900-8_2

Easterday, M. W., Rees Lewis, D. G. & Gerber, E. M. (2018). The logic of design research. *Learning: Research and Practice, 4*(2), 131–160. https://doi.org/10.1080/23735082.2017.1286367

Einsiedler, W. (2007). Methoden und Prinzipien des Sachunterrichts. In J. Kahlert, M. Fölling-Albers, M. Götz, A. Hartinger, D. von Reeken & S. Wittkowske (Hrsg.), *Handbuch Didaktik des Sachunterrichts* (S. 389–400). Klinkhardt Verlag. http://www.wolfgang-einsiedler.de/pdf/MethodenundPrinzipiendesSachunterrichts2007.pdf

Einsiedler, W. (2010). Didaktische Entwicklungsforschung als Transferförderung. *Zeitschrift für Erziehungswissenschaft, 13*(1), 59–81. https://doi.org/10.1007/s11618-010-0106-y

Einsiedler, W. & Hardy, I. (2010). Kognitive Strukturierung im Unterricht: Einführung und Begriffsklärungen. *Unterrichtswissenschaft, 38*(3), 194–209.

Euler, D. (2014). Design Research – A Paradigm under Development. In D. Euler & P. F. E. Sloane (Hrsg.), Design-based research. *Zeitschrift für Berufs- und Wirtschaftspädagogik Beiheft: Bd. 27.* (S. 15–43).

Geldreich, K., Simon, A. & Hubwieser, P. (2018). A Design-Based Research Approach for introducing Algorithmics and Programming to Bavarian Primary Schools. *MedienPädagogik: Zeitschrift für Theorie und Praxis der Medienbildung, 33*, 53–75. https://doi.org/10.21240/mpaed/33/2019.02.15.X

Gottfredson, D. C., Cook, T. D., Gardner, F. E. M., Gorman-Smith, D., Howe, G. W., Sandler, I. N. & Zafft, K. M. (2015). Standards of Evidence for Efficacy, Effectiveness, and Scale-up Research in Prevention Science: Next Generation. *Prevention science. Official journal of the Society for Prevention Research, 16*(7), 893–926. https://doi.org/10.1007/s11121-015-0555-x

Harris, C. J., Penuel, W. R., D'Angelo, C. M., DeBarger, A. H., Gallagher, L. P., Kennedy, C. A., Cheng, B. H. & Krajcik, J. S. (2015). Impact of project-based curriculum materials on student learning in science: Results of a randomized controlled trial. *Journal of Research in Science Teaching, 52*(10), 1362–1385. https://doi.org/10.1002/tea.21263

Herbein, E., Golle, J., Nagengast, B. & Trautwein, U. (2020). Förderung von Präsentationskompetenz: Schrittweise Implementation und Effektivitätsüberprüfung eines Präsentationstrainings für Grundschulkinder. *Zeitschrift für Erziehungswissenschaft, 23*(1), 83–120. https://doi.org/10.1007/s11618-019-00923-y

Ivens, S. & Oberle, M. (2020). Does Scientific Evaluation Matter? Improving Digital Simulation Games by Design-Based Research. *Social Sciences, 9*(9), 155. https://doi.org/10.3390/socsci9090155

Klahr, D. (2019). Learning Sciences Research and Pasteur's Quadrant. *Journal of the Learning Sciences, 28*(2), 153–159. https://doi.org/10.1080/10508406.2019.1570517

Kolodner, J. L., Starr, M. L., Edelson, D., Hug, B., Kanter, D., Krajcik, J. S. … & Reiser, B. J. (2008). Implementing what we know about learning in a middle-school curriculum for widespread dissemination: The Project-based Inquiry Science (PBIS) story. In P. A. Kirschner, F. Prins, V. Jonker & G. Kanselaar (Hrsg.), *Proceedings of the 8th International Conference of the Learning Sciences* (S. 274–281). Erlbaum.

Krajcik, J., Blumenfeld, P. C., Marx, R. W., Bass, K. M., Fredricks, J. A. & Soloway, E. (1998). Inquiry in Project-Based Science Classrooms: Initial Attempts by Middle School Students. *The Journal of the Learning Sciences, 7*(3/4), 313–350.

Lee, O., Eichinger, D. C., Anderson, C. W., Berkheimer, G. D. & Blakeslee, T. D. (1993). Changing middle school students' conceptions of matter and molecules. *Journal of Research in Science Teaching, 30*(3), 249–270. https://doi.org/10.1002/tea.3660300304

Lynch, S., Kuipers, J., Pyke, C. & Szesze, M. (2005). Examining the effects of a highly rated science curriculum unit on diverse students: Results from a planning grant. *Journal of Research in Science Teaching, 42*(8), 912–946. https://doi.org/10.1002/tea.20080

Lynch, S., Pyke C. & Grafton, B. H. (2012). A retrospective view of a study of middle school science curriculum materials: Implementation, scale-up, and sustainability in a changing policy environment. *Journal of Research in Science Teaching, 49*(3), 305–332. https://doi.org/10.1002/tea.21000

Lynch, S., Taymans, J., Watson, W. A., Ochsendorf, R. J., Pyke, C. & Szesze, M. J. (2007). Effectiveness of a Highly Rated Science Curriculum Unit for Students with Disabilities in General Education Classrooms. *Exceptional Children, 73*(2), 202–223. https://doi.org/10.1177/001440290707300205

McKenney, S. & Reeves, T. C. (2013). Systematic Review of Design-Based Research Progress. *Educational Researcher, 42*(2), 97–100. https://doi.org/10.3102/0013189X12463781

Messner, H. & Reusser, K. (2000). Berufliches Lernen als lebenslanger Prozess. *Beiträge zur Lehrerbildung, 18*(3), 277–294.

Miller, E. C. & Krajcik, J. S. (2019). Promoting deep learning through project-based learning: a design problem. *Disciplinary and Interdisciplinary Science Education Research, 1*(1). https://doi.org/10.1186/s43031-019-0009-6

Möller, K., Kleickmann, T. & Tröbst, S. (2009). *Die forschungsgeleitete Entwicklung von Unterrichtsmaterialien für die frühe naturwissenschaftliche Bildung.* Vorab-Onlinepublikation. https://doi.org/10.25656/01:13711

Moser Opitz, E., Freesemann, O., Prediger, S., Grob, U., Matull, I. & Hußmann, S. (2017). Remediation for Students With Mathematics Difficulties: An Intervention

Study in Middle Schools. *Journal of learning disabilities, 50*(6), 724–736. https://doi.org/10.1177/0022219416668323

National Research Council. (2012). *A framework for K-12 science education: Practices, crosscutting concepts, and core ideas. Committee on a Conceptual Framework for New K-12 Science Education Standards. Board on Science Education, Division of Behavioral and Social Sciences and Education.* The National Academies Press.

NGSS Lead States. (2013). *Next generation science standards: For states, by states.* The National Academies Press.

Petermann, F. (2014). Implementationsforschung: Grundbegriffe und Konzepte. *Psychologische Rundschau, 65*(3), 122–128. https://doi.org/10.1026/0033-3042/a000214

Praetorius, A.-K. & Charalambous, C. Y. (2018). Classroom observation frameworks for studying instructional quality: looking back and looking forward. *The International Journal on Mathematics Education, 50*(3), 535–553. https://doi.org/10.1007/s11858-018-0946-0

Prediger, S., Fischer, C., Selter, C. & Schöber, C. (2019). Combining material- and community-based implementation strategies for scaling up: the case of supporting low-achieving middle school students. *Educational Studies in Mathematics, 102*(3), 361–378. https://doi.org/10.1007/s10649-018-9835-2

Prediger, S., Parchmann, I., Hammann, M. & Frederking, V. (2016). Unterrichtsqualität braucht Fachlichkeit – Zur Bedeutung fachdidaktischer Grundlagen- und Anwendungsforschung als Bindeglied zwischen Forschung und Praxis. In BMBF (Hrsg.), *Bildungsforschung 2020. Zwischen wissenschaftlicher Exzellenz und gesellschaftlicher Verantwortung.* (S. 405–435).

Pyke, C., Lynch, S., Kuipers, J. & Szesze, M. & Driver, H. (2004). *Implementation study of Chemistry That Applies (2002–2003): SCALE-uP Report No. 2.* George Washington University and Montgomery County Public Schools.

Reinmann, G. (2017). Design-based Research. In D. Schemme & H. Novak (Hrsg.), *Berichte zur beruflichen Bildung. Gestaltungsorientierte Forschung – Basis für soziale Innovationen: Erprobte Ansätze im Zusammenwirken von Wissenschaft und Praxis* (1. Aufl., S. 49–61). Bertelsmann.

Sandoval, W. (2014). Conjecture Mapping: An Approach to Systematic Educational Design Research. *Journal of the Learning Sciences, 23*(1), 18–36. https://doi.org/10.1080/10508406.2013.778204

Schilcher, A. & Krauss, S. (2019). Anforderungen an die Lehrerausbildung aus fachdidaktischer Perspektive. In N. McElvany, W. Bos, H. G. Holtappels & A. Ohle-Peters (Hrsg.), *Bedingungen und Effekte von Lehrerbildung, Lehrkraftkompetenzen und Lehrkrafthandeln* (S. 29–50). Waxmann.

Schlund, K., Kortmann, M. & Selter, C. (2018). Fachdidaktische Entwicklungsforschung im Projekt DoProfi L. In S. Hußmann & B. Welzel (Hrsg.), *DoProfiL – Das Dortmunder Profil für inklusionsorientierte Lehrerinnen- und Lehrerbildung* (S. 109–123). Waxmann.

Schneider, B., Krajcik, J., Lavonen, J. & Geller, M. J. (2020). *Learning Science: The Value of Crafting Engagement in Science Environments.* Yale University Press. https://ebookcentral.proquest.com/lib/kxp/detail.action?docID=6034421

Scholz, M., Dechant, C., Dönges, C. & Risch, B. (2018). Fachbeitrag: Naturwissenschaftliche Inhalte für Schülerinnen und Schüler mit kognitiven Beeinträchtigungen aufbereiten. Entwicklung und Evaluation von Lernmaterialien für den Bereich Umweltbildung mithilfe eines Design-Based Research-Ansatzes. *Viertel-*

jahresschrift für Heilpädagogik und ihre Nachbargebiete, *87*(4), 318–335. https://doi.org/10.2378/vhn2018.art36d

Schrader, J., Hasselhorn, M., Hetfleisch, P. & Goeze, A. (2020). Stichwortbeitrag Implementationsforschung: Wie Wissenschaft zu Verbesserungen im Bildungssystem beitragen kann. *Zeitschrift für Erziehungswissenschaft*, *23*(1), 9–59. https://doi.org/10.1007/s11618-020-00927-z

Selter, C., Prediger, S., Nührenbörger, M. & Hußmann, S. (Hrsg.). (2014). *Mathe sicher können: Handreichungen für ein Diagnose- und Förderkonzept zur Sicherung mathematischer Basiskompetenzen* (1. Auflage). Cornelsen. http://mathe-sicher-koennen.dzlm.de/mskfiles/uploads/docs/BausteinN1A_L-Zahlen_lesen_darstellen.pdf

Vorholzer, A., Hägele, J. J. & Aufschnaiter, C. v. (2020). Instruktionen kohärent anlegen und Kompetenzaufbau untersuchen: Zugänge und Herausforderungen am Beispiel experimentbezogener Kompetenz. *Unterrichtswissenschaft*, *48*(1), 61–89. https://doi.org/10.1007/s42010-019-00064-5

Vosniadou, S., Ionnides, C., Dimitrakopoulou, A. & Papademetriou, E. (2001). Designing learning environments to promote conceptual change in science. *Learning and Instruction*, *11*(4–5), 381–419.

Zheng, L. (2015). A systematic literature review of design-based research from 2004 to 2013. *Journal of Computers in Education*, *2*(4), 399–420. https://doi.org/10.1007/s40692-015-0036-z

Isabell van Ackeren

Optimierung im komplexen System Schule? – Anmerkungen aus erziehungswissenschaftlich geprägter Perspektive

In den vergangenen Jahren und verstärkt in Krisenzeiten, wie der Corona-Krise, gab und gibt es zahlreiche Bedarfsmeldungen und Anfragen aus der Bildungspolitik auf Bundes- und Länderebene in Richtung Wissenschaft im Hinblick auf eine optimierbare bzw. optimierte Bildungspraxis. Auch wenn Politik eigene, an Macht und Erfolg orientierte Systemlogiken hat, geht es um eine mögliche Rationalisierung und Effizienzsteigerung von Handlungen und Entscheidungen und die Frage, welche systematischen Hinweise es aus wissenschaftlicher Sicht für politisches Handeln gibt, um erfolgreiche Bildungsprozesse zu unterstützen – unabhängig von der Frage, wie Politik dann tatsächlich gemacht wird (Bellmann, 2016). Dem Optimierungsgedanken soll auch Evidenzbasierung im Sinne der Orientierung an nach möglichst hohen wissenschaftlichen Standards geprüftem Wissen dienen (vgl. zum Evidenzbegriff z.B. Demski, 2017; Schrader, 2014). Der Bedarf an wissenschaftlich fundierten „Optimierungsmöglichkeiten" erscheint in Krisenzeiten besonders hoch, in denen es große Handlungsunsicherheit gibt und zugleich eher top-down steuernde Strategien im Fokus stehen, mit denen möglichst schnell möglichst geprüfte und zielführend erscheinende Ansätze in die Breite getragen werden sollen.

Das Wissenschaftssystem gerät dadurch selbst stärker als zuvor in die Situation, die eigene Rolle und das Verhältnis zu anderen Akteuren in Politik, Verwaltung und Praxis zu reflektieren und sich zu positionieren. Entsprechende Diskurse hat es auch schon vor der pandemischen Krisenlage in den vergangenen Jahren, etwa innerhalb der Erziehungswissenschaft bzw. in der Bildungsforschung, gegeben[1] und Fragen des Transfers werden zunehmend als Forschungsthema aufgegriffen (z.B. Bremm et al., 2018). Zudem hat sich der Hochschulbereich als ein zentraler Ort der Wissenschaft in Richtung Transfer (etwa über formulierte Transferstrategien) und die sogenannte „Third Mission" (als Bereich über Forschung und Lehre im eigentlichen Sinne hinaus) gegenüber der Gesellschaft weiter geöffnet (z.B. Spiel et al., 2020). So heißt es beispielsweise in der „Strategie für Transfer und Kooperation" der Universität Duisburg-Essen:

> Der Gegenstand universitärer Lehre und Forschung wird zunehmend von Gesellschaft, Politik und vor allem auch der Wirtschaft nachgefragt. Dieser Nachfrage muss professionell begegnet werden, denn mit dem zunehmenden öffentlichen Interesse an der Wissenschaft und den steigenden Verwertungserwartungen schwindet das Verständnis für die Vorläufigkeit erster For-

1 Vgl. z.B. das Schwerpunktheft der Zeitschrift für Erziehungswissenschaft 2016 zum Thema „Empirische Bildungsforschung".

> schungsergebnisse, die Grenzen des jeweiligen Geltungsanspruchs, die Probleme bei der Anwendung von Erkenntnissen in neuen Kontexten und die Situiertheit und auch die nicht intendierten Folgen wissenschaftlicher Forschung. [Hierbei] stehen Studierende, Wissenschaftler*innen, Administrator*innen und Wissenschaftsmanager*innen in der Verantwortung, Transfer und Kooperation professionell auszugestalten und weiterzuentwickeln (Universität Duisburg-Essen, 2021).

Im Sinne des Topos der Optimierung werden Verwertungserwartungen zu „Steigerungsanforderungen“, wie im online-Ankündigungstext zum Kongress der Deutschen Gesellschaft für Erziehungswissenschaft 2020 mit dem Motto „Optimierung“ deutlich gemacht (Universität zu Köln, 2020). Optimierung sei noch nicht hinreichend in der Disziplin diskutiert und beinhalte eine „Fülle von inhärenten Spannungen und Problematiken“. Steigerungsanforderungen könnten eine Überforderung beinhalten, wenn es vor allem um idealisierte Anforderungen gehe. Optimierung sei dabei nicht nur ein positiv unterfütterter Begriff, der im pädagogischen Denken und Handeln etabliert sei, sondern selbst Gegenstand der Kritik: „Diese weist darauf hin, dass ein einseitiger Fokus auf Optimierung Grenzen der Verbesserbarkeit und des pädagogisch Machbaren, ja auch die Möglichkeiten des Scheiterns und der Verschlechterung aus dem Blick rücken würde“ (Universität zu Köln, 2020).

Nachfolgend werden zunächst exemplarisch einige Entwicklungen der vergangenen Jahre in Erinnerung gerufen, an denen sich das politische Desiderat der Nutzbarmachung wissenschaftlich fundierter Erkenntnisse im Sinne von Optimierung zeigt. Es handelt sich zugleich um bildungspolitische Maßnahmen auf Ebene von Bund und Ländern, mit denen dieses Desiderat angegangen wird. In der Folge des Beitrags werden Herausforderungen skizziert, die sich vor diesem Hintergrund bezüglich der Art von Wissen und der Wissensgenerierung zeigen, um diese dann exemplarisch aus erziehungswissenschaftlich geprägten Perspektiven von Steuerung, Schulentwicklung und Professionsorientierung schlaglichtartig weiter zu betrachten. Damit werden verschiedene Ebenen adressiert, von der Steuerung und Handlungskoordination im System über die Einzelschule als Organisation bis zu den individuell handelnden Akteuren. Es sind ausgewählte Perspektiven, mit denen die Sicht auf den vor allem in der empirischen Bildungsforschung geführten Diskurs um Randomized Controlled Field Trials (vgl. den Beitrag von Trautwein in diesem Band) differenziert werden sollen. Der Beitrag endet zusammenfassend mit einigen abschließenden Anmerkungen und Überlegungen.[2]

---

2 Der Text basiert auf einer Kommentierung zur Keynote von Ulrich Trautwein zur „Optimierung schulischer Bildungsprozesse – What works?“ im Rahmen des 6. Dortmunder Symposium der Empirischen Bildungsforschung, in dem er die Chancen des Randomized Controlled Field Trials-Ansatzes diskutiert (vgl. den Beitrag von Trautwein in diesem Band).

1. Bildungspolitische Maßnahmen im Kontext des Optimierungsanliegens: Drei Schlaglichter auch auf die Rolle von Wissenschaft

In den vergangenen beiden Dekaden haben sich auf Ebene des Bundes – mit seinen Möglichkeiten im Rahmen der Forschungsförderung – und auf Ebene der Länder – mit ihren Vergleichsmöglichkeiten, aber auch Abstimmungsbedarfen untereinander – Entwicklungen gezeigt, die deutlich darauf zielen, Bildungsprozesse und -wirkungen zu verbessern, und zwar unter systematischerer Beteiligung von Wissenschaft und Forschung. Dazu gehört auch die Diskussion der Einrichtung eines Nationalen Bildungsrates bzw. die Etablierung einer Ständigen wissenschaftlichen Kommission der Kultusministerkonferenz, die Wissenschaft und Bildungspolitik bundesweit systematisch in einen Austausch bringt, den es zuletzt in ähnlicher Form vor fast fünfzig Jahren mit dem Deutschen Bildungsrat gab.

1.1 Gesamtstrategie der Kultusministerkonferenz zum Bildungsmonitoring: Vom wissenschaftlich fundierten Beschreibungs- zum Veränderungswissen

Auf Länderebene hat die Kultusministerkonferenz (KMK) bereits 2006 – in der Folge der ersten PISA-Publikationen – mit ihrer „Gesamtstrategie der Kultusministerkonferenz zum Bildungsmonitoring“ (KMK, 2006) neue Formen der systematischen und wissenschaftlich fundierten Beobachtung des Bildungssystems beschlossen: Internationale Schulleistungsuntersuchungen, zentrale Überprüfungen des Erreichens der Bildungsstandards in einem Ländervergleich, Vergleichsarbeiten in Anbindung an die Bildungsstandards zur landesweiten oder -übergreifenden Überprüfung der Leistungsfähigkeit aller Schulen sowie die gemeinsame Bildungsberichterstattung von Bund und Ländern. Bei all diesen Maßnahmen und Instrumenten wurden in der Konzeptionsphase bzw. werden im Rahmen ihrer Durchführung Wissenschaftlerinnen und Wissenschaftler systematisch einbezogen. Besonders hervorzuheben ist dabei etwa das Institut zur Qualitätsentwicklung im Bildungswesen (IQB), das nicht nur dem Bildungsmonitoring und der Implementation der Bildungsstandards dient, sondern von den Ländern, von denen es finanziert wird, auch einen Forschungsauftrag erhalten hat.

Gut zehn Jahre später veröffentlichte die KMK eine überarbeitete Fassung der Gesamtstrategie zum Bildungsmonitoring (KMK, 2015). Zentrales Anliegen war und ist es,

> Entwicklungen nicht nur zu beschreiben, sondern auch zu erklären und dies mit Hinweisen zu verbinden, wie die festgestellten Probleme gelöst werden können, die stetig wachsende Anzahl von Forschungsergebnissen systematisch zu sichten, aufzubereiten und sowohl für die Bildungspolitik als auch für die Bildungspraxis bereitzustellen, zusätzliche Informationen für die Er-

> klärung von Leistungsunterschieden zwischen den Ländern zur Verfügung zu stellen, steuerungsrelevantes Wissen auch tatsächlich für die Entwicklung des Bildungssystems und jeder Schule zu nutzen (KMK, 2015, S. 5–6).

Hier wird das Anliegen deutlich, nach einer längeren Phase der Bereitstellung von vor allem deskriptiver Wissensbestände, die auch ihren berechtigten Stellenwert haben, zu relevantem Wissen im Sinne von Erklärung und vor allem Veränderungspotenzial zu kommen.

In diesem Prozess hin zu mehr Veränderungswissen (Prenzel, 2012; Bromme et al., 2016) werden Fragen des Transfers wissenschaftlichen Wissens im Sinne seiner Aufbereitung und Verbreitung für die Schulen, die Bildungsadministration und die Bildungspolitik immer bedeutsamer, denn „um nachhaltig Wirkung in der Fläche erzielen zu können, bedarf es […] besonderer Implementations- und Transferstrategien in den Ländern" (KMK, 2015, S.15). Bei diesem Transferprozess wird unter anderem den Landesinstituten und Qualitätseinrichtungen der Länder eine wichtige Rolle zugesprochen, in denen es zunehmend auch Personal mit einschlägigen forschungsthematischen und -methodischen Kompetenzen gibt und das an Schnittstellen zur Wissenschaft arbeitet, etwa im Rahmen von Projekten wie der „Clearingstelle evidenzbasierte Pädagogik" der Qualitäts- und UnterstützungsAgentur – Landesinstitut für Schule NRW (QUA-LiS, QUA-LiS NRW, 2021).

1.2 Forschungsförderung des Bundes: Anwendungsorientierung im Sinne gemeinsam verantworteter Qualitätsentwicklung und Optimierung

Die zunehmende Kopplung zwischen Bildungspolitik und Bildungsforschung – mit unmittelbarer Einbindung der Bildungspraxis – bei verschiedenen Fragen der Qualitätssicherung und -entwicklung im Bildungswesen lässt sich auch an einer bildungspolitisch gesteuerten Forschungsförderung durch das Rahmenprogramm empirische Bildungsforschung des Bundesministeriums für Bildung und Forschung (BMBF) ablesen:

> Forschung im Kontext des Rahmenprogramms empirische Bildungsforschung […] verknüpft exzellente Grundlagenforschung und anwendungsorientiert Forschung und zeichnet sich durch ihre Problemlösungsorientierung aus. Eine solche Forschung setzt den Dialog mit Expertinnen und Experten und relevanten Akteurinnen und Akteuren der Bildungspraxis, der Bildungspolitik und -administration voraus. […] Das BMBF wird in einen fortlaufenden Dialog mit Vertreterinnen und Vertretern aus Wissenschaft, Politik und Verwaltung, Bildungspraxis und Zivilgesellschaft eintreten, um die Themensetzungen, die Instrumente und die erwartete Wirkung der Fördermaßnahmen zu prüfen und – wenn nötig – anzupassen (BMBF, 2018, S. 5).

Das Anliegen der Optimierung von Bildung in ihren Prozessen und Wirkungen sowie den Strukturen der Verhandlung zwischen den verschiedenen Akteuren scheint im gesamten Programm des BMBF zur Förderung der empirischen Bildungsforschung durch. Zu den im Text des Rahmenprogramms in diesem Sinne verwendeten Begriffen gehören u.a.: stärken, fördern, verbessern, gestalten, nutzen, innovieren – formuliert wie ein Wortfeld rund um den Topos der Optimierung.

Diese Form der Forschungsförderung durch ein Bundesministerium im Sinne ko-konstruktiver Ansätze (s.u.) in Forschungs- und Entwicklungsprojekten hat sich in den vergangenen Jahren als richtungsweisend für die Förderpolitik jenseits der durch die DFG geförderten Grundlagenforschung entwickelt. In der Ausschreibungsrichtlinie zur Förderung von Forschung zum „Abbau von Bildungsbarrieren: Lernumwelten, Bildungserfolg und soziale Teilhabe“ im Rahmenprogramm empirische Bildungsforschung (Bundesanzeiger vom 21.06.2019) heißt es zum Beispiel: „Besonders erwünscht sind Formate, die eine Ko-Konstruktion zwischen Wissenschaft und Praxis (etwa Design-Based-Research, Implementationsforschung, Fallstudien oder Best-Practice-Studien) beabsichtigen“ (BMBF, 2019).

Dabei richtet Wissenschaft selbst, wie bereits erwähnt, ihre Aktivitäten zunehmend auch auf Fragen des Transfers, wie z.B. im Rahmen des „Clearing House Unterricht“ der School of Education der TU München, welches darauf zielt, „die wissenschaftliche Grundlage für die Lehrerbildung und das evidenzbasierte Handeln von Lehrkräften zu verbessern und kontinuierlich auszubauen“ (TUM School of Education, o.D.).

Interessant ist schließlich, dass die verschiedenen Steuerungsmaßnahmen, die die Länder in den vergangenen beiden Jahrzehnten gemeinsam bzw. in ihren jeweiligen Wirkungskontexten auf den Weg gebracht haben, selbst zum Gegenstand von Forschung im Kontext des Rahmenprogramms des BMBF geworden sind (z.B. im Rahmen der Förderlinie „Steuerung im Bildungssystem“ (SteBis, SteBis, o.D.), um den evidenzbasierten Steuerungsanspruch in seinen Wirkungen empirisch zu fundieren.

1.3 Ständige wissenschaftliche Kommission der Kultusministerkonferenz (StäwiKo): Unmittelbare und evidenzbasierte Beratung

In jüngster Zeit und nach dem Scheitern der Verhandlungen des im Koalitionsvertrag der Bundesregierung (bis 2022) angedachten Nationalen Bildungsrats hat die KMK 2021 auf Basis einer Verwaltungsvereinbarung der Länder (KMK, 2021) die *Ständige wissenschaftliche Kommission der Kultusministerkonferenz* (StäwiKo) eingerichtet. Intendiert ist damit ein systematischer Ort des Austauschs, der Verhandlung von zentralen Bildungsherausforderungen zwischen Wissenschaft und Politik, insbesondere hinsichtlich der Länderanliegen, aber auch – je nach Thema – unter Einbindung von Bund und Kommunen. Wissenschaftsvertreterinnen und Wissenschaftsvertreter verschiedener (Teil-)Disziplinen bildungsbezogener Forschung sind dabei explizit berufen, die politischen Akteurinnen und Akteure zur Weiterentwicklung des Bildungswesens zu beraten; zu akuten Fragen (wie etwa zur Bewältigung der Corona-Krise und ihre Folgen oder zum drängenden Anliegen von Bildung in einer digitalisierten Welt), aber insbesondere auch im Sinne mittel- und längerfristiger Strategien.

Ein evidenzbasierter Anspruch kommt dadurch zum Ausdruck, dass die Erkenntnisse des Bildungsmonitorings und der Bildungsberichterstattung (vgl. Kapitel 1.1) sowie der Bildungsforschung (vgl. auch Kapitel 1.2) Grundlage der Empfehlungen sein sollen. Die Frage nach dem „what works" wird für Wissenschaftlerinnen und Wissenschaftler, die sich auf solche unmittelbaren Beratungsprozesse einlassen, in diesen neu geschaffenen Strukturen unmittelbar relevant. Die Beantwortung stellt gleichwohl eine große Herausforderung dar, weil es bei weitem nicht zu allen politisch und praktisch relevanten Themen bereits Forschung gibt bzw. vorliegende Forschung unmittelbaren und breiten Nutzungsinteressen nicht oder nur bedingt gerecht wird. Das lenkt den Blick auf die Frage, welcher Form von Forschung es in diesem Kontext eigentlich (mehr) bedarf.

2. Chancen und Grenzen der Wissensgenerierung nach dem sogenannten Goldstandard in einer komplexen sozialen Wirklichkeit

Die Kultusministerinnen und Kultusminister der Länder haben mit ihrer Gesamtstrategie zum Bildungsmonitoring (vgl. Kapitel 1.1) dem Bedarf Ausdruck verliehen, (mehr) Hinweise auf Ursachen (die Frage nach dem „Warum?") sowie Steuerungs- und Handlungsmöglichkeiten (die Frage nach dem „Was kann getan werden?") zu erhalten. Viele Studien haben hier Grenzen (vgl. den Beitrag von Ulrich Trautwein in diesem Band). Dazu gehören etwa Studien im querschnittlichen Design mit einem einzelnen Messzeitpunkt, fallorientierte Studien mit Grenzen der Verallgemeinerbarkeit bzw. Studien mit zunächst hypothesengenerierendem Charakter. Hier wird jeweils relevantes Wissen im Sinne von Beschreibungs- und auch Vorhersagewissen generiert; fraglich ist aber, wann dieses Wissen steuerungsrelevant im Sinne von Erklärung- und Veränderungswissen (vgl. Prenzel, 2012) wird.

Zugleich scheint es eine große Kluft zwischen verfügbarem und tatsächlich rezipiertem und genutztem Wissen zu geben (etwa bei Demski, 2017, beschrieben). Auch gibt es Schwierigkeiten von Politik und Praxis zur angemessenen Rezeption des verfügbaren Wissens bzw. es zeigen sich sehr eigene Logiken bei der Anwendung von Befunden auf eigene Handlungskontexte (z. B. Tillmann, 2009). Es gibt vielfältige Herausforderungen bei den Sendenden und Rezipienten verfügbaren Wissens, aber auch hinsichtlich der Qualität des Wissens selbst (einschließlich der Kommunikationsqualität, also wie über Daten, Erkenntnisse und Wissen berichtet und kommuniziert wird).

Betrachtet man zunächst die Wissensgenerierung vor dem Hintergrund der Anforderungen von politischer Steuerung und schulischer Entwicklung vor Ort, so kommt man schnell zum international breiter und auch schon länger als in

Deutschland diskutierten Vorschlag, mehr Randomized Controlled Field Trials (RCT) in Studiendesign vorzusehen. Gaspard und Trautwein (2021) fassen zu diesem Ansatz zusammen:

> Eine randomisierte kontrollierte Interventionsstudie hat das Ziel zu untersuchen, ob eine Intervention einen kausalen Effekt auf die Zielvariablen (z. B. Kompetenz) hat, d. h. ob sich eine (etwaig zu beobachtende) Veränderung auch tatsächlich auf die Intervention zurückführen lässt. Um diesen Effekt abschätzen zu können, wird die Intervention verglichen mit einer Kontrollbedingung, in der die entsprechende Intervention nicht durchgeführt wird, wodurch es sich um eine kontrollierte Studie handelt. Die Zuweisung, wer Teil der Interventionsbedingung und wer Teil der Kontrollbedingung ist, erfolgt hierbei per Zufall, d. h. randomisiert (Gaspard & Trautwein, S. 2).

Trautwein (in diesem Band) hebt in diesem Zusammenhang hervor, dass es keinen Alleinvertretungsanspruch des Ansatzes gibt, auch wenn dieser vielfach als Goldstandard für evidenzbasierte Entscheidungen bezeichnet bzw. gefordert wird; so wird dieser mitunter auch in der Medizin bzw. im Gesundheitsbereich, wo der Ansatz ursprünglich herkommt, kritisch diskutiert bzw. auch die Bedeutung z. B. wegweisender Einzelfallstudien hervorgehoben (z. B. Weßling, 2018). Schrader (2014) zeichnet den Paradigmenstreit um RCT und Systematic Reviews und die Kritik an einer einseitigen Fokussierung auf RCT aus u. a. ethischen und forschungsmethodischen Gründen im internationalen Kontext für die Bildungsforschung differenziert nach.

Aus verschiedenen erziehungswissenschaftlichen teildisziplinären Perspektiven auf das Thema „Optimierung schulischer Bildungsprozesse: What works?" und den so bezeichneten Goldstandard der Erhebung blickend, lassen sich – auch im Anschluss an Schrader (2014) – einige Anmerkungen angesichts der Komplexität von Bildungs-, Erziehungs-, Lehr- und Lernprozessen in Schule als Organisation in einem schulstrukturellen und sozialräumlichen Kontext machen, zudem mit einem professionsorientierten Blick auf die handelnden Praxisakteurinnen und Praxisakteure.

2.1 Reflexionsimpuls aus steuerungstheoretischer Perspektive

Für den Schulbereich wird angenommen, dass anstelle eines hierarchischen Durchgriffs unterschiedliche Formen der Handlungskoordination wirksam werden, an denen verschiedene Akteure beteiligt sind, die auf unterschiedlichen Ebenen agieren (Bildungspolitik, Schulaufsicht, Schulinspektion, Schule) (Altrichter & Maag Merki, 2015). Wirkungen von Steuerungshandlungen sind dabei auch stark abhängig von lokalen Bedingungen und Implementationsstrategien. Schule ist eine komplexe Expertenorganisation, die sich Durchgriffssteuerung auch entzieht (Muslic et al., 2013; Senn, 2021). Auch beim Akteur Politik ist zu berücksichtigen, dass es ganz eigene Systemlogiken gibt, die macht- und erfolgsorientiert sind und nicht ausschließlich an rationalen Handlungen ausgerichtet sind.

Im Forschungsprojekt EviS zur Evidenzbasierten Schulentwicklung (Zentrum für Qualitätssicherung und -entwicklung, 2020) (im Rahmen der Stebis-Förderlinie des BMBF zur Steuerung im Bildungswesen, s.o.) wurden Implementationsbrüche von der Generierung des Wissens, über seine Dissemination, Rezeption und Bewertung bis hin zur individuellen bzw. kollektiven Nutzung beschrieben (Zlatkin-Troitschanskaia et al., 2016). Es zeigt sich, dass Wissen über ‚gute' Praxis nicht unmittelbar und automatisch die Praxis der handelnden Akteurinnen und Akteure ändert, weshalb Forschung zu Implementationsfragen so bedeutsam ist. Dabei zeigt sich ein komplexes, nicht-lineares Bedingungs- und Wirkungsgefüge im Zusammenspiel von Politik, Forschung, Lehrkräftebildung, Lehrkräftekompetenz und erfolgreichen Lernprozessen (von Schülerinnen und Schülern unterschiedlicher Hintergründe) und gewünschten Lernergebnissen, die wiederum eine normative Dimension haben (wer definiert gewünschte Lernergebnisse?). Es erscheint wichtig, dieses komplexe Gesamtsetting der Mehrebenenstruktur im Bildungssystem im Blick zu halten, nämlich sowohl bei der Anlage von Studien als auch der Diskussion und der Vermittlung von Ergebnissen aus Studien, die ihrerseits – wie bei Studien nach dem RCT-Standard – komplexitätsreduzierend angelegt sind, weil Ausschnitte gewählt werden und andere Dimensionen ausgeblendet werden (müssen).

2.2 Reflexionsimpuls aus professionsorientierter Perspektive

Bellmann (2016) hat auf den normativen Charakter des evidenzbasierten Steuerungsanspruchs und die Relevanz für das Handeln der Praxisakteure als mehr oder weniger professionell Handelnde hingewiesen. Mit dem evidenzbasierten Steuerungsanspruch komme es zu einer „spezifische[n] Zuschreibung von Verantwortlichkeiten" (S. 152): Forschung und Politik werden „in die Pflicht genommen, ein gesichertes Wissen über wirksame Interventionen zu generieren, zu verbreiten und zu implementieren." Erst dann „kommt der Praxis die Aufgabe zu, dieses Wissen zu nutzen" (Bellmann, 2016), was wohl am Ehesten einer linearen, top-down-Steuerungsvorstellung entspricht. Im Zweifel werde die Nutzung bestimmter Interventionen den Lehrkräften sogar vorgeschrieben, wie z.B. in den USA im Bereich von Programmen zur Förderung sprachlicher und mathematischer Basiskompetenzen mit einem anderen zugrundeliegenden Verständnis von Lehrkräftehandeln bekannt ist. Der „professionellen Urteilskraft" werde bei der Nutzung wissenschaftlichen Wissens zwar durchaus eine Bedeutung beigemessen, aber es bleibe eben bei der Nutzung von „externer", d.h. durch Forschung generierter Evidenz (Bellmann, 2016, S. 152).

Durch Praxis erzeugtes Handlungswissen hat bei einer solchen Steuerungssicht keinen oder weniger Geltungsanspruch, was konterkariert werden kann durch den Gestaltungsanspruch von Praxis, die Autonomie beansprucht, zumindest im deutschen Kontext. Hochqualifizierte wollen bedeutsame Berufe, eigenes Wissen einbringen und weiterentwickeln. Es wird der Eigenwert „professioneller Weisheit" (Oser, 1998) diskutiert, die man durch Berufspraxis und Entscheidungen in antinomischen Situationen erworben hat. Evidenzen bieten im Praxiskontext vor diesem Hintergrund eine Möglichkeit, eigene Erfahrung an objektiven Daten spiegeln zu können und im Sinne von Rekontextualisierung (Fend, 2008) unterschiedliches Wissen in Beziehung zu setzen (Heinrich, 2015), Sense Making in gemeinschaftlichen, vertrauensvollen Reflexionsprozessen zu betreiben und Relevanzsetzungen in unsicheren Handlungskontexten vorzunehmen. Diese anerkennende Sicht auf den Eigenwert schulischen Handlungswissens findet sich mittlerweile in großen Forschungs- und Entwicklungsprojekten, die von Bund und Ländern getragen werden (vgl. Kapitel 1.2). Weniger im Blick scheint im Übrigen noch die Rolle von Evidenzen und Optimierung im Rahmen von Professionalisierungsprozessen angehender bzw. im Beruf stehender Lehrkräfte in Aus- und Fortbildung zu sein.

2.3 Reflexionsimpuls aus Schulentwicklungsperspektive

Führt man die Überlegungen aus einer schulentwicklungsbezogenen Perspektive heraus weiter, so lässt sich weiterhin fragen, wie das komplexe Wirkgefüge von Schule und schulischem Handlungskontext aufgeklärt wird. Wie erhalten wir genaue Einsichten in die komplexen Kausalverhältnisse sozialer Systeme und Entwicklungsprozesse im Sinne von „what works: how?".

So lässt sich fragen: Welche Rolle haben „weichere" Faktoren wie Haltung, Habitus, Normen und Werte, die unterschiedlich anschlussfähig an die Lebenswirklichkeit von Schülerinnen und Schülern unterschiedlicher Herkunftsmilieus sind? Wie kommt es zu Passung bzw. Brüchen in Bildungsprozessen zwischen Herkunftsmilieus von Schülerinnen und Schülern und schulischen (impliziten) Erwartungen? (z. B. Bremm & Racherbäumer, 2020 im Kontext der Pandemie-Situation). Wie können Schulen als Organisationen Wandel vollziehen? Wie lassen sich – über den engeren unterrichtsbezogenen Blick – Prozesse und Strategien organisational verändern und nachhaltig verankern? Welche Rolle spielen dabei Ziele, die Schulen selbst haben aufgrund spezifischer Rahmenbedingungen und der Zusammensetzung von Lerngruppen?

Dabei gibt es immer wieder neue Herausforderungen durch gesellschaftliche Wandlungsprozesse, etwa im Bereich von Inklusion, Digitalisierung, Demokratiebildung, Nachhaltigkeit etc. Schulen brauchen also organisationale Kapazitäten (z. B. Feldhoff, 2011), um sich auch ad hoc und flexibel anpassen und komplexe Herausforderungen bearbeiten zu können. In der Schulentwicklungsforschung gibt es keine One-Size-Fits-All-Strategie; der Kontext hat immer besondere Bedeutung und design-basierte Ansätze, die stark an den individuellen Orientierungen und Problemen von Menschen in Schulen ansetzen, haben sich als hilfreich für die Praxis erwiesen (Mintrop, 2016).

Schließlich gibt es viele antinomische, widersprüchliche Handlungssituationen, in denen handelnde Akteurinnen und Akteure selbst wissenschaftliche Erkenntnisse „situationsangemessen" (Bauer et al., 2015, S. 188) nutzen können müssen (vgl. auch die professionsorientierte Perspektive, Kapitel 2.2). Dabei ist evidenzbasiertes, nach möglichst hohen Standards geprüftes Wissen natürlich hilfreich und wichtig, wird aber eben nicht absolut gesetzt.

3. Abschließende Bemerkungen

Mit dem Topos der Optimierung (und einem in diesem Kontext geführten Diskurs um Studien nach dem RCT-Standard) ist einerseits eine sicherlich oft gewünschte Perspektive für die Steuerung und Entwicklung von Bildungsprozessen und ihren Ergebnissen sowie das professionelle Handeln der Akteurinnen und Akteure in Politik, Verwaltung und Praxis angezeigt. Andererseits sind mit dieser Sicht mögliche Grenzen, Brüche und Gefahren des Handelns in sozialen Kontexten und ihrer angemessenen Erfassung und Analyse gegebenenfalls weniger im Blick, auch indem die Perspektive stärker auf Optimierbares gelenkt ist (etwa durch eine enge Fokussierung bestimmter fachlicher Domänen und Ausschnitte im Bildungsgeschehen). Welche Rolle spielen etwa auch komplexe Konstrukte wie Persönlichkeitsentwicklung, Kreativität, Selbstvertrauen, Sozialverhalten? In diesem Zusammenhang wird vor einer „naiven Evidenzbasierung in der Pädagogik" gewarnt, wie es im Titel eines Beitrags von Brügelmann (2019) heißt, in dem sich der Autor intensiver mit dem Werk von Zhao zu „What works may hurt: Side effects in education" (z.B. Zhao, 2017) auseinandersetzt. Demnach lasse sich auch fragen, inwiefern hinreichend diskutiert wird, ob das Ergebnis entsprechender Studien wünschenswert ist. Werden möglicherweise andere, nicht intendierte Wirkungen durch fokussierte Interventionen erzeugt?

Vor diesem Hintergrund erscheint es wichtig, bei Vorhaben der Interventions- und Implementationsforschung verschiedene institutionelle Kontexte und personale Konstellationen mit ihren Eigenlogiken und Interdependenzen zu berücksichtigen. Schrader (2014) verweist auch auf die Rolle von Autonomie von Praxisakteurinnen und Praxisakteuren bei der Umsetzung entsprechender Vorhaben im Vergleich zwischen Designs, die (1.) auf eine unmittelbare Implementation bzw. Implementationsunterstützung durch Forschende setzen oder die (2.) durch Multiplikatoren materialgestützt angelegt sind und wirksam werden wollen oder (3.) die mit einem eigenen Umsetzungsdesign an der jeweiligen Handlungspraxis vor Ort ansetzen.

Schrader fordert auch eine „politikwissenschaftlich informierte Theorie und Empirie der Entscheidungsfindung und Handlungskoordination" (Schrader, 2014, S. 213) in einem Mehrebenensystem mit einer weithin unkoordinierten Bildungs-, Sozial- und Arbeitsmarktpolitik im Sinne des großen Bildes der Systemsteuerung. Hilfreich sei es auch, aus professionstheoretischer Sicht mehr darüber zu erfahren, wie Praktikerinnen und Praktiker mit empirischer Evidenz umgehen bzw. wie sie darin gefördert werden können. Jüngere Programme wie etwa „Leistung macht Schule" (BMBF, 2021a) oder „Schule macht stark" (BMBF, 2021b) von Bund und Ländern setzen hierbei auf ko-konstruktive Ansätze, deren Anlage und Wirkung gleichwohl noch klärungsbedürftig sind (vgl. Kapitel 1.2). In diesem Sinne heben auch Woerfel, Zimmer und Witte (2021) hervor:

> Für erfolgreichen Transfer im Sinne von Evidenzinformierung reicht es also nicht aus, Evidenz ‚aufzubereiten' oder zu ‚übersetzen' und zu kommunizieren; entscheidend ist ein kooperatives Handeln zwischen wissenschaftlichen und nichtwissenschaftlichen Akteursgruppen (Woerfel et al., S. 170).

Insgesamt hat sich in den vergangenen Jahren der Diskurs um Forschungszugänge, die mehr steuerungsrelevantes Wissen in unsicheren pädagogischen Handlungskontexten – für verschiedene Akteurinnen und Akteure im Bildungssystem, vor allem politische sowie Praxisakteurinnen und Praxisakteure – erzeugen, verbreitert und vertieft. Ebenso sind Fragen der zielführenden Interaktion von Wissenschaft und Akteurinnen und Akteure politischer und schulischer Handlungspraxis gerade in der Forschungsförderung stärker in den Blick gerückt, wobei Befunde der Begleitung etwa der erwähnten großen aktuellen Bund-Länder-Programme mit starker Zusammenarbeit zwischen Praxis und Wissenschaft abzuwarten bleiben. Es gibt weiterhin viel Klärungsbedarf, nicht zuletzt auch im Sinne der Anerkennung von Forschungstransfer durch das Wissenschaftssystem selbst. Hohe wissenschaftliche Standards in Theorie und Empirie und eine sinnvolle Verbindung von Grundlagen und anwendungsorientierter Forschung im Sinne von „use inspired basic research" (Stokes, 1997) dürften dafür wiederum hilfreich sein.

Literatur

Altrichter, H. & Maag Merki, K. (2015). *Handbuch Neue Steuerung im Schulsystem.* Springer VS.

Bauer, J., Prenzel, M., & Renkl, A. (Hrsg.) (2015). Evidenzbasierte Praxis – im Lehrerberuf?! Einführung in den Thementeil. *Unterrichtswissenschaft, 43*(3), 188–192.

Bellmann, J. (2016). Datengetrieben und/oder evidenzbasiert? Wirkungsmechanismen bildungspolitischer Steuerungsansätze. *Zeitschrift für Erziehungswissenschaft 19*(1), 147–161. https://doi.org/10.1007/s11618-016-0702-6

BMBF (2018). *Rahmenprogramm empirische Bildungsforschung.* https://www.empirische-bildungsforschung-bmbf.de/media/content/Rahmenprogramm_empirische_Bildungsforschung_BMBF_(BITV).pdf

BMBF (2019). *Bekanntmachung. Richtlinie zur Förderung von Forschung zum „Abbau von Bildungsbarrieren: Lernumwelten, Bildungserfolg und soziale Teilhabe" im Rahmenprogramm empirische Bildungsforschung, Bundesanzeiger vom 21.06.2019.* https://www.bmbf.de/bmbf/shareddocs/bekanntmachungen/de/2019/06/2505_bekanntmachung.html

BMBF (2021a). *Leistung macht Schule. Gemeinsame Initiative von Bund und Ländern zur Förderung leistungsstarker und potenziell besonders leistungsfähiger Schülerinnen und Schüler.* Bundesministerium für Bildung und Forschung. https://www.leistung-macht-schule.de/

BMBF (2021b). *Schule macht stark. Gemeinsame Initiative von Bund und Ländern zur Unterstützung von Schulen in sozial schwierigen Lagen.* https://www.schule-macht-stark.de/

Bremm, N., Hillebrand, A., Manitius, V. & Jungermann, A. (2018). Wissenstransfer im Bildungssystem. Chancen und Herausforderungen kooperativer Akteurskonstellationen. *Transfer Forschung – Schule, 4*(4), 133–141.

Bremm, N. & Racherbäumer, K. (2020). Dimensionen der (Re-)Produktion von Bildungsbenachteiligung in sozialräumlich deprivierten Schulen im Kontext der Corona-Pandemie. *Die Deutsche Schule Beiheft 16*, 202–215.

Bromme, R., Prenzel, M. & Jäger, M. (2016). Empirische Bildungsforschung und evidenzbasierte Bildungspolitik. Zum Zusammenhang von Wissenschaftskommunikation und Evidenzbasierung in der Bildungsforschung. *Zeitschrift für Erziehungswissenschaft, 19*(S1), 129–146. https://doi.org/10.1007/s11618-016-0703-5

Brügelmann, H. (2019): „Zu Risiken und Nebenwirkungen …". Warnung vor einer naiven „Evidenzbasierung" in der Pädagogik. *Lehren und lernen*, 7, 29–34.

Demski, D. (2017). *Evidenzbasierte Schulentwicklung. Empirische Analyse eines Steuerungsparadigmas* (Schulentwicklungsforschung, Bd. 2). Springer VS.

Feldhoff, T. (2011). Hypothesen zum Zusammenhang von Steuergruppen, Kapazität Organisationalen Lernens und Erfolgsfaktoren des Modellvorhabens. In: *Schule organisieren* (S. 178–189). VS Verlag. https://doi.org/10.1007/978-3-531-93384-9_4

Fend, H. (2008). *Schule gestalten. Systemsteuerung, Schulentwicklung und Unterrichtsqualität.* VS Verlag.

Gaspard, H. & Trautwein, U. (2021). Randomisierte kontrollierte Feldstudien. In G. Weißen & B. Ziegler B. (Hrsg.), *Handbuch Geschichts- und Politikdidaktik* (S. 1–15). Springer VS. https://doi.org/10.1007/978-3-658-29673-5_33-1

Heinrich, M. (2015). Zur Ambivalenz der Idee evidenzbasierter Schulentwicklung. Das Beispiel „Schulinspektion" – fortschrittlicher Rückschritt oder Innovation? *Zeitschrift für Pädagogik, 61*(6), 778–792.

KMK (2006). *Gesamtstrategie der Kultusministerkonferenz zum Bildungsmonitoring.* LinkLuchterhand.

KMK (2015). *Gesamtstrategie der Kultusministerkonferenz zum Bildungsmonitoring.* https://www.kmk.org/fileadmin/Dateien/veroeffentlichungen_beschluesse/2015/2015_06_11-Gesamtstrategie-Bildungsmonitoring.pdf

KMK (2021). *Verwaltungsvereinbarung zwischen den Ländern in der Bundesrepublik Deutschland zur Einrichtung einer Ständigen wissenschaftlichen Kommission der Kultusministerkonferenz.* https://www.kmk.org/fileadmin/veroeffentlichungen_beschluesse/2020/2020_10_15-Verwaltungsvereinbarung-Einrichtung-StaeWiKo.pdf

Mintrop, R. (2016). Concepts of Organizational and Design-Based School Development in the US-American Context. *DDS – Die Deutsche Schule, 108*(4), 399–411. https://www.waxmann.com/index.php?eID=download&id_artikel=ART102060&uid=frei

Muslic, B., Ramsteck, C., & Kuper, H. (2013). Das Verhältnis von Schulleitung und Schulaufsicht im Kontext testbasierter Schulreform. In I. van Ackeren, M. Heinrich, & F. Thiel (Hrsg.), *Evidenzbasierte Steuerung im Bildungssystem?* (S. 97–120). Waxmann.

Oser, F. (1998). Fallstudie: Lehrerethos und Lehrerleben. Berufsbiographische Perspektive (Beatrice Ammann, Fritz Oser und Michael Zutavern). In: F. Oser (Hrsg.), *Ethos – die Vermenschlichung des Erfolgs. Zur Psychologie der Berufsmoral von*

Lehrpersonen (S. 181–195). VS Verlag. https://doi.org/10.1007/978-3-322-97398-6_10

Prenzel, M. (2012). Empirische Bildungsforschung morgen: Reichen unsere bisherigen Forschungsansätze aus? In M. Gläser-Zikuda, T. Seidel, C. Rohlfs, A. Gröschner, & S. Ziegelbauer (Hrsg.), *Mixed Methods in der empirischen Bildungsforschung* (S. 273–286). Waxmann.

QUA-LiS NRW (2021). *Clearingstelle evidenzbasierte Pädagogik.* https://www.dev-schulentwicklung.qua-lis.de/q/transfer-wissenschaft-praxis/clearingstelle-evidenz-basierte-paedagogik/index.html

Schrader, J. (2014). Analyse und Förderung effektiver Lehr-Lernprozesse unter dem Anspruch evidenzbasierter Bildungsreform. *Zeitschrift für Erziehungswissenschaft 17*(2), 193–223. https://doi.org/10.1007/s11618-014-0540-3

Senn, P. (2021). *Schulführungsmodell SFM. Ein betriebswirtschaftlicher Orientierungsrahmen für Schulleitung und Schulbehörden öffentlicher Volksschulen der Schweiz.* Springer VS.

Spiel, C., Graf, D., Stempfer, L., Holzer, J., Schultes, M.-T., Brandt, L., Somoza, V. & Schober, B. (2020). Die Dritte Mission von Universitäten – Impact Assessment als Herausforderung. In I. M. Welpe, J. Stumpf-Wollersheim, N. Folger & M. Prenzel (Hrsg.), *Leistungsbewertung in wissenschaftlichen Institutionen und Universitäten. Eine mehrdimensionale Perspektive* (S. 250–273). De Gruyter Oldenbourg. https://doi.org/10.1515/9783110689884-012

SteBis (o.D.). *Forschungsschwerpunkt „Steuerung im Bildungssystem" (SteBis).* http://www.stebis.de/

Stokes, D. R. (1997). *Pasteur's Quadrant: Basic science and technological innovation.* Brookings Institution Press.

Tillmann, K.-J. (2009). Was leistet die PISA-Studie zur Steuerung des Bildungssystems? In R. Tippelt (Hrsg.), *Steuerung durch Indikatoren. Methodologische und theoretische Reflektionen zur deutschen und internationalen Bildungsberichterstattung* (S. 17–30). Budrich.

TUM School of Education (o.D.). *Projekt Clearing House Unterricht.* https://www.clearinghouse.edu.tum.de/projekt/

Universität Duisburg-Essen (2021). *Strategie für Transfer und Kooperation.* https://www.uni-due.de/imperia/md/content/dokumente/transferstrategie.pdf

Universität zu Köln (2020*). DGfE-Kongress 2020: Optimierung. OPTIMIERUNG als Thema des 27. DGfE-Kongresses vom 15.-18. März 2020 in Köln.* https://dgfe2020.uni-koeln.de/dgfe2020-optimierung#:%7E:text=OPTIMIERUNG.%20als%20Thema%20des%2027.%20DGfE-Kongresses.%20vom%2015.-18.,Funktionalit%C3%A4t%20von%20Institutionen%20oder%20die%20Verbesserung%20menschlicher%20Leistungsf%C3%A4higkeit

Weßling H. (2018). Kritik der evidenzbasierten Praxis – Demarkation und „Reflexion im Handeln" als Wege der Erneuerung. In R. Haring & J. Siegmüller J. (Hrsg.), *Evidenzbasierte Praxis in den Gesundheitsberufen.* Springer. https://doi.org/10.1007/978-3-662-55377-0_5

Woerfel, T., Zimmer, K. & Witte, A. (2021). Evidenzinformierte Bildungspolitik und Bildungspraxis: Das Potenzial von Forschungssynthesen. In D. Kemethofer, J. Reitinger & K. Soukup-Altrichter (Hrsg.), *Vermessen? Zum Verhältnis von Bildungsforschung, Bildungspolitik und Bildungspraxis* (S. 161–173). Waxmann.

Zentrum für Qualitätssicherung und -entwicklung (2020). *EviS – Evidenzbasiertes Handeln im schulischen Mehrebenensystem.* Johannes Gutenberg-Universität

Mainz. https://www.zq.uni-mainz.de/programmevaluation/evis-evidenzbasiertes-handeln-im-schulischen-mehrebenensystem/

Zhao, Y. (2017). What works may hurt: Side effects in education. *Journal of Educational Change, 18*(1), 1–19. https://doi.org/10.1007/s10833-016-9294-4

Zlatkin-Troitschanskaia, O., Zimmer, L., Mater, O., Laier, B., Koch, A. R., Binnewies, C., Dormann, C., Ackeren, I. van, Clausen, M., Preisendörfer, P., Schmidt, U., Demski, D., Preuße, D., Stump, M. (2016), Schulische und individuelle Einflussfaktoren auf das evidenzbasierte Handeln von Lehrkräften und Schulleitungen: eine mehrebenenanalytische Studie. In Bundesministerium für Bildung und Forschung (Hrsg.), *Steuerung im Bildungssystem: Implementation und Wirkung neuer Steuerungsinstrumente im Schulwesen* (S. 8–38). https://www.empirische-bildungsforschung-bmbf.de/media/content/BMBF%20Bildungsforschung%2043_barrierefrei.pdf

Elmar Souvignier

Nutzbarmachung von Ergebnissen aus der Interventionsforschung für Wissenschaft und Praxis

1. Einleitung: Ziele von Interventionsforschung

Die Interventionsforschung kann für eine Optimierung schulischer Bildungsprozesse als so etwas wie eine „Entwicklungsabteilung" betrachtet werden, in der Maßnahmen theoriegeleitet entwickelt und dann systematisch erprobt werden. Intervenieren bedeutet, in ein Geschehen einzugreifen, und Gegenstand der Interventionsforschung ist, mit wissenschaftlichen Methoden die Wirkungen und die Wirksamkeit von Interventionen zu evaluieren (Leutner, 2010; Souvignier, 2021). Gegenstand der Intervention selbst sind theoretisch begründete Konzepte, Prinzipien und Programme. Dabei wird mit Interventionen die Erwartung verbunden, dass innovative Förder- und Unterrichtsmaßnahmen, die neue oder in der Unterrichtspraxis nur unsystematisch genutzte Konzepte umsetzen (z. B. Scaffolding, explizite Strategievermittlung, formatives Assessment), sich als wirksamer erweisen als die bisherige Praxis. Generell lassen sich in der Interventionsforschung zwei Ziele unterscheiden:

1) Generelle Erkenntnis über die Wirkungen und die Wirksamkeit *theoretischer Konzepte*
2) Konkrete Erkenntnis über die Wirkungen und die Wirksamkeit *bestimmter Programme.*

Beispiele für theoretische Konzepte, die sich als relevant für instruktionale Prozesse erwiesen haben sind Lernstrategien, Metakognition, Selbstregulation, Motivation, induktives Denken, Feedback, kooperatives Lernen, formatives Assessment, Lernen am Modell, kognitive Aktivierung, Klassenführung, Adaptivität und einige mehr. Die Wirksamkeit solcher theoretischen Konzepte wird jenseits von Einzelstudien durch Metaanalysen und in systematischen Reviews behandelt. Exemplarisch seien hier häufig zitierte Arbeiten zur Wirksamkeit von Feedback (Hattie & Timperley, 2007), Selbstregulation (Dignath & Büttner, 2008) oder formativem Assessment (Bennett, 2011) genannt.

Interventionsforschung befasst sich zudem mit der Frage nach den Effekten bestimmter Förderprogramme. Im Unterschied zu der Auseinandersetzung mit theoretischen Konzepten ist es hier so, dass durch Trainingsmanuale ganz konkrete Vorgaben zum Fördergeschehen (Umfang, Aufgaben, Instruktion, Sozialform etc.) gemacht werden. Die Trainings zur Förderung induktiven Denkens von Karl Josef Klauer, zu denen mittlerweile mehr als 100 kontrollierte Einzelstudien vorliegen (Klauer, 2014), sind ein Beispiel für solche Programme. Sowohl für die Bereiche der Schriftsprache und der mathematischen Kompetenzen als auch für den Bereich der sozialen Kompetenzen liegen manualisierte und evaluierte Programme vor. Eine strukturierte Übersicht über deutschsprachige Programme findet sich beispielsweise bei Langfeldt und Büttner (2008). Schneider (2019) stellt in einem aktuellen Beitrag eine Übersicht zu Effekten und zur Implementation von Programmen zur Förderung kognitiver Fähigkeiten vor.

Konzepte oder Programme – was unterstützt die Praxis?
Gibt es Unterschiede im Hinblick darauf, ob einer dieser beiden Ansätze besonders gut (oder besser als der andere) nutzbar für die Praxis ist? Beide Ansätze gehen typischerweise mit unterschiedlichen Implementationsstrategien einher. Fortbildungen, bei denen Kenntnisse zu wirksamen Konzepten vermittelt werden, lassen sich einem „bottom-up"-Ansatz zuordnen, bei dem Lehrkräfte auf der Grundlage solcher Kenntnisse Unterricht und Fördermaßnahmen ausgestalten. Vorliegende Programme, die in sich abgeschlossene Maßnahmen darstellen, sind hingegen eher im Sinne von „top-down"-Konzepten zu verstehen. In einem Beitrag zum Transfer evidenzbasierter Ansätze in die Bildungspraxis nimmt Robert Slavin die folgende Einordnung vor:

> Yet research routinely finds that teachers have great difficulty translating generic principles into effective practice and all too often fall back on the teaching methods they have always used unless they receive specific professional development and materials to help them implement proven models (Slavin, 2020, S. 22).

Wichtig ist hier die Einordnung, dass fertige Programme (materials) als Unterstützung und Hilfestellung eingeordnet werden und nicht als Mittel, das die professionelle Kompetenz von Lehrkräften in Frage stellt.

Empirische Studien, in denen ein direkter Vergleich der beiden Ansätze der Unterstützung durch konkrete Programme oder durch die Vermittlung theoretischer Konzepte vorgenommen wird, sind eher selten. In einer Studie von Koch und Spörer (2016) wurde einer Gruppe von Lehrkräften das ausgearbeitete Programm „Käpt'n Carlo" zur Förderung des Leseverständnisses zur Verfügung gestellt, während sich eine Vergleichsgruppe im Rahmen von Fortbildungen mit theoretischen Prinzipien der Leseförderung auseinandersetzte und auf dieser Grundlage „Good-Practice"-Materialien entwickelte und untereinander austauschte. Im Ergebnis zeigte sich, dass die Leistungsentwicklungen bei den Kindern, deren Lehrkräfte mit dem Käpt'n Carlo Programm arbeiteten, signifikant höher ausfielen. Dieser Befund steht in Einklang mit weiteren Befunden aus der (internationalen) Interventionsforschung, die insbesondere für umschriebene, strukturierte Programme wie Peer Assisted Learning Strategies (PALS) (Fuchs et al., 1997) oder Self-regulated Strategy Development (SRSD) (Harris & Graham, 1996) hohe Wirksamkeiten ausweisen.

2. Herausforderungen und Lösungsansätze für die Nutzbarmachung in der Praxis

Die Bestandsaufnahme zu den Effekten der Vermittlung theoretischer Konzepte oder dem Einsatz konkreter Programme legt nahe, insbesondere vorliegende, positiv evaluierte Programme als Ansatzpunkt zur Nutzbarmachung von Ergebnissen aus der Interventionsforschung für die (vor-)schulische Praxis zu betrachten. In seinem Übersichtsbeitrag stellt Schneider (2019) allerdings fest, dass der Transfer solcher Programme in die Praxis bestenfalls zögerlich erfolgt; Fach- und Lehrkräfte übernehmen manualisierte Programme kaum in Vorschule und Schule. Diese auf den ersten Blick überraschende Zurückhaltung soll anhand dreier Interventionsprojekte, die über bloße Wirksamkeitsanalysen hinausgehen, kurz eingeordnet werden. Auf diese Weise sollen erste konkrete Herausforderungen und Bedingungen, die sich für einen Transfer vorliegender Programme stellen, illustriert werden.

2.1 Herausforderungen für den Transfer von Förderprogrammen

Alexander Müller nahm in seinem Dissertationsprojekt über einen Zeitraum von vier Jahren hinweg die Implementation des Mathematik-Förderprogramms Kalkulie an zwei Grundschulen vor (Müller & Fritz, 2020). In einem Phasenmodell über vier Schritte (Jahre) wird hier ein Prozess beschrieben, bei dem zunächst schulische Bedingungen (kollegiale Interaktion, Unterrichtsorganisation, Stundenplan) angepasst werden mussten, um einen Rahmen für die systematische Anwendung des Programms zu schaffen. Im Anschluss wurde gemeinsam mit den Lehrkräften eine Anpassung des Förderprogramms (höhere Adaptivität) vorgenommen. Am Ende des dritten Projektjahres stellten sich erste positive Effekte ein und im vierten Projektjahr lässt sich eine effektive Nutzung des Programms feststellen.

Die Adaption des ursprünglich für die Durchführung durch Studierende ausgelegten Programms „Wir werden Textdetektive“ (Gold et al., 2006; Schreblowski & Hasselhorn, 2001) für den Einsatz in der schulischen Praxis erforderte einen mehrjährigen Überarbeitungsprozess. Ausgehend von einem ausgearbeiteten Unterrichtsskript, das Lehrkräfte als bevormundend einordneten über eine auf zentrale Lehrziele reduzierte Version, die Lehrkräfte als zu abstrakt und aufwändig bewerteten bis hin zu einem strukturierten Leitfaden für den Unterricht mit Hinweisen zur theoretischen Begründung des jeweiligen Vorgehens wurde unter Einbezug der Rückmeldungen von Lehrkräften eine Form realisiert, bei der das theoretische Rahmenkonzept selbstregulierten Lernens an typische Unterrichtsroutinen angepasst wurde.

Neben der Anpassung schulischer Strukturen und der Gestaltung von Programmen stellt die Vorbereitung von Lehrkräften auf den Einsatz innovativer Konzepte einen weiteren wichtigen Faktor dar. Bei dem ausgesprochen wirksamen Leseförderprogramm Concept-oriented reading instruction (CORI) (Guthrie et al., 2004) wird ein komplexer theoretischer Ansatz umgesetzt, der Aspekte strategischen Lesens, kooperativen Lernens, kognitiver Aktivierung und ‚hands-on' Aktivitäten umfasst. Die Vorbereitung der Lehrkräfte auf die Nutzung dieses Programms erfolgte jeweils in Form zweiwöchiger (bezahlter) Summerschools zur Vermittlung des theoretischen Konzepts und des entsprechenden Materialpools.

Diese kurzen Beispiele illustrieren, dass der Transfer, also die „Übergabe" von Programmen in die schulische Praxis in aller Regel Anpassungen bedarf, die im „laufenden Betrieb" mitunter über mehrere Jahre hinweg in kleinen Schritten erfolgen müssen. Solche Anpassungen betreffen schulische Abläufe und Organisationsstrukturen, die Programme selbst und die professionelle Entwicklung von Lehrkräften durch entsprechende Fortbildungen.

Wichtig erscheint aber auch, diese konkreten Herausforderungen in den Kontext genereller Herausforderungen für Schulen bzw. das Bildungssystem einzuordnen. So stellen die Gestaltung eines inklusiven Bildungssystems, der Lehrkräftemangel, die Digitalisierung und aktuell die Covid-19 Pandemie Belastungen dar, die einen Transfer von Ergebnissen aus der Interventionsforschung möglicherweise wenig dringlich erscheinen lassen. Organisationspsychologische Analysen verdeutlichen, dass die Implementation von Innovationen nur dann gelingt, wenn es ganz klare Zuständigkeiten im Sinne von für Veränderungsprozesse verantwortliche Personen gibt (Klein & Knight, 2005). Letztlich mangelt es an entsprechenden Transferstrukturen, die eine verbindliche Übernahme und Anpassung von Förderprogrammen in die schulische Praxis unterstützen. Eine scheinbare Kleinigkeit: Wenn Programme in den Unterrichtsalltag eingebaut werden sollen, dann geht das nur, wenn gleichzeitig andere Inhalte weggelassen werden. Herausforderungen dadurch anzugehen, dass man Dinge weglässt, stellt eine enorme psychologische Hürde dar (Adams et al., 2021). Daher ist es in aller Regel notwendig, solche Veränderungsprozesse durch Schulleitungen oder Personen aus der Bildungsadministration zu moderieren und deutlich zu machen, dass die Implementation von Innovationen nicht nach dem „on-top" Prinzip erfolgen kann.

Im Grunde sind die genannten Herausforderungen, Belastungsfaktoren und mangelnden Transferstrukturen Punkte, die lange bekannt sind. Dennoch: Jeder der genannten Punkte bedeutet potenziell, dass wirksame Programme nicht in die Schule übernommen werden. Entsprechend ist es notwendig, sich trotz dieser schwierigen Rahmenbedingungen zu verdeutlichen, dass ein Transfer evidenzbasierter Programme zu einer verbesserten Bildung beitragen würde. Mit anderen Worten: Schulische Bildung bleibt hinter ihren Möglichkeiten zurück, wenn sie nicht auf die Erkenntnisse der Interventionsforschung zu wirksamen Programmen zurückgreift.

2.2 Lösungsansätze und Bedingungen für den Transfer von Förderprogrammen

Wie wichtig – jenseits positiver Evaluationsergebnisse – die Rahmenbedingungen für eine erfolgreiche Implementation wirksamer Förderprogramme sind, lässt sich am Beispiel des Förderprogramms Hören, Lauschen, Lernen (Küspert & Schneider, 2018) beschreiben. Evaluationsergebnisse zu diesem Programm zur Förderung der phonologischen Bewusstheit weisen aus, dass es sich nachhaltig positiv auf den Schriftspracherwerb auswirkt und insbesondere hilft, Risikoentwicklungen vorzubeugen. Wenngleich diese Befunde im Grunde für sich sprechen und die Implementation einer solchen Maßnahme zu einem „Selbstläufer" machen müssten, verdeutlicht Schneider (2019), dass erst mehrere unterstützende Rahmenbedingungen dazu führten, dass der Transfer des Programms in die Praxis gelang. Konkret für die Implementation von Hören, Lauschen, Lernen stellt er fest: (1) „Ohne Unterstützung von ministerieller Seite, von Landesregierungen oder -instituten sind die Erfolge meist begrenzt." (2) „Die Kindergartenabteilung der Regierung von Unterfranken organisierte Fortbildungsveranstaltungen für pädagogische Fachkräfte und ein Netzwerk von programmerfahrenen Multiplikatorinnen." (3) „Die Top-down Strategie funktionierte nur dort, wo Erzieherinnen dem Programm positiv gegenüberstanden." (4) „Sprachbezogene Fördermaßnahmen im Vorschulbereich erhielten in Folge der PISA-Studie einen hohen Stellenwert." (Schneider, 2019, S. 12). Mit Blick auf die Einstellungen ist dabei zu ergänzen, dass nicht zuletzt positive praktische Erfahrungen mit einem Programm zu entsprechenden Einstellungsänderungen beitragen (Clarke & Hollingsworth, 2002), wobei solche positiven Erfahrungen wiederum von strukturellen Rahmenbedingungen abhängen. Ganz in Einklang mit diesem „Paket" unterstützender Rahmenbedingungen verdeutlicht auch Spiel (2020) in ihrem Beitrag „moving beyond the ivory tower", dass gelingender Transfer im Bildungsbereich davon abhängt, dass Forschung, Praxis und Bildungspolitik als die drei Protagonisten effektiv zusammenarbeiten und dabei ihre jeweiligen Stärken und Rollen einbringen. Wie hoch der Anspruch auf Seiten der Forschung ist, macht unmittelbar eine Auflistung relevanter Aufgaben deutlich. Ausgehend von der genuinen Rolle einer theoriebasierten Entwicklung und Evaluation von Programmen geht es für die Forschung darum, Erkenntnis zu generieren, hochrangig zu publizieren, wissenschaftlichen Nachwuchs zu qualifizieren, Praxis und Politik gut zu informieren und zu überzeugen, vertrauensvolle Beziehungen in die Politik aufzubauen, eng mit Lehrkräften zusammenzuarbeiten und passende Materialien bereitzustellen. Spiel (2020) stellt fest, dass für einen gelingenden Transfer aus der Forschung heraus in höherem Maße als bislang die Zusammenarbeit mit den beiden „Partnern" aus der Praxis und der Bildungspolitik gesucht werden müsste. Schneider (2019, S. 11) fasst dies wie folgt zusammen: „Der zweite Schritt, also der Transfer der Programme in die pädagogische Praxis, verlangt explizite Überzeugungsarbeit und damit verbundene Interaktionen mit verbreitungsrelevanten Instanzen, für die Forscherteams in der Regel nicht ausgebildet sind."

Mit Blick auf die Rolle der Bildungspolitik umreißt Slavin (2020) mehrere Ansätze, die Entwicklung und Transfer wirksamer Programme unterstützen können. Zum einen weist er auf die Notwendigkeit hin, die Finanzierung der Entwicklung und Evaluation von Programmen durch entsprechende Förderanreize zu sichern. Gleichzeitig sieht Slavin es als notwendig an, verbindliche Standards zur Bewertung von Programmen bereitzustellen und eine zentrale Plattform für unabhängige Information über Programme und deren Wirksamkeit anzubieten (z.B. ein Clearinghouse-Modell (s.u.)). Schließlich beschreibt er, dass (finanzielle) Anreize für Schulreformen und die tatsächliche Nutzung von Programmen sowie Ressourcen zur Unterstützung von Schulen bei der Umsetzung der Reform erforderlich sind. In seiner Analyse, wie eine evidenzbasierte Reform des Bildungswesens realisiert werden kann, weist Slavin auch auf folgenden Punkt hin, der für ein scaling-up relevant ist: „In essence, program providers should be asked to ensure that schools implementing their programs receive the materials and professional development provided in studies that validate their model." (Slavin, 2020, S. 25). Nur so lässt sich abschätzen, ob Programme unter Alltagsbedingungen – also ohne zusätzliches Personal, mit überschaubarem Fortbildungsaufwand und mit praxistauglichen Materialien – positive Effekte erwarten lassen.

Für die Frage einer Nutzbarmachung von Ergebnissen der Interventionsforschung für die Bildungspraxis lässt sich zusammenfassen, dass eine top-down Transferstrategie (1) wirksame „Programme" mit für die Praxis passenden Materialien und Maßnahmen zum „professional development", (2) unabhängige Stellen, die Inhalte und Wirksamkeit von Programmen kommunizieren (z.B. https://bestevidence.org/; https://ies.ed.gov/ncee/wwc/; https://clearinghouse.edu.tum.de/) und (3) Anreizsysteme für die Entwicklung und Erprobung von Programmen, aber auch für deren – längerfristige – Anwendung durch Schulen (scaling up) erfordert. Wie bereits angesprochen mangelt es derzeit an entsprechenden Transferstrukturen mit klar definierten (personellen) Zuständigkeiten. Damit Erkenntnisse der Interventionsforschung in der Praxis genutzt werden, ist eine intensive Interaktion zwischen Forschung, (vor-)Schulischer Praxis und Bildungsadministration nötig (Schneider, 2019; Slavin, 2020; Souvignier, 2021; Spiel, 2020).

3. Forschungsperspektiven – Erweiterungen bisheriger Arbeiten

Die Feststellung, dass positiv evaluierte Programme vorliegen, es jedoch Probleme beim Transfer in die Praxis gibt, weist nicht zuletzt darauf hin, dass die Interventionsforschung intensiviert werden muss und dass sie ein höheres Maß an Sichtbarkeit benötigt. Um Ergebnisse der Interventionsforschung in die Bildungspolitik und die Öffentlichkeit kommunizieren zu können, benötigen wir zunächst eine Diskussion um angemessene (und gleichzeitig realistische) Standards zur Bewertung der Qualität von Untersuchungsdesigns und Effekten. Zweitens gilt es, in der Wirksamkeitsforschung bislang unzureichend thematisierte Fragen zu identifizieren und Forschungsperspektiven zu entwickeln, die Befunde der Interventionsforschung noch besser absichern als bislang. Drittens weisen einige der im vorigen Kapitel angesprochenen Aspekte darauf hin, dass eine enge Verzahnung zwischen Interventions- und Implementationsforschung hilfreich sein könnte, wenn es um eine Nutzbarmachung von Forschungsbefunden geht. Diese drei Punkte werden in den folgenden Abschnitten als Perspektiven für die Interventionsforschung angesprochen.

3.1 Standards zur Bewertung von Untersuchungsdesigns und Effekten

Wann gilt ein Programm als wirksam? Welche Voraussetzungen sollten gegeben sein, damit eine Maßnahme empfohlen werden kann? Standards geben Orientierung und tragen dazu bei, dass Forschungsergebnisse sich leicht kommunizieren lassen. Für die Interventionsforschung liegen solche Orientierungen beispielsweise anhand der „Standards of evidence for efficacy, effectiveness, and scale-up research in prevention science“ (Gottfredson et al., 2015), des „What Works Clearinghouse Standards Handbook“ (What Works Clearinghouse, 2020) oder im Rahmen der „Every Student Succeeds ACT“ (ESSA, 2019) vor. Eine Gemeinsamkeit der genannten Standards liegt darin, dass es weniger um Benchmarks für Effektstärken geht, sondern in erster Linie darum, welche Untersuchungsdesigns als aussagekräftig gelten. In diesem Sinne werden auch Anforderungen für die Stichprobenplanung, statistische Auswertungsprozeduren, die Dokumentation der Studien und die Berichtlegung formuliert. Solche konkreten Anforderungen sind eine Voraussetzung dafür, dass Ergebnisse von Interventionsstudien eingeordnet und miteinander verglichen werden können. Dies gilt nicht zuletzt vor dem Hintergrund, dass im Grunde in jeder Meta-Analyse als Desiderat auf das Einhalten von Qualitätsstandards hingewiesen wird. Entsprechend liegt es nahe, Standards wie die des WWC auch in peer-review Prozessen konsequent zum Einsatz zu bringen.

An dieser Stelle ist es wichtig, die Unterschiedlichkeit der Interventionen anzusprechen, die im Rahmen von Interventionsstudien eingesetzt werden. Maßnahmen unterscheiden sich im Hinblick auf ihren Umfang, sie werden im Labor oder im Feld evaluiert und sie decken das Spektrum von komplett manualisiert bis hin zu einer Vermittlung von Prinzipien im Rahmen von Fortbildungen für Lehrkräfte ab. Vor dem Hintergrund, dass sich für eine Nutzbarmachung von Ergebnissen der Interventionsforschung vor allem definierte Programme anbieten (Slavin, 2020), geht es hier um Förderprogramme mit einem Umfang von mehreren Stunden, die in der schulischen Praxis durchgeführt werden. Welche Standards sind für die Evaluation solcher Maßnahmen sinnvoll und realistisch?

Gottfredson et al. (2015) weisen darauf hin, dass die von ihnen zusammengestellten Standards of evidence als Idealstandards zu verstehen sind. Wenn Maßnahmen sich unter solchen strengen Maßstäben als wirksam erweisen, dann geht damit der Vorteil einher, dass Bildungspolitik und Praxis in hohem Maße auf diese Befunde vertrauen können. Veränderungen schulischer Praxis wären dann gut begründet – wenn nicht sogar zwingend. Relevant ist hier allerdings der oben angeführte Hinweis von Slavin (2020), dass Programme unter Bedingungen evaluiert werden, die auch im Rahmen eines scaling-up realisiert werden können. Mit anderen Worten: Erwartungen an aussagekräftige Untersuchungsdesigns (die sich beispielsweise an Standards medizinischer Forschung orientieren) treffen auf die Bedingungen schulischer Praxis im Regelbetrieb. Century und Cassata (2016) weisen darauf hin, dass der Gold-Standard sogenannter Randomized control trials, bei dem eine zufällige Zuweisung zu den Vergleichsbedingungen einer Studie erfolgt, in der schulischen Praxis mit vielfältigen Restriktionen konfrontiert ist. Sie verdeutlichen, dass im schulischen Alltag eher in den Blick genommen werden kann, wie Programme in der Hand von Lehrkräften funktionieren und nehmen eine Unterscheidung zwischen Designs mit hoher experimenteller Kontrolle und einem „describing implementation as conducted" vor (Century & Cassata, 2016, S. 190). Ein Bewusstsein für solche Unterscheidungen ist wichtig, um die Effekte von Studien und deren praktische Reichweite angemessen interpretieren zu können.

Eine Diskussion über realistische Standards in der Interventionsforschung ist notwendig. Vor dem Hintergrund konkreter Herausforderungen hinsichtlich der experimentellen Kontrolle im Feld, aufwändiger Genehmigungsverfahren, der Notwendigkeit sehr großer Stichproben für adäquate statistische Auswertungen und potenzieller Eingriffe in die Autonomie der Lehrenden stellt sich dabei die Frage nach einer Differenzierung von Ideal-, Regel- und Mindeststandards. Für Förderprogramme mit einem Umfang von wenigen Stunden, die in der schulischen Praxis durchgeführt werden, mögen randomisierte Designs im Einzelfall realisierbar sein. Es wäre allerdings ein falsches Signal, solche Anforderungen zum Regelfall in der Interventionsforschung zu erklären. Vielmehr müssen Interventionsprogramme sich in der schulischen Praxis unter unterschiedlichen Bedingungen und in der Hand verschiedener Lehrkräfte bewähren. In diesem Sinne erscheint es sinnvoll, kumulative Evidenz anhand von Replikationsstudien anzustreben. Dazu gehört nicht zuletzt, dass umfassende Dokumentationen von Studien erfolgen, in denen die jeweiligen Untersuchungsbedingungen gut nachvollziehbar beschrieben sind.

3.2 Unzureichend thematisierte Fragen in der Interventionsforschung

In einem Beitrag mit dem Titel „How methodological features affect effect sizes in education" berichten Cheung und Slavin (2016) auf der Grundlage von 645 Primärstudien (Interventionen in der schulischen Praxis), in welchem Maße Aspekte wie Stichprobenumfang, publizierte vs. nicht publizierte Studien oder von den Evaluationsteams selbst erstellte Testverfahren systematische Zusammenhänge zu den berichteten Effektstärken der Studien aufweisen. Tatsächlich fanden sie jeweils doppelt so hohe Effektstärken, wenn die Studien in kleineren Stichproben ($n < 250$) durchgeführt wurden, wenn die Studien publiziert waren oder wenn von den Evaluationsteams selbst erstellte Tests eingesetzt wurden. Solche Befunde zeigen, wie wichtig es für die Interpretation von Effekten aus Interventionsstudien ist, sich mit potenziellen Einflüssen des jeweils realisierten Untersuchungsdesigns auseinanderzusetzen. In der Folge werden fünf Aspekte skizziert, die für eine differenzierte Einordnung der Befunde von Interventionsstudien mehr Beachtung verdient hätten.

Was macht die Kontrollgruppe

Bei Interventionsstudien liegt der Fokus naturgemäß auf dem zu evaluierenden Programm. Allzu leicht wird davon ausgegangen, die Effektstärke eines Programms sei ein absoluter Wert (im Sinne von: „Das Programm umfasst 20 Stunden und hat eine Effektstärke von $d = .50$“). Im Grunde ist es trivial, dass die Effektstärke ein Wert ist, der *relativ* zu einer Kontrollbedingung ermittelt wird. Dennoch lassen Benchmarks wie die Klassifikation von Effektstärken nach Cohen (1988) als niedrig, mittel und hoch oder die Einordnung von Hattie (2009), dass eine Effektstärke von $d = .40$ der Wirksamkeit allgemeiner Beschulung entspräche, genau diese Frage außer Acht. Solche Benchmarks funktionieren für Laborstudien mit Wartekontrollgruppen. Im schulischen Feld fallen die meisten Effekte hingegen deutlich geringer aus und liegen häufig in Größenordnungen von $d = .20$ (vgl. Cheung & Slavin, 2016).

Für Programme zur Förderung zentraler curricularer Kompetenzen wie Lesen, (Recht-)Schreiben oder Mathematik gilt, dass sie in der schulischen Praxis in aller Regel mit „Business-as-usual“ Unterricht verglichen werden – bei dem im Rahmen der gleichen Zeit die gleichen Lernziele angestrebt werden. Ähnliches gilt, wenn beispielsweise kooperative Lernformen mit lehrkräftegesteuertem Unterricht verglichen werden. Hager (2000) unterscheidet hier zwischen Designs mit (Warte-)Kontrollgruppe und Designs mit *Alternativprogrammen* (in diesem Sinne wäre „normaler“ Unterricht ein solches Alternativprogramm) und stellt fest, dass es sich in dem einen Fall um die isolierte Evaluation der Wirksamkeit eines Programms und im anderen Fall um die vergleichende Evaluation zwischen zwei (konkurrierenden) Maßnahmen handelt. Es liegt auf der Hand, dass Effekte dieser beiden Arten der Evaluation nicht vergleichbar sind. Kontrollbedingungen werden zunächst als Mittel verstanden, Störvariablen wie Effekte aufgrund von Reifung und Testwiederholung zu kontrollieren. Diese Perspektive greift in dem hier angesprochenen Kontext der Interventionsforschung für die schulische Praxis zu kurz. Für eine Nutzbarmachung von Ergebnissen der Interventionsforschung ist es notwendig, inhaltlich zu beschreiben, was im „Business-as-usual“ Unterricht der Vergleichsbedingung stattfindet. Erst dann liegt ein Rahmen zur Interpretation der Effekte innovativer Maßnahmen vor (Century & Cassata, 2016).

Welche Tests eignen sich zur Evaluation?

Nüchtern betrachtet hängt die Höhe erzielter Effekte von drei Merkmalen ab: (1) Dem Programm selbst, (2) der Kontrollbedingung und (3) den eingesetzten Tests. Entsprechend lohnt auch ein näherer Blick auf die Testverfahren. Wie bereits angesprochen fallen die Effekte in Interventionsstudien typischerweise deutlich höher aus, wenn von dem Evaluationsteam selbst entwickelte Tests eingesetzt werden (Cheung & Slavin, 2016). Die Ursache wird dabei in einer größeren inhaltlichen Nähe zwischen Test und Förderprogramm gesehen. Während dies in aller Regel kritisch kommentiert wird (im Sinne von Coaching-Effekten), weisen Rosenshine und Meister (1994) im Rahmen eines Reviews zu Effekten reziproken Lehrens darauf hin, dass „selbst entwickelte“ Tests bestimmte Konstrukte mitunter inhaltlich präziser erfassen als standardisierte Verfahren. In diesem Sinne kann es sein, dass von Evaluationsteams entwickelte Verfahren relevantere Information liefern als standardisierte Verfahren. Die Vergleichbarkeit mit anderen Studien geht allerdings verloren.

Im Rahmen von Interventionsstudien interessiert in erster Linie Veränderung über die Zeit in Abhängigkeit von der jeweiligen Förderung. Tests in Interventionsstudien sollten also veränderungssensitiv sein (Naumann et al., 2018; Polikoff, 2010). Wie bei den Überlegungen zu einer potenziell besseren Passung zwischen selbst entwickelten Tests und Fördermaßnahmen stellt auch für die Sensitivität von Tests die Passung von Test und implementiertem Curriculum eine entscheidende Bedingung dar (Naumann et al., 2018). Nur dann lassen sich Effekte einer Intervention valide interpretieren. Bislang wird der Aspekt der Instruktionssensitivität bei der Konstruktion von Testverfahren allerdings eher selten beachtet.

In ähnlicher Weise erscheint es lohnend, in der Interventionsforschung über klassische Untersuchungsdesigns mit Prä-Post Messungen hinaus zu denken und die Erfassung von Veränderungen mit Hilfe von Lernverlaufsdiagnostik vorzunehmen (Souvignier et al., 2016). Die Auswertung der Lernzuwächse (slopes) über eine größere Zahl äquivalenter Messungen ist bedeutend messgenauer als punktuelle Messungen es sind (Christ et al., 2013).

Bei der Entwicklung geeigneter Testverfahren für die Evaluation von Interventionsmaßnahmen bieten insbesondere die Ansätze der Instruktionssensitivität und der Lernverlaufsdiagnostik interessante Perspektiven zur Verbesserung der Aussagekraft von Studien.

Wie sieht eine überzeugende Dokumentation der Wiedergabetreue aus?

Eine hohe Konzepttreue beim Transfer theoretischer Konzepte in die schulische Praxis ist eine Voraussetzung für eine hohe Wirksamkeit (O'Donnell, 2008). Konzept- oder Wiedergabetreue lässt sich dabei allerdings in unterschiedlicher Weise operationalisieren. Auf der einen Seite kann ein Abgleich zwischen manualisierten Vorgaben eines Programms mit der im Unterricht realisierten Förderung vorgenommen werden. Auf der anderen Seite ist eine adaptive Umsetzung theoretischer Prinzipien möglich, bei der eine hohe Konzepttreue durch Anpassung an die Rahmenbedingungen konkreter Unterrichtsbedingungen erfolgt. Prinzipiell gilt, dass ein Vergleich zwischen den „Soll“-Vorgaben eines Programms und der „Ist“-Realisierung im Unterricht – beispielsweise im Rahmen von Unterrichtsbeobachtungen – vergleichsweise messgenau zu realisieren ist (O'Donnell, 2008). Die Erfassung von Konzepttreue durch Ratings der Qualität des Förderhandels ist weitaus anfälliger für Messfehler. Dies gilt in ähnlicher Weise für Befragungen von Lehrkräften.

Zu der Frage, welche Soll-Ist-Diskrepanzen tolerierbar sind, um dennoch von einer zufriedenstellenden Wiedergabetreue zu sprechen, liegen bislang allenfalls erste Empfehlungen vor (vgl. Decristan et al., 2021; Hebbecker & Souvignier, 2018).

Im Kontext von Fördermaßnahmen werden hier Übereinstimmungen von mindestens 70% als zufriedenstellend eingeordnet. In ähnlicher Weise mangelt es bislang an systematischen Arbeiten zu der Frage, wie eine Dokumentation der Wiedergabetreue erfolgen sollte. Bei der Evaluation von Förderprogrammen in der schulischen Praxis erscheint es unrealistisch, kontinuierlich begleitende Beobachtungen der Implementation vorzunehmen. Bei einer (geringen) Dauer eines Programms von 20 Stunden und einem Stichprobenumfang von 60 Schulklassen resultierten 1.200 Stunden Beobachtung. Eine Abschätzung, wie viele Förderepisoden dokumentiert werden müssten, um eine reliable Erfassung zu gewährleisten und ein Abgleich mit den Daten aus von Lehrkräften geführten Unterrichtstagebüchern sowie den Angaben aus retrospektiven Lehrkräftebefragungen wäre hilfreich, um Standards für Fragen der Implementationstreue erarbeiten zu können.

Dosierung von Maßnahmen

In der Interventionsforschung wurden bislang Fragen zur Dosierung von Maßnahmen etwas weniger beachtet als der Aspekt der Wiedergabetreue. Dabei läge es eigentlich auf der Hand zu prüfen, wie lange ein Programm durchgeführt werden sollte, um ein hohes Maß an Wirksamkeit zu entfalten – und ab welchem Zeitpunkt keine weiteren Zuwächse zu erwarten sind. In aller Regel werden im Hinblick auf die Dosierung Angaben zum zeitlichen Umfang eines Programms bzw. zur realisierten Umsetzung gemacht (Torgesen, 1998). In einer Studie von Hammerschmidt-Snidarich, Maki und Adams (2019) zur Förderung der Leseflüssigkeit wurde neben der Trainingszeit auch die Anzahl gelesener Worte als Maß für die Dosierung erhoben. In den Auswertungen zu dieser Studie zeigte sich, dass leistungsstärkere Kinder in der gleichen Zeit deutlich mehr lasen als schwächere Kinder und es wurde deutlich, dass die Trainingseffekte – wenig überraschend – von der Anzahl gelesener Worte abhingen. Entsprechend lagen auch nur für die leistungsstärkeren Kinder deutliche Fördereffekte vor.

Insgesamt wurde die Thematik der Dosierung von Fördermaßnahmen bislang eher unsystematisch analysiert (Ehlert & Souvignier, in Druck). Die Befunde der Studie von Hammerschmidt-Snidarich et al. (2019) weisen darauf hin, dass (1) absolute Effekte der Dosierung, (2) differenzielle Effekte und (3) die Frage nach passenden Operationalisierungen wichtige Forschungsgegenstände sind, um die schulische Praxis angemessen informieren zu können.

Differenzielle Effekte

Nicht zuletzt vor dem Hintergrund steigender Heterogenität unter Schülerinnen und Schülern einer Klasse ist die Frage nach der Spezifität von Effekten einer Maßnahme bedeutsam. So zeigte sich in einer Reihe von Interventionsstudien zur Leseförderung von Carol Connor (zusammenfassend Connor, 2019), dass Kinder unterschiedlicher Leistungsniveaus von der Arbeit mit unterschiedlichen Fördermethoden profitierten. Suggate (2010) fand in einer Meta-Analyse zu Effekten von Förderprogrammen, dass die Effekte signifikant vom Alter der Kinder abhingen. Weitere Beispiele für die Bedeutung einer hohen Passung zwischen dem konkreten Förderangebot und den Vorkenntnissen von Schülerinnen und Schülern finden sich bei Ehlert und Souvignier (in Druck). Dass Programme differentiell wirksam sind – beispielsweise in dem Sinne, dass Maßnahmen zur Förderung der Leseflüssigkeit erst dann ihre Wirksamkeit entfalten, wenn Kinder ein hinreichendes Maß an Leseakkuratheit erreicht haben (Karageorgos et al., 2019) – ist unmittelbar plausibel. Dennoch stellt dieser simple Befund eine bedeutsame Hürde für den Transfer von Erkenntnissen zur Wirksamkeit von Fördermaßnahmen in den schulischen Alltag dar: Erstens sind diagnostische Maßnahmen erforderlich, um die individuellen Lernstände der Kinder abzubilden. Zweitens müssen zu den individuellen Bedarfen der Kinder passende Förderangebote ausgewählt werden. Drittens ist eine entsprechende Organisation differenzierten Unterrichts erforderlich.

Aus einer Forschungsperspektive bedeutet das, dass für eine Nutzbarmachung von Ergebnissen der Interventionsforschung die Analyse differenzieller Effekte bei Studien von Anfang an eingeplant werden sollte (Fuchs & Fuchs, 2019). Lehrkräfte müssen wissen, wie „robust" Effekte gegenüber unterschiedlichen Ausgangsleistungen sind. Zudem ist verstärkte Forschung zu einer praxistauglichen Verknüpfung von Diagnose und Förderung erforderlich (z. B. Connor, 2019; Förster et al., 2018). Arbeiten zu den theoretischen Rahmenkonzepten des formativen Assessment (Schütze et al., 2018) oder des Data-based decision making (Schildkamp, 2019) weisen auf das hohe Potenzial hin, dass in einer passgenauen Förderung liegt. Gleichzeitig gilt es, bei solchermaßen differenzierten Befunden die Frage im Blick zu behalten, welche Bedingungen der Transfer solcher Erkenntnisse in die Bildungspraxis erfordert (Slavin, 2020).

3.3 Integration von Interventions- und Implementationsforschung

Die am Beginn dieses Beitrags formulierte Analogie der Interventionsforschung zu einer „Entwicklungsabteilung" legt nahe, dass zunächst eine theoriebasierte Entwicklung mit einer kontrollierten Wirksamkeitsforschung und anschließend eine Übergabe (Transfer) in die Praxis mit einer begleitenden Implementationsforschung erfolgt (Gottfredson et al., 2015; Souvignier & Philipp, 2016). Dass eine solche Logik getrennter Zuständigkeiten (die Forschung übernimmt die Entwicklung und die Analysen zur Wirksamkeit, die Praxis setzt die Maßnahmen in der Fläche um) nicht funktioniert, zeigen die Bestandsaufnahme von Schneider (2019) („Nach wie vor zeigen sich jedoch Probleme bei dem Transfer wirksamer Programme", S. 5) und der häufig festgestellte „research-to-practice gap" (Souvignier & Philipp, 2016). Auch die Forderung von Slavin (2020), die Wirksamkeit von Programmen unter realistischen Praxisbedingungen zu ermitteln, um darauf aufbauend Entscheidungen über deren Implementation zu treffen weist darauf hin, wie wichtig eine frühzeitige Integration von Fragestellungen der Interventions- und der Implementationsforschung ist. Nur dann, wenn Förderprogramme gut zu schulischen Routinen passen, ist eine Übernahme in die Praxis zu erwarten.

Klassische Fragestellungen der Implementationsforschung umfassen die Kriterien der Akzeptanz, Angemessenheit, Machbarkeit und Wiedergabetreue (Proctor et al., 2009). Diese Aspekte sollten von Beginn der Entwicklung von Programmen an systematisch erhoben werden und so einen festen Bestandteil der Interventionsforschung darstellen. Nur so lässt sich sicherstellen, dass Programme keine immanenten Implementationshürden aufweisen, die einem Transfer in die Praxis entgegenstehen. Theoriegeleitete Entwicklung erfordert in diesem Sinne neben der Wirksamkeitsevaluation unter den Bedingungen schulischer Praxis auch umfassende „Implementation-Checks". Wenn eine Nutzbarmachung das Ziel ist, dann ist eine Optimierung von Programmen unter Praxisbedingungen erforderlich (Förster et al., 2018; Hebbecker & Souvignier, 2018).

In dem Beitrag von Gottfredson et al. (2015) zu den „Standards of evidence" wird ein Prozess beschrieben, der ausgehend von einer kontrollierten Wirksamkeitsforschung bis hin zu einem scaling-up in die (vor-)schulische Praxis führt. Dieser Prozess folgt dabei dem Prinzip einer Übergabe von der Forschung an die Praxis. Die Perspektive einer zyklischen Entwicklung von praxistauglichen Programmen in einer *direkten Zusammenarbeit* von Forschenden und Lehrkräften wurde beispielsweise im Rahmen des „Design-based research" Ansatzes (Brown, 1992) angeregt. In einem aktuellen Review zu Ansätzen eines „Continuous Improvement" nahmen Yurkofsky, Peterson, Metha, Horwitz-Willis und Frumin (2020) eine Systematisierung von 14 Konzepten vor, bei denen ebenfalls die Perspektive eines von Forschenden und Lehrkräften gemeinsam realisierten Erarbeitungsprozesses schulischer Innovationen eingenommen wird. Aus einer Forschungsperspektive ist sicherlich der mit einem höheren Maß an experimenteller Kontrolle verbundene Ansatz einer Übergabe „fertiger" Produkte attraktiver. Bisherige Erfahrungen – auch aus größeren Forschungsverbünden – weisen allerdings zumindest für das deutsche Bildungssystem darauf hin, dass eine Übernahme so entwickelter Unterrichts- und Förderkonzepte in den schulischen Alltag nur in einzelnen Fällen gelang.

Erfahrungen aus eigenen Projekten zur Evaluation diagnosebasierter, differenzierter Leseförderung legen nahe, dass eine Vielfalt unterstützender Ansätze notwendig ist, um den Transfer evidenzbasierter innovativer Unterrichtskonzepte in die schulische Praxis zu bahnen (Förster et al., 2018; Hebbecker et al., 2020). Dazu gehören Informations- und Arbeitsmaterialien für Lehrkräfte, Fortbildungsangebote und Handbücher, ein Kanal mit Erklärvideos (https://www.wwu.de/PsyIPBE.Download/YT) sowie frei zum Download und zur nicht-kommerziellen Nutzung creative-commons-lizensierte Fördermaterialien (https://go.wwu.de/di2download). Solche Angebote können mit den typischen Ressourcen im Rahmen von Forschungsprojekten jedoch allenfalls exemplarisch erstellt werden.

Übereinstimmend mit der Analyse von Spiel (2020) zu Bedingungen für einen gelingenden Transfer zeigen solche Beispiele, dass momentan Impulse aus der Forschung nötig sind, um Bildungspolitik und schulische Praxis über evidenzbasierte Förderkonzepte zu informieren und Programme durch entsprechende Begleitmaterialien und -angebote zu rahmen, die eine Übernahme in die Praxis erleichtern.

4. Fazit

Wie lassen sich Ergebnisse aus der Interventionsforschung für die Praxis nutzbar machen? Betrachtet man die Befunde aus Studien zum Einsatz evidenzbasierter Konzepte in der schulischen Praxis dann zeigt sich zunächst, dass eine Verbesserung der Wirksamkeit schulischen Unterrichts durch solche Konzepte möglich ist (Cheung & Slavin, 2016; Slavin, 2020). Erkenntnisse aus der Interventionsforschung sollten also unbedingt in den schulischen Alltag übernommen werden. Im Rahmen ihrer Best-Evidence Analysen fanden Slavin, Lake, Chambers, Cheung und Davis (2009) allerdings auch, dass „*... instructional process programs designed to change daily teaching practices have substantially greater research support*" (S. 1391). Eine solche Veränderung der Unterrichtspraxis erfordert, wie in den bisherigen Abschnitten angesprochen, dass alle an schulischer Bildung beteiligte Protagonisten das Ziel einer Implementation solcher Innovationen gemeinsam verfolgen müssen (Schneider, 2019; Slavin, 2020; Spiel, 2020). Von Seiten der Forschung ist es notwendig, Programme zu entwickeln, zu evaluieren und zu optimieren, die (1) theoretische Konzepte in Förderhandeln übertragen, (2) nachweislich wirksam sind, (3) einfach, praktikabel und leicht verfügbar sind und die (4) von Fach- und Lehrkräften als Entlastung erlebt werden. Gleichzeitig sind Qualifizierungskonzepte für den Transfer solcher Programme erforderlich. Die Empfehlungen von Slavin (2020) und Spiel (2020) verdeutlichen, dass eine enge Zusammenarbeit von Forschung, Praxis und Bildungspolitik nötig ist, damit eine Implementation in die Fläche gelingen kann. Benötigt werden Transferstrukturen mit klaren personellen Zuständigkeiten, die eine hohe Wiedergabetreue und eine langfristige Nutzung neuer Konzepte sichern. Mitunter führt bereits der Wechsel einer Lehrkraft, die eine koordinierende Rolle inne hatte, an eine anderen Schule dazu, dass aufgrund fehlender Übergabe-Routinen ein Projekt an einer Schule nicht weitergeführt wird und „einschläft". Auch im Kontext der Bildungsadministration mangelt es an einem klaren Auftrag und etablierten Strukturen, evidenzbasierte Konzepte in den schulischen Alltag zu transferieren. Terhart (2013) beschreibt die schulische Praxis als wenig innovationsfreudig. Gerade vor diesem Hintergrund erscheint es notwendig, dass aus der Bildungspolitik klare Anreize und Impulse für eine wissenschaftlich fundierte Veränderung gesetzt werden (Slavin, 2020).

Optimistisch stimmen konkret formulierte Lösungsansätze, wie Spiel (2020), Schneider (2019) oder Slavin (2020) sie vorgelegt haben. Unmittelbar gerichtet an die Seite der Forschung ist der Hinweis auf die Notwendigkeit von mehr Interventionsforschung im schulischen Feld. Nur so lassen sich Programme erarbeiten, die wirksam und praxistauglich zugleich sind.

Literatur

Adams, G. S., Converse, B. A., Hales, A. H. & Klotz, L. E. (2021). People systematically overlook subtractive changes. *Nature, 592,* 258–61. https://doi.org/10.1038/s41586-021-03380-y

Bennett, R. E. (2011). Formative assessment: A critical review. *Assessment in Education: Principles, Policy & Practice, 18*(1), 5–25. https://doi.org/10.1080/0969594X.2010.513678

Brown, A. L. (1992). Design experiments: Theoretical and methodological challenges in creating complex interventions in classroom settings. *Journal of the Learning Sciences, 2,* 141–178. https://doi.org/10.1207/s15327809jls0202_2

Century, J., & Cassata, A. (2016). Implementation research: Finding common ground on what, how, why, where, and who. *Review of Research in Education, 40*(1), 169–215. https://doi.org/10.3102/0091732X16665332

Cheung, A. C. K. & Slavin, R. E. (2016). How methodological features affect effect sizes in education. *Educational Researcher, 45,* 283–292. https://doi.org.10.3102/0013189X16656615

Christ, T. J., Zopluoglu, C., Monaghem, B. D. & van Norman, E. R. (2013). Curriculum-based measurement of oral reading: Multi-study evaluation of schedule, duration, and dataset quality on progress monitoring outcomes. *Journal of School Psychology, 51,* 19–57. https://dx.doi.org/10.1016/j.jsp.2012.11.001

Clarke, D., & Hollingsworth, H. (2002). Elaborating a model of teacher professional growth. *Teaching and Teacher Education, 18,* 947–967. https://doi.org/10.1016/S0742-051X(02)00053-7

Cohen, J. (1988). *Statistical power analysis for the social sciences.* Lawrence Erlbaum.

Connor, C. M. (2019). Using Technology and Assessment to Personalize Instruction: Preventing Reading Problems. *Prevention Science, 20,* 89–99. https://doi.org/10.1007/s11121-017-0842-9

Decristan, J., Schastak, M., Reitenbach, V. & Rauch, D. P. (2021). Außerunterrichtliches Peer-Tutoring mit deutsch-türkischsprachigen Grundschulkindern: Umsetzungsgenauigkeit und Umfang von bilingualer Kommunikation. *Zeitschrift für Erziehungswissenschaft, 24,* 841–860.

Dignath, C. & Büttner, G. (2008). Components of fostering self-regulated learning among students. A meta-analysis on intervention studies at primary and secondary school level. *Metacognition and Learning, 3,* 231–264. https://doi.org.10.1007/s11409-008-9029-x

Ehlert, M. & Souvignier, E. (in Druck). Die Wirksamkeit von Fördermaßnahmen zur Leseflüssigkeit in Abhängigkeit von Passung, Dosierung und Wiedergabetreue – Herausforderungen für Forschung und Praxis. In M. Philipp & S. Jambor-Fahlen, (Hrsg.), *Lesen: Prozess- und Produktperspektiven von der Wortebene bis zu multiplen Texten* (S. 56–76). Beltz Juventa.

Every Student Succeeds ACT (ESSA) (2019). www.evidenceforessa.org

Förster, N., Kawohl, E. & Souvignier, E. (2018). Short- and Long-Term Effects of Assessment-Based Differentiated Reading Instruction in General Education on Reading Fluency and Reading Comprehension. *Learning and Instruction, 56,* 98–109. https://doi.org/10.1016/j.learninstruc.2018.04.009

Fuchs, D. & Fuchs, L. S. (2019). On the importance of moderator analysis in intervention research: An introduction to the special issue. *Exceptional Children, 85,* 126–128. https://doi.org/10.1177/0014402918811924

Fuchs, D., Fuchs, L. S., Mathes, P. G. & Simmons, D. C. (1997). Peer Assisted Learning Strategies: Making Classrooms More Responsive to Diversity. *American Educational Research Journal, 34*(1), 174–206. https://doi.org/10.3102/00028312034001174

Gold, A., Mokhlesgerami, J., Rühl, K., Schreblowski, S. & Souvignier, E. (2004). *Wir werden Textdetektive – Lehrermanual.* Vandenhoeck & Ruprecht.

Gottfredson, D. C., Cook, T. D., Gardner, F. E. M., Gorman-Smith, D., Howe, G. W., Sandler, I. N., & Zafft, K. M. (2015). Standards of evidence for efficacy, effectiveness, and scale-up research in prevention science: Next generation. *Prevention Science: the Official Journal of the Society for Prevention Research, 16*(7), 893–926. https://doi.org/10.1007/s11121-015-0555-x

Guthrie, J. T., Wigfield, A. & Perencevich, K. C. (Hrsg.). (2004). *Motivating reading comprehension. Concept-Oriented Reading Instruction.* Lawrence Erlbaum.

Hager, W. (2000). Wirksamkeits- und Wirksamkeitsunterschiedshypothesen, Evaluationsparadigmen, Vergleichsgruppen und Kontrolle. In W. Hager, J.-L. Patry & H. Brezing (Hrsg.), *Handbuch Evaluation psychologischer Interventionsmaßnahmen* (S. 180–201). Huber.

Hammerschmidt-Snidarich, S. M., Maki, K. E. & Adams, S. R. (2019). Evaluating the Effects of Repeated Reading and Continuous Reading Using a Standardized Dosage of Words Read. *Psychology in the Schools, 56*(5), 635–651. https://doi.org/10.1002/pits.22241

Harris, K. R. & Graham, S. (1996). *Making the writing process work: Strategies for composition and self-regulation* (2. Aufl.). Brookline Books.

Hattie, J. A. (2009). *Visible Learning: A Synthesis of over 800 Meta-Analyses Relating to Achievement.* Routledge.

Hattie, J. & Timperley, H. (2007). The power of feedback. *Review of Educational Research, 77,* 81–112. https://doi.org/10.3102/003465430298487

Hebbecker, K., Förster, N., Forthmann, B., Heyne, L., Peters, M. T., Salaschek, M. & Souvignier, E. (2020). Diagnostik, Feedback und differenzierte Leseförderung. Umsetzung evidenzbasierter Konzepte im schulischen Alltag. *www.leseforum.ch.,* 3/2020.

Hebbecker, K. & Souvignier, E. (2018). Formatives Assessment im Leseunterricht der Grundschule – Implementation und Wirksamkeit eines modularen, materialgestützten Konzepts. *Zeitschrift für Erziehungswissenschaft, 21,* 735–765. https://doi.org/10.1007/s11618-018-0834-y

Karageorgos, P., Müller, B. & Richter, T. (2019). Modelling the Relationship of Accurate and Fluent Word Recognition in Primary School. *Learning and Individual Differences, 76.* https://doi.org/10.1016/j.lindif.2019.101779

Klauer, K. J. (2014). Training des induktiven Denkens – Fortschreibung der Metaanalyse von 2008. *Zeitschrift für Pädagogische Psychologie, 28,* 5–19. https://doi.org.10.1024/1010-0652/a000123

Klein, K. J. & Knight, A. P. (2005). Innovation implementation: Overcoming the challenge. *Current Directions in Psychological Science, 14,* 243–246. https://doi.org/10.1111/j.0963-7214.2005.00373.x

Koch, H. & Spörer, N. (2016). Effekte des reziproken Lehrens im Vergleich mit einer von Lehrkräften konzipierten Unterrichtseinheit zur Förderung der Lesekompetenz. In M. Philipp & E. Souvignier (Hrsg.), *Implementation von Lesefördermaßnahmen* (S. 99–121). Waxmann.

Küspert, P. & Schneider, W. (2018). *Hören, lauschen, lernen. Sprachspiele für Kinder im Vorschulalter. Würzburger Trainingsprogramm zur Vorbereitung auf den Erwerb der Schriftsprache* (7. Aufl.). Vandenhoeck & Ruprecht.

Langfeldt, H.-P. & Büttner, G. (Hrsg.). (2008). *Trainingsprogramme zur Förderung von Kindern und Jugendlichen. Kompendium für die Praxis* (2. Aufl.). Beltz.

Leutner, D. (2010). Perspektiven pädagogischer Interventionsforschung. In T. Hascher & B. Schmitz (Hrsg.), *Pädagogische Interventionsforschung. Theoretische Grundlagen und empirisches Handlungswissen* (S. 63–72). Juventa.

Müller, A. & Fritz, A. (2020). Implementation von mathematischer Förderung im Anfangsunterricht der Grundschule – Ergebnisse einer vierjährigen Studie. In M. Grosche, J. Decristan, K. Urton, N. C. Jansen, G. Bruns & B. Ehl (Hrsg.). *Sonderpädagogik und Bildungsforschung – Fremde Schwestern?* (S. 324–329). Klinkhardt.

Naumann, A., Musow, S., Aichele, C., Hochweber, J. & Hartig, J. (2018). Instruktionssensitivität von Tests und Items. *Zeitschrift für Erziehungswissenschaft, 22,* 181–202. https://doi.org/10.1007/s11618-018-0832-0

O'Donnell, C. L. (2008). Defining, Conceptualizing, and Measuring Fidelity of Implementation and Its Relationship to Outcomes in K–12 Curriculum Intervention Research. *Review of Educational Research, 78*(1), 33–84. https://doi.org/10.3102/0034654307313793

Polikoff, M. S. (2010). Instructional sensitivity as a psychometric property of assessments. *Educational Measurement: Issues and Practice, 29,* 3–14. https://doi.org/10.1111/j.1745-3992.2020.00189.x

Proctor, E. K., Landsverk, J., Aarons, G., Chambers, D., Glisson, C. & Mittman, B. (2009). Implementation research in mental health services: An emerging science with conceptual, methodological, and training challenges. *Administration and Policy in Mental Health and Mental Health Services Research, 36,* 24–34. https://doi.org/10.1007/s10488-008-0197-4

Rosenshine, B. V. & Meister, C. (1994). Reciprocal teaching: A review of research. *Review of Educational Research, 64,* 479–530. https://doi.org/10.3102/00346543064004479

Schildkamp, K. (2019). Data-based decision-making for school improvement: Research insights and gaps. *Educational Research, 61*(3), 257–273. https://doi.org/10.1080/00131881.2019.1625716

Schneider, W. (2019). Programme zur Förderung kognitiver Fähigkeiten in Vorschule und Schule: Wie effektiv sind sie, und wie gut sind die Verfahren praktisch implementiert? *Zeitschrift für Pädagogische Psychologie, 33,* 5–16. https://doi.org/10.1024/1010-0652/a000231

Schreblowski, S. & Hasselhorn, M. (2001). Zur Wirkung zusätzlicher Motivänderungskomponenten bei einem metakognitiven Textverarbeitungstraining. *Zeitschrift für Pädagogische Psychologie, 15,* 145–154. https://doi.org/10.1024//1010-0652.15.34.145

Schütze, B., Souvignier, E. & Hasselhorn, M. (2018). Stichwort – Formatives Assessment. *Zeitschrift für Erziehungswissenschaft, 21,* 697–715. https://doi.org/10.1007/s11618-018-0838-7

Slavin, R. E. (2020). How evidence-based reform will transform research and practice in education. *Educational Psychologist, 55,* 21–31. https://doi.org/10.1080/00461520.2019.1611432

Slavin, R. E., Lake, C., Chambers, B., Cheung, A. & Davis, S. (2009). Effective reading programs for the elementary grades: A best-evidence synthesis. *Review of Educational Research, 79,* 1391–1466. https://doi.org/10.3102/0034654309341374

Souvignier, E. (2021). Interventionsforschung im Kontext Schule. In T. Hascher, T.-S. Idel & W. Helsper (Hrsg.), *Handbuch Schulforschung*. Springer.

Souvignier, E., Förster, N. & Zeuch, N. (2016). Lernverlaufsdiagnostik. In K. Seifried, S. Drewes & M. Hasselhorn (Hrsg.), *Handbuch Schulpsychologie* (S. 140–149). Kohlhammer.

Souvignier, E. & Philipp, M. (2016). Implementation – Begrifflichkeiten, Befunde und Herausforderungen. In M. Philipp & E. Souvignier (Hrsg.), *Implementation von Lesefördermaßnahmen. Perspektiven auf Gelingensbedingungen und Hindernisse* (S. 9–22). Waxmann.

Spiel, C. (2020). Moving beyond the ivory tower – why researchers from the field of education should go ahead. *Zeitschrift für Pädagogische Psychologie, 34,* 1–18. https://doi.org/10.1024/1010-0652/a000260

Suggate, S. P. (2010). Why what we teach depends on when: Grade and reading intervention modality moderate effect size. *Developmental Psychology, 46*(6), 1556–1579. https://doi.org/10.1037/a0020612

Terhart, E. (2013). Teacher resistance against school reform: Reflecting an inconvenient truth. *School Leadership and Management, 33,* 486–500. https://doi.org/10.1080/13632434.2013.793494

Torgesen, J. K. (1998). Catch Them Before They Fall: Identification and Assessment to Prevent Reading Failure in Young Children. *American Educator, 22,* 32–41.

What Works Clearinghouse. (2020). *What Works Clearinghouse Standards Handbook*, Version 4.1. U.S. Department of Education, Institute of Education Sciences, National Center for Education Evaluation and Regional Assistance. https://ies.ed.gov/ncee/wwc/handbooks.

Yurkofsky, M. M., Peterson, A. J., Mehta, J. D., Horwitz-Willis, R. & Frumin, K. M. (2020). Research on continuous improvement: Exploring the complexities of managing educational change. *Review of Research in Education, 44,* 403–433. https://doi.org/10.3102/0091732X20907363

Claudia von Aufschnaiter & Harm Kuper

Feld- vs. Laborforschung: Potenziale und Grenzen

1. Einführung

Dieser Beitrag dokumentiert Positionen und Argumentationslinien sowie Ergebnisse und Anschlussperspektiven einer Diskussion um zwei Ansätze bildungswissenschaftlicher Forschung, die in der Vergangenheit oftmals als Kontroverse gerahmt war. Er ist entstanden aus den Vorbereitungen auf eine und den Eindrücken aus einer Standpunktdiskussion auf dem 6. Dortmunder Symposium der Empirischen Bildungsforschung, für die von den Veranstalterinnen und Veranstaltern der Titel *Potenziale und Grenzen: Labor- vs. Feldforschung* gewählt wurde. Wird *versus* wörtlich aus dem Lateinischen übersetzt, dann deutet der Titel das Verständnis einer Kontraposition, einer Gegnerschaft von Labor- und Feldforschung an. Allerdings deutet er mit dem Hinweis auf die *Potenziale* und insbesondere auf die *Grenzen* der beiden Ansätze auch bereits an, dass eine Gegenüberstellung nicht zwingend in eine Entscheidung für den einen und gegen den anderen Ansatz münden muss, sondern auch im Sinne des Abwägens ihrer jeweiligen Leistungen in der Generierung und Prüfung wissenschaftlicher Befunde sowie daraus resultierender forschungsstrategischer Bedeutungen verstanden werden kann.

Dieses auf ein komplementäres Verhältnis zielende Verständnis zeichnete sich bereits aus den von der Autorin und dem Autor getrennt zu den Themen Labor- und Feldforschung vorgenommenen Vorbereitungen auf die Standpunktdiskussion ab. Dabei wurde deutlich, dass Bestimmungen und Abgrenzungen der beiden Ansätze kaum ohne den Verweis auf den jeweils anderen Ansatz möglich sind. In der Diskussion zeigte sich darüber hinaus ihre Verschränkung in einem bildungswissenschaftlichen Erkenntnisprozess, in dem Forschungsbefunde auch mit Blick auf die praktische Bedeutsamkeit und Implementation beurteilt werden. Vor diesem Hintergrund haben wir uns zu einer gemeinsamen Verschriftlichung der Beiträge und der Diskussion entschlossen. Dies erlaubt nicht nur Differenzen in der wechselseitigen Referenz der Forschungsansätze zu akzentuieren und zu bilanzieren. Der gemeinsame Beitrag trägt auch dem Umstand Rechnung, dass die Autorin und der Autor dieses Beitrags nicht aus der Position der Methodologie – also der Forschung zu Forschungsmethoden – argumentieren, sondern aus der Position gegenstandsbezogen Forschender, die mit Blick auf ihre Forschungsfragen methodische Entscheidungen treffen und Forschungsmethoden anwenden. Damit treten auch disziplinäre Bezugsrahmen des Vergleichs der Forschungsmethoden in der Fachdidaktik und der Erziehungswissenschaft hervor.

2. Zur Verortung von Feld- und Laborforschung

Auf der Suche nach Bestimmungen des Begriffs *Feldforschung* im Referenzrahmen methodischer oder methodologischer Literatur wird schnell eine bekannte Grenzlinie deutlich – die zwischen qualitativen und quantitativen Methoden. In der qualitativen Forschung beansprucht er den Status eines Terminus. In der quantitativen Forschung dagegen bleibt er in einer Weise unscharf und unvollständig, die – wenn die Aufmerksamkeit erst darauf gerichtet wird – auffällig ist. Definiert ist der Begriff *Feldforschung* insbesondere in einer für Teile der qualitativen Forschung prägenden ethnographischen Tradition (vgl. bspw. Creswell & Guetterman, 2019, 482ff.). Hier übernimmt er eine wichtige Scharnierfunktion zwischen theoretischen Konzeptionen über soziale Praktiken (vgl. dazu insbesondere auch den Feldbegriff bei Bourdieu, bspw. 1982, 355ff.) und methodologischen Konzeptionen ihrer explorativen Erforschung. Forschung erfolgt dabei aus einer Position der Fremdheit, die in eine Annäherung an die Binnenperspektive einer sozialen Gruppe übergeht, deren Handeln durch das Feld strukturiert wird. Diese Annäherung trägt zur Erkenntnis bezüglich geteilter Muster des Verhaltens, dominierender Überzeugungen und verwendeter Sprache bei, die sich allerdings erst im Laufe des Forschungsprozesses konkretisieren und zunächst mittels des Feldbegriffs theoretisch gefasst und methodisch identifiziert werden. Dabei werden Aspekte der operationalen Umsetzung des Forschungsprojektes wie etwa der Zugang zu einem Feld, die Aufenthaltsdauer im Feld, die im Feld eingenommene Rolle, theoretisch reflexionspflichtig, weil sie bereits unter dem Einfluss der Strukturen eines Feldes stehen und auf diese zurückwirken können. In der erziehungswissenschaftlichen Forschung hat sich ein entsprechendes Forschungsparadigma insbesondere in loser Bindung zur Tradition geisteswissenschaftlicher Konzeptionen entwickelt, in denen Forschung der Artikulation und Reflexion impliziter Regeln diente, die pädagogischen Praktiken vor jeder wissenschaftlichen Auseinandersetzung innewohnen.

Im Kontext der quantitativen Forschung ist der Bezug auf das Konzept des Feldes dagegen in geringerem Maße theoretisch rückgekoppelt und in der Begrifflichkeit schwächer konturiert. In dem Standardwerk zur sozialwissenschaftlichen Statistik von Bortz (1989, S. 10) werden „Felduntersuchungen" von „Laboruntersuchungen" unterschieden. Wenn Felduntersuchungen mit dem Attribut „lebensnah" charakterisiert werden, lassen sich darin Parallelen zur Argumentation in der Ethnographie erkennen. Deutlich werden sie in dem Anspruch, Forschung in „‚natürlichen' im Zuge der Forschungsprozesses kaum veränderten Umgebungen" stattfinden zu lassen (Bortz & Döring, 2006, S. 57). Aber die begriffliche Eingrenzung bei Bortz geht doch von anderen methodologischen Prämissen aus und mündet in eine von ethnographischen Zugängen deutlich abweichende methodische Organisation des Forschungsprozesses. Anders als in der Ethnographie wird hier eine theoretische Konzeption des Untersuchungsgegenstandes angenommen, die in Modellierungen und empirisch zu prüfenden Annahmen über die Ausprägung und Zusammenhänge von empirisch operationalisierten Variablen mündet. In Felduntersuchungen strukturieren häufig aus gegenstandsbezogenen Theorien abgeleitete Aussagen oder Hypothesen den Forschungsprozess, nicht ein theoretischer Begriff des Feldes. Das Feld – dessen abstrakte Form in der Ethnographie erst durch den Prozess der Forschung eine gegenständliche Kontur gewinnt und bestimmbar wird – wird in Felduntersuchungen als gegeben vorausgesetzt und bietet die empirische Grundlage für die Erforschung von Gegenständen, die im Rahmen eines methodischen Zugriffs wohl theoretisch konzeptualisiert, nicht aber *designed* werden. Während in der Ethnographie der Feldbegriff also stärker theoretisch konnotiert ist und den Untersuchungsgegenstand konstituiert, ist er im Zusammenhang mit quantitativen Felduntersuchungen eher methodisch konnotiert und tritt im Zusammenhang mit der empirischen Erforschung einer Vielzahl theoretisch konzipierter Gegenstände hervor. Im Umfeld der Bildungsforschung bieten Untersuchungen zur Ausprägung und Verteilung von Kompetenzen (vgl. bspw. Stanat et al., 2019) oder zum Zusammenhang von sozioökonomischem Status und formalen Bildungsverläufen (vgl. bspw. Scharf et al., 2020) in eingrenzbaren Populationen Beispiele für diesen Typ von Forschung.

Felduntersuchungen werden nicht nur in der Bildungsforschung durchgeführt, sie haben dort allerdings einen besonderen Status. Dieser erschließt sich aus dem Umstand, dass Prozesse der Erziehung und Bildung – wie Schleiermacher (1983, S. 36) bereits 1826 im „Ansatz einer wissenschaftlichen Betrachtung der Pädagogik“ feststellte – als soziale Praktiken vor jeder wissenschaftlichen Reflexion bestehen. Als solche im gesellschaftlichen „Feld“ vorfindliche Praktiken sind sie in besondere Weise begründungspflichtig, da sie normativen Erwartungen und in der modernen Gesellschaft einer zunehmenden Professionalisierung und Institutionalisierung unterliegen. Daraus schöpft die Bildungsforschung ihre empirischen Forschungsgegenstände. Mit Blick auf die schwer reduzierbare Komplexität pädagogischer Praktiken schätzt Berliner (2002) Bildungsforschung im Feld als *the hardest science of all* ein. Er spielt damit darauf an, dass bei pädagogischen Interventionen Wirkungen kaum zu kalkulieren seien, da sie unter dem Einfluss von drei Kräften (power of context, ubiquity of interaction, decade by findings interaction) abgelenkt, variiert, diffundiert würden. Unter „power of context“ fasst Berliner die multiplen Systemreferenzen pädagogischer Interventionen, deren Wirkungen sich stets im Umfeld individueller, organisatorischer und gesellschaftlicher Voraussetzungen ergeben. Mit „ubiquity of interaction“ kennzeichnet er die doppelte Kontingenz pädagogischer Interventionen, die notwendig in interpersoneller Kommunikation erfolgen und als solche eine Eigendynamik entfalten. Unter dem Begriff der „decade by findings interactions“ schließlich weist er auf den historischen Charakter pädagogischer Interventionen hin, deren Effekte er nicht als konstant, sondern als abhängig von historisch variierenden Voraussetzungen annimmt. Was bedeutet diese grundlegende Feststellung der Komplexität, unter der pädagogische Interventionen erfolgen, für die bildungswissenschaftliche Erforschung und deren Erkenntnismöglichkeiten? In der geisteswissenschaftlichen Tradition werden pädagogische Interventionen als ein bestimmter Typus des Handelns untersucht, dessen individuelle und situative Ausgestaltung jeweils als so besonders wahrgenommen wird, dass gegenüber der Möglichkeit generalisierender Aussagen Skepsis besteht. In der

Tradition einer empirischen Erziehungswissenschaft und auch in der jüngeren Bildungsforschung dominiert dagegen ein Erkenntnismodell, das eine Identifikation von Kausalitäten anstrebt, um sie im Forschungsdesign berücksichtigen zu können. Das Ziel ist dabei, die Bedingtheit und die Variabilität der Wirkungen pädagogischer Interventionen so weit zu kontrollieren, dass im Rahmen statistisch kalkulierbarer Unsicherheiten verallgemeinerbare Aussagen über die Kausalität pädagogischer Interventionen unter alltäglichen Voraussetzungen getroffen werden können. Dabei verschmelzen bei jüngeren Entwicklungen von Forschungsdesigns Feldforschung und experimentelle Untersuchungen. Zu nennen sind dabei insbesondere *randomized controlled field trials*, in denen die Wirkung einer Intervention im Feld unter randomisierter Aufteilung der Stichproben in Treatment- und Kontrollgruppen erforscht wird (bspw. Schwerdt et al., 2012).

Die Suche nach dem methodischen und methodologischen Ursprung und Kern von *Laborforschung* verweist schnell auf Zugänge, die – interessanterweise – dem der qualitativen Auslegung der Feldforschung stark ähneln. In ihrer ursprünglichen Ausrichtung fokussiert Laborforschung auf die Untersuchung der „Produktion wissenschaftlichen Wissens in naturwissenschaftlichen und technischen Laboren mittels qualitativer, meist ethnographischer Methoden“ (Liburkina & Niewöhner, 2017, S. 173). Um Fragen der sozialen und materialen Produktion naturwissenschaftlichen Wissens nachzugehen, wurden ab den 1970ern soziologische Studien durchgeführt, die auf die „*in situ* observation of scientific activity“ (Woolgar, 1982, S. 482; s.a. Amelang, 2014; s.a. Cetina, 1995) gerichtet waren und zwar dort, wo das Wissen real produziert wurde: Im naturwissenschaftlichen Forschungs*labor* (vgl. Liburkina & Niewöhner, 2017). In der aktuellen soziologischen Forschung zur Praxis der Wissensgenerierung von Expert:innen nimmt diese Art des Laborbegriffs aufgrund der Diversität von Produktionsräumen für Wissen einen immer schwächeren Stellenwert ein. Es bleibt jedoch der Fokus auf die interpretative und reflexive Durchdringung kontextueller und individueller Rahmenbedingungen prägend, „kausale Erklärungsmodelle“ und „generalisierende Argumentationen“ sollen vermieden werden (Liburkina & Niewöhner, 2017, S. 188f.).

Die stärker psychologisch geprägte Auslegung von Laborstudien bzw. Laboruntersuchungen legt den Fokus auf einen komplexitätsreduzierten Zugang und setzt damit, wie oben auch schon für die Felduntersuchungen diskutiert, eine theoretische Konzeption des Untersuchungsgegenstandes voraus. Reduktion von Komplexität äußert sich dann in Modellierungen, die auf zentrale Variablen orientiert sind, das *Labor* ist der Referent für ein Setting, das sich von den realen Gegebenheiten, dem *Feld*, durch die „Kontrolle bzw. Ausschaltung untersuchungsbedingter Störvariablen“ unterscheidet (Bortz & Döring, 2006, S. 57).

Die erkennbar unterschiedlichen Auslegungen der Nähe von Laborforschung zum Feld, also der „natürlichen Umgebung“ (Bortz & Döring, 2006, S. 57), erschweren eine begriffliche Verortung: Was aus einer soziologischen Perspektive konstituierend für das (Forschungs) Labor ist, ist für eine stärker psychologisch geprägte Perspektive ein abgrenzendes Spezifikum. Es lassen sich zudem auch in einer „natürlichen Umgebung“ Untersuchungen durchführen, die um die Ausschaltung von „Störvariablen“ bemüht sind – oder diese zumindest systematisch miterfassen, um deren Effekte statistisch auszuschließen –, solche Erhebungen würden nicht zwingend als Laboruntersuchungen angesehen werden. Es stellt sich ferner die Frage, welchen Charakter Forschung im Kontext einer universitär angebundenen Laborschule einnimmt (z. B. die Laborschule und das Oberstufenkolleg in Bielefeld, Palowski et al., 2019) oder aber Forschung zu Schülerlaboren, in denen Schulklassen mit ihrer Lehrkraft zwar außerhalb der natürlichen Umgebung „Schule“ an einen außerschulischen Standort kommen, dieses Setting aber eine eigene natürliche Umgebung abbildet, die Lernenden in ihrer üblichen sozialen Konstitution belässt und zudem (möglicherweise) keine Variablen kontrolliert werden. Es bleibt in solchen Settings unklar, ob die begriffliche Fassung als *Laborforschung* dem Zugang gerecht wird – bzw. welche Definition zugrunde liegt, wenn die Bezeichnung *Laborforschung* hier verwendet wird. Diese sich für eine begriffliche Fassung von Laborforschung abzeichnende Diversität von Auslegungen deutet darauf hin, dass Feld- und Laborforschung weniger einen Kontrast bilden, sondern mit Blick auf verschiedene methodische Merkmale im Sinne von „ist eher …Forschung“ zu interpretieren sind.

Aus den unterschiedlichen Konzeptualisierungen von Laborforschung lässt sich neben der Frage der Nähe zu natürlichen Umgebungen mindestens ein weiteres Spannungsfeld ausmachen, das u. U. weniger der Laborforschung an sich, als eben jenen Spezifika inhärent ist, die in Entscheidungsprozessen für forschungsmethodische Zugänge zu bedenken sind: Laborforschung bewegt sich in den Konzeptionen zwischen qualitativen Zugängen (z. B. in-situ Beobachtungen wissenschaftlicher Praxen) und quantifizierenden Methoden mit experimentellen, variablenkontrollierten Designs. In diesem Spannungsfeld entfalten sich weitere Fragen an die Ansprüche an die Erträge, die sich nicht nur für die Laborforschung abzeichnen und ihrerseits wiederum Spannungsfelder abbilden können. Zu bedenken ist z. B. das Spannungsfeld zwischen Deskription und Ableitung von Kausalität, zwischen hypothesengenerierenden und hypothesenprüfenden Zugängen oder aber das Spannungsfeld in der Zielperspektive, die z. B. auf Exploration oder Optimierung gerichtet sein kann. Mit einer Orientierung auf die Zielperspektive des Forschungsanliegens gerät zudem in den Blick, ob Prozesse oder sich einstellende Zustände/Erträge im Fokus sind. Ersteres ist einer auf wissenschaftliche Praxen gerichteten Laborforschung inhärent, letzteres wird z. B. in solchen Laborstudien besonders wichtig sein, wo Effekte spezifischer unabhängiger Variablen ermittelt werden sollen.

Keines der angeführten Spannungsfelder lässt sich nutzen, um eindeutig Feld- von Laborforschung abzugrenzen, vielmehr spannen sie einen mehrdimensionalen Raum auf, entlang dessen Forschungsentscheidungen getroffen werden. Aus einem solchen Raum werden im Folgenden zwei (sicher nicht voneinander unabhängige) Dimensionen aufgegriffen: der Grad der Kontrollierbarkeit der Variablen (Abschnitt 3) und der Grad der Prozessorientierung (Abschnitt 4). Gleichzeitig wird diskutiert, welche Ansprüche an Forschungserträge typischerweise an die jeweiligen Ausprägungen gestellt werden.

3. Variablenkontrolle als ein zentrales Forschungsprimat

Bildungswissenschaftliche Forschung geht inzwischen typischerweise von einem bereits theoretisch bestimmten Untersuchungsfeld aus, z. B. Schule und Unterricht, in dem eine Vielzahl von Variablen zusammenkommen, die sich wechselseitig bestimmen (z. B. Angebots-Nutzungs-Modelle, u. a. Lipowsky, 2006; Neumann, 2018; Seidel 2014; Vieluf et al., 2020) und/oder hierarchisch angeordnet in einer Systemstruktur sind (z. B. Holtappels et al., 2014). Anspruch dieser Forschung ist es, Aussagen über kausale Relationen zwischen den Voraussetzungen und insbesondere den Prozessen pädagogischer bzw. bildungspolitischer Interventionen einerseits, und Bildungsverläufen und -ergebnissen andererseits zu treffen. In diesem Sinne haben sich auch in der bildungswissenschaftlichen Feldforschung methodische Ansätze etabliert, die unter der Voraussetzung hoher Komplexität im Feld dem Anspruch der Isolation kausaler Effekte folgen. Beispielhaft sei hier auf Mehrebenenanalysen verwiesen, mit denen die Varianz schulischer Outcomevariablen so in Anteile zerlegt wird, dass eine Zurechnung auf die Ebenen der individuellen Lernenden, der Schulklassen, der Schulen und der Schulformen möglich wird (vgl. Ditton & Krecker, 1995). Damit sind zwar noch keine Prozess-Produkt-Relationen hergestellt, es werden aber Hypothesen über differentielle Selektions- und Förderwirkungen auf den Ebenen einer hierarchischen Ordnungsstruktur des Schulsystems prüfbar. Eine noch stärkere Kontrolle der differenten Zugangsvoraussetzungen in alternative Bildungsverläufe bietet das Verfahren des Propensity-Score-Matching (vgl. Baumert et al., 2009). Mit ihm lassen sich Hypothesen über differentielle Verläufe schulischer Kompetenzentwicklung in variierenden Lehr-Lern-Settings in einem quasi-experimentellen Setting – also unter Kontrolle der Eingangsselektivität – prüfen. Dabei wird einerseits die in Felduntersuchungen stark eingeschränkte Kontrolle Einfluss nehmender Variablen im Design der Datenauswertung zumindest teilweise kompensiert, und andererseits die Nähe zum praktischen Kontext erhalten.

Laborforschung erhält zwei anders akzentuierte Konnotationen: Sie wird einerseits als komplexitätsreduziertes Setting mit, idealerweise, vollständig gelingender Variablenkontrolle verstanden, andererseits als eine Gelegenheit, in einem solchen Setting überhaupt erst explorativ herauszupräparieren, welche Variablen eine Rolle für bestimmte Effekte spielen könnten. Gerade diese stark divergierende Einschätzung von Laborforschung in einem Forschungsprimat, das auf Variablenkontrolle ausgelegt ist, hat Potenzial für Missverständnisse und misslingende (Be-)Achtung der mit den beiden Auslegungen einhergehenden Forschungszugänge und erträge.

Der Ansatz der Kontrolle von Variablen ließe sich, wie oben dargestellt, zwar grundsätzlich auch im schulischen Feld, also einem komplexitätshaltigen Untersuchungsgegenstand realisieren, gleichzeitig sind solche experimentellen Designs aufwändig, generieren mit Blick auf die angestrebte Erklärungsmächtigkeit u. a. nicht hinreichend „Power" (u. a. Cohen, 1988) und sind letztendlich doch immer ein Eingriff in das Feld mit nicht vollständig vorhersehbaren Effekten. Es erscheint zudem fragwürdig, ob es ethisch vertretbar ist, schulische Lernzeit u. U. für ein Treatment zu „vergeuden", um die Effektivität eines bestimmten Ansatzes bzw. die Wirkung bestimmter Variablen nachweisen zu wollen. Auch Laborstudien als Erhebungen in einem komplexitätsreduzierten Setting haben ihre spezifischen Herausforderungen, wenn experimentelle Designs mit ihnen assoziiert werden. Variablen lassen sich zwar besser kontrollieren und damit auch leichter aussagekräftige Stichprobengrößen erreichen, gleichzeitig stellt sich aber die Herausforderung der Transferierbarkeit der Erkenntnisse auf die schulische Realität und die Überschätzung der Bildungsrelevanz spezifischer Ergebnisse in einem Setting mit deutlich höherer Komplexität: „[...] hidden or unsuspected interactions in real-life may easily nullify, or even reverse, conclusions arrived at in the laboratory. [...] the risk of discovering effects so small that they are of no practical importance" (Chapanis, 1967, S. 557). Letztendlich scheinen bei genauer Betrachtung Feld- und Laborforschung, wenn sie aus der Perspektive eines auf Variablenkenntnis- und -kontrolle angelegten Forschungsprimats gedacht werden, im Kern ähnliche Herausforderungen aufzuweisen, u.a. Stichprobengröße und ökologische Validität, die nur etwas unterschiedlich stark ausgeprägt sind.

Ein auf Variablenkontrolle ausgelegtes Forschungsprimat stößt dort an seine Grenzen, wo vorlaufende (gegenstandsspezifische) Theorien noch nicht oder nur sehr eingeschränkt verfügbar sind. Dabei ist u.U. weniger die Frage, was theoretisch das Feld kennzeichnet – und einen ethnographischen Forschungsansatz besonders ertragreich macht – sondern mehr, welche Variablen in einem spezifischen „Suchraum" relevant sein könnten und in welcher Weise. Für die Naturwissenschaften spricht Steinle (u.a. 2004) in solchen Kontexten vom explorativen Experimentieren, ein Ansatz, der der Identifikation relevanter Variablen ohne (deutliche) vorlaufende Theorie- und Hypothesenbildung dient. Auch solche Zugänge sind sowohl im komplexitätshaltigen Feld als auch im komplexitätsreduzierten Labor vorstellbar. Im Feld wäre zu erwarten, dass die Identifikation relevanter Variablen im „Rauschen" dramatisch erschwert ist, im Labor sind möglicherweise solche Variablen, die relevant sind, gar nicht vertreten. Mit Blick auf die praktische Relevanz kausalanalytisch angelegter Forschung stellt sich die Differenz von Feld- und Laborforschung somit weniger als eine kategoriale, sondern vielmehr als eine graduelle dar, in der Erkenntnispotenziale in kombinierten Forschungsstrategien entfaltet werden können. Als Modell kann die Psychotherapieforschung dienen, in der das in der Manipulation bestimmter Variablen liegende Wirkungsvermögen (Efficacy) methodisch in der Laborforschung kontrolliert wird, während die Feldforschung auf die nach einer Implementation in ein Praxisfeld verbleibende Effektivität (Efficiency) zielt (vgl. Howard et al., 1996). Prozessorientierung und Bildungspraxis werden dabei die Angelpunkte der bildungswissenschaftlichen Forschung.

4. Ergebnis- und Prozessorientierung

Einhergehend mit einem stark auf Variablenkontrolle fokussiertem Forschungsprimat gegenwärtiger Bildungsforschung richten sich Forschungsbemühungen oft auf die Optimierung von Bildungsprozessen (vgl. auch den Titel dieses Bandes). Der Prozessbegriff verweist darin jedoch nur selten tatsächlich auf Bildungs*prozesse*, er richtet sich vor allem auf die Optimierung von Bildungs*ergebnissen*; stark verkürzt ist darin eine Kernfrage, welche Variablen hoch mit dem Kompetenzzuwachs der Lernenden (z. B. Schülerinnen und Schüler, Studierende, Lehrkräfte) korrelieren. In Anlehnung an einen von Weinert (2001, S. 21f.) geprägten Kompetenzbegriff wird in solchen Forschungsansätzen davon ausgegangen, dass es sich bei Kompetenzen um

> die bei Individuen verfügbaren oder durch sie erlernbaren kognitiven Fähigkeiten und Fertigkeiten, um bestimmte Probleme zu lösen, sowie die damit verbundenen motivationalen, volitionalen und sozialen Bereitschaften und Fähigkeiten [sic] um die Problemlösungen in variablen Situationen erfolgreich und verantwortungsvoll nutzen zu können

handelt. In einer Reihe von entsprechenden Forschungsvorhaben wurden und werden mithilfe von Testungen und Befragungen insbesondere das (Fach-)Wissen und die Interessen von Lernenden vor und nach Unterrichtssequenzen oder Interventionen gemessen und u. a. aus der Erfassung unterrichtlicher *Angebots*strukturen Parameter gelingender oder misslingender Bildungs-„Prozesse" der Lernenden abgeleitet (z. B. im Schwerpunktprogramm *Bildungsqualität von Schule (BiQua)*, u. a. Prenzel & Allolio-Näcke, 2006).

Unbestreitbar ist die standardisierte und kontrollierte Erfassung von Parametern, die Bildungsergebnisse beeinflussen, ein zentrales und relevantes Forschungsfeld. In den Naturwissenschaften hat es z. B. maßgeblich dazu beigetragen, Annahmen der Wirkung eigenständiger experimenteller Aktivität auf fachliche Lernergebnisse zu hinterfragen (u. a. Tesch & Duit, 2004; s. a. Ergebnisse zu Unterrichtsprofilen und Kompetenzen in PISA 2006 und PISA 2015, Kobarg et al., 2008; Schiepe-Tiska et al., 2016). Gleichzeitig grenzt ein solcher Ansatz die in der Bildungsforschung reflektierbaren Aspekte institutionalisierter Bildung ein. So ist etwa auf die Distanz des Kompetenzparadigmas gegenüber traditionellen bildungstheoretischen Konzeptionen aufmerksam gemacht worden, allerdings nicht ohne den Hinweis, dass der (schulische) Erwerb von Kompetenzen auch in bildungstheoretischer Hinsicht relevant ist, insbesondere mit Blick auf die im Bildungssystem operativ zu gestaltenden Prozesse der Kompetenzförderung (vgl. Tenorth, 2016)

Auch in der verbreiteten, auf Kompetenzen ausgerichteten Bildungsforschung scheint die Prozessorientierung vielfach noch ein Desiderat darzustellen. So gerät einerseits aus dem Blick, ob Interventionen im Prozess tatsächlich in der angenommenen Weise wirkungsvoll sind, also so, wie theoretisch postuliert, von den Lernenden genutzt werden. Andererseits wird kaum untersucht, ob Lernende positive Lern- und Gegenstandserfahrungen machen, selbst wenn sich kein (messbarer) Kompetenzzuwachs einstellt. Beide *Prozesse* werden in gängigen Angebots-Nutzungs-Modellen zwar modelliert (als Wahrnehmung und Nutzung der Lernangebote durch die Lernenden) und ihre Relevanz betont (u.a. Vieluf et al., 2020), in auf Prozesse bezogenen Erhebungen aber typischerweise vor allem auf das Verhalten der Lehrkraft fokussiert.

> Die kognitive Aktivierung der Lernenden [...] wird in der Regel über verschiedene Indikatoren approximativ zu erfassen versucht. Eine zentrale Rolle spielt hierbei das Verhalten des Lehrers. Es wird angenommen, dass Schüler vertieft über den Unterrichtsgegenstand nachdenken, wenn der Lehrer sie [...] mit herausfordernden Aufgaben, mit kognitiven Konflikten konfrontiert [...]. (Lipowsky, 2006, S. 60f.; vgl. im Kontrast Ansätze der Modellierung der Nutzung in Praetorius et al., 2020)

Gerade in den Naturwissenschaften ist ein Einblick in die Wahrnehmungs- und Nutzungs*prozesse* von Bildungsangeboten jenseits von Selbstberichten nach einem Angebot auch deshalb wichtig, weil ein erkennbarer Anteil der Jugendlichen im kognitiven Sinne hochkompetent, aber wenig interessiert ist und das Interesse an Naturwissenschaften im Generationenkontrast abzunehmen scheint (Hammann & Prenzel, 2008 zu PISA 2006; Schiepe-Tiska, Simm & Schmidtner, 2016 zu PISA 2015). Der Unterricht scheint also in seiner gegenwärtigen Komposition nicht hinreichend viele Jugendliche „mitzunehmen", zunächst einmal ganz unabhängig von der Frage, ob sich kognitive Kompetenzen nachhaltig verbessern.

In dem hier nur knapp angerissenen und sicher zu stark pointiertem Kontrast zwischen Bildungs*ergebnissen* und Bildungs*prozessen* wird *Laborforschung* oft als die Forschung verstanden, die Bildungsprozesse (in Kleingruppen) z.B. über Videodokumentation und analyse untersucht (vgl. v. Aufschnaiter, 2014). Sie kann einerseits dazu beitragen, Hypothesen über (individuelle) Bildungsprozesse zu entwickeln, ist also im Sinne von Steinle (2004) explorativ angelegt. Andererseits kann sie genutzt werden, um zu prüfen, ob sich angenommene und auf der Ergebnisseite auch nachweisbare Wirkmechanismen tatsächlich im Prozess einstellen und ob sie sich in unterschiedlicher Weise für unterschiedliche fortgeschrittene oder interessierte Lernende entfalten. Eine derart verstandene Laborforschung kann auch im Feld, als Feldforschung, erfolgen, ist aber vergleichsweise aufwändig und wird auch deshalb nur selten in dieser Weise betrieben. Um individuelle Wahrnehmungs- und Nutzungsprozesse nachzuvollziehen, müssten z.B. mehrere, jeweils auf Kleingruppen gerichtete, Videokameras eingesetzt werden, die dennoch nur begrenzt das komplexe Geschehen im Klassenzimmer abbilden (vgl. z.B. Hägele, 2022; Vorholzer et al., 2020). Sowohl im Feld als auch im Labor wird die Zahl der erfassten Probandinnen und Probanden aufgrund des hohen Aufwandes für die Erhebung der Daten üblicherweise relativ klein ausfallen, weshalb es besonders wichtig ist, Befunde quantifizierend einzuordnen und gerade im komplexitätsreduziertem Laborsetting mögliche Effekte ausgeblendeter Variablen theoriegestützt zu diskutieren.

5. Erkenntnisse für Forschungs- und Bildungspraxis

Die Auseinandersetzung mit den unterschiedlichen Auslegungen von Feld- und Laborforschung zeigt, dass eine einfache, beide Forschungsfelder abgrenzende Definition nur schwer möglich ist. Bei genauer Betrachtung lassen sich unterschiedliche Spezifika, z. B. Nähe zur real existierenden (Bildungs-)Praxis, Kontrolle von Variablen bzw. experimentelles Untersuchungsdesign oder intendierte wissenschaftliche Erkenntniserträge in unterschiedlichen Settings realisieren, die zwar die Plakette *Laborforschung* oder *Feldforschung* erhalten könnten, damit aber keine eindeutige Aussage über den Forschungszugang verbunden ist. Aus Sicht der Autorin und des Autors wäre hilfreicher, den Forschungsprozess und dessen Ziele entlang relevanter Merkmale zu charakterisieren, als anzunehmen, dass die Zuordnung zu einem der beiden Begriffe bereits eindeutig klärt, um welche Art von Forschung es sich handelt. In einem gedachten mehrdimensionalen Raum wäre u. U. ein bestimmtes Projekt dann entlang mancher Dimensionen eher als Laborforschung zu charakterisieren entlang anderer Dimensionen eher als Feldforschung. In aktuell häufiger vertretenen Auslegungen von Feld- und Laborforschung ist Feldforschung eher solche Forschung, die im realen Bildungssetting stattfindet und darin die natürliche Komplexität erhält, Variablen also wenig kontrolliert bzw. Untersuchungsgruppen spezifisch zusammenstellt. Diese Art der Forschung ist tendenziell eher auf Erträge bzw. Ergebnisse von Bildungsprozessen orientiert. Laborforschung wiederum setzt typischerweise in Settings an, die reale Bildungsprozesse modellieren, aber bestimmte Variablen ausblenden und dabei meist auch nicht in den Räumlichkeiten bzw. unter den Randbedingungen stattfinden, die für die beforschten Bildungsprozesse üblich sind. In diesem Sinne wird Laborforschung mit der Reduktion von Variablen verbunden, die aber nicht notwendigerweise kontrolliert, sondern z. T. eher ausgeblendet werden. Eine derart verstandene Laborforschung hat in der Tendenz einen Schwerpunkt in der Untersuchung von Bildungsprozessen (und Korrelation dieser Prozesse mit Bildungsergebnissen), dabei werden z. T. nur vergleichsweise kleine Fallzahlen adressiert. Auch die Verzahnung eine solchermaßen verstandenen Feld- und Laborforschung ist denkbar, z. B., um zunächst die Wirkung einer Intervention im kontrollierten bzw. reduzierten Setting (Labor) im Detail zu untersuchen. Daraus ergeben sich dann Hinweise auf relevante Parameter, die wiederum entweder erneut im Labor vertieft oder deren Effekte im Feld untersucht werden können, auch mit Blick auf die Frage, ob sich Effekte überhaupt noch im komplexeren Feld zeigen bzw. durch welche weiteren Parameter diese moderiert werden. Denkbar ist auch der umgekehrte Weg: Im Feld zeigen sich bestimmte Effekte, deren Entstehungsprozesse in einer Laborstudie genauer untersucht werden könnten. Gerade das Wechselspiel aus Feld- und Laborzugängen kann also besonderes Potenzial haben, spezifischen Fragestellungen umfassend nachzugehen und den Mehrwert des jeweiligen Zugangs gezielt auszunutzen.

Trotz des jetzt abschließend gemachten Versuchs, zumindest in Ansätzen Feld- und Laborforschung eine definitorische Kontur zu geben, scheint der Autorin und dem Autor wichtig zu betonen, dass die eigene Selbsteinschätzung als „Feldforscherin und -forscher“ oder „Laborforscherin und -forscher“ methodologisch problematisch ist. Letztendlich bestimmt immer die wissenschaftliche Fragestellung den methodischen Zugang. Je stärker in der eigenen Forschungsbiographie ein bestimmter methodischer Zugang bevorzugt wird, umso eher mag eine Tendenz eintreten, nur noch die Fragen zu (er-)finden, die sich mit dem vertrauten Zugang bearbeiten lassen. Unter Umständen wird auch nur noch diesen Fragen subjektiv hoher wissenschaftlicher Wert beigemessen, was der notwendigen Diversität des Forschungsfeldes wenig zuträglich wäre. Gerade im Eröffnen methodologischer Unsicherheit in der Festlegung von Feld- und Laborstudien erhoffen sich die Autorin und der Autor hier Chancen, jeweils eigene Sichtweisen stärker zu öffnen und Pluralität zuzulassen, um sich den vielfältigen Fragen der Optimierung von Bildungsprozessen und Bildungsergebnissen als wissenschaftliche Gemeinschaft zuwenden zu können.

Die in diesem Beitrag oft nur angerissene Darstellung von Fragen der Konzeption von Bildungsprozessen verweist zudem darauf, dass nicht nur die Frage „Feld- oder Laborforschung“, sondern auch das Verständnis von Bildungsprozessen und die Ansprüche an Forschungserträge – sowie die damit einhergehenden impliziten Theorien, was als Forschung „zählt“ – kritisch hinterfragt werden sollten. Damit geht einher die Frage, in welches Verhältnis Bildungsforschung und Bildungspraxis gesetzt werden und wie der beiderseitige Wissenstransfer gestaltet werden kann.

Literatur

Amelang, K. (2014). Laborstudien. In S. Beck, J. Niewöhner, & E. Sørensen (Hrsg.), *Science and Technology Studies* (S. 149–176). De Gruyter. https://doi.org/10.14361/transcript.9783839421062.251

Aufschnaiter, C. v. (2014). Laborstudien zur Untersuchung von Lernprozessen. In D. Krüger, I. Parchmann & H. Schecker (Hrsg.), *Methoden der naturwissenschaftsdidaktischen Forschung* (S. 81–94). Springer. https://doi.org/10.1007/978-3-642-37827-0

Baumert, J., Becker, M., Neumann, M. & Roumiana, N. (2009). Frühübergänge in ein grundständiges Gymnasium – Übergänge in ein privilegiertes Entwicklungsmilieu? *Zeitschrift für Erziehungswissenschaft, 12*, 189–215. https://doi.org/10.1007/s11618-009-0072-4

Berliner, D. C. (2002). Educational research: The hardest science of all. *Educational Researcher, 31*(8), 18–20. https://doi.org/10.3102/0013189X031008018

Bortz, J. (1989). *Statistik für Sozialwissenschaftler.* 3. Aufl. Springer. https://doi.org/10.1007/978-3-662-10036-3

Bortz, J. & Döring, N. (2006). *Forschungsmethoden und Evaluation für Human- und Sozialwissenschaftler* (4. Aufl.). Springer.

Bourdieu, P. (1982). *Die feinen Unterschiede. Kritik der gesellschaftlichen Urteilskraft.* Suhrkamp Verlag.

Cetina, K. (1995). Laboratory studies: The cultural approach to the study of science. In S. Jasanoff, G. E. Markle, J. C. Petersen & T. Pinch (Hrsg.), *Handbook of science and technology studies* (revised edition, S. 140–166). SAGE Publications.

Chapanis, A. (1967). The relevance of laboratory studies to practical situations. *Ergonomics, 10*(5), 557–577. https://doi.org/10.1080/00140136708930910

Cohen, J. (1988). *Statistical power analysis for the behavioral sciences.* Lawrence Erlbaum Associates.

Creswell, J. W. & Guetterman, T. C. (2019). *Educational Research. Planning, Conducting, and Evaluating Quantitative and Qualitative Research.* Pearson.

Ditton, H. & Krecker, L. (1995). Qualität von Schule und Unterricht. Empirische Befunde zu Fragestellungen und Aufgaben der Forschung. *Zeitschrift für Pädagogik, 41*(4), 507–529. https://doi.org/10.25656/01:10513

Hägele, J. J. (2022, im Druck). *Kompetenzaufbau zum experimentbezogenen Denken und Arbeiten. Videobasierte Analysen zu Aktivitäten und Vorstellungen von Schülerinnen und Schülern der gymnasialen Oberstufe bei der Bearbeitung von fachmethodischer Instruktion.* Dissertation am FB 07 der Justus-Liebig-Universität Gießen.

Hammann, M. & Prenzel, M. (2008). Ergebnisse des internationalen PISA Naturwissenschaftstests 2006. *Der Mathematische und Naturwissenschaftliche Unterricht, 61*(2), 67–74.

Holtappels, G., Pfeifer, M. & Scharenberg, K. (2014). Schulische Lernumgebung als Organisations- und Entwicklungsmilieu. *Jahrbuch für Schulentwicklung, 18,* 143–182.

Howard, K. I., Moras, K., Brill, P. L., Martinovich, Z. & Lutz, W. (1996). Evaluation of psychotherapy: Efficacy, effectiveness, and patient progress. *American Psychologist, 51*(10), 1059–1064. https://doi.org/10.1037//0003-066X.51.10.1059

Kobarg, M., Altmann, U., Wittwer, J., Seidel, T. & Prenzel, M. (2008). Naturwissenschaftlicher Unterricht im Ländervergleich. In PISA Konsortium Deutschland (Hrsg.), *PISA '06. PISA 2006 in Deutschland. Die Kompetenzen der Jugendlichen im dritten Ländervergleich* (S. 265–296). Waxmann.

Liburkina, R. & Niewöhner, J. (2017). Einführung. S. Bauer, T. Heinemann & T. Lemke (Hrsg.), *Science and Technology Studies: Klassische Positionen und aktuelle Perspektiven* (Kapitel 3 „Laborstudien“, S. 173–197). Suhrkamp.

Lipowsky, F. (2006). Auf den Lehrer kommt es an: Empirische Evidenzen für Zusammenhänge zwischen Lehrerkompetenzen, Lehrerhandeln und dem Lernen der Schüler. In C. Allemann-Ghionda (Hrsg.), *Kompetenzen und Kompetenzentwicklung von Lehrerinnen und Lehrern* (S. 47–70). Beltz. https://doi.org/10.25656/01:7367

Neumann, K. (2018). Unterrichtsqualität in den Naturwissenschaften – die Suche nach dem Heiligen Gral. In C. Maurer (Hrsg.), *Qualitätsvoller Chemie- und Physikunterricht – normative und empirische Dimensionen* (S. 5–18). https://doi.org/10.25656/01:15495

Palowski, M., Gold, J. & Klewin, G. (2019). Gemeinsame Praxisforschung statt Be-Forschung: die Bielefelder Versuchsschulen und ihre wissenschaftlichen Einrichtungen. *Die deutsche Schule, 111*(1), 56–65. https://doi.org/10.31244/dds.2019.01.06

Praetorius, A.-K., Rogh, W. & Kleickmann, T. (2020). Blinde Flecken des Modells der drei Basisdimensionen von Unterrichtsqualität? Das Modell im Spiegel einer internationalen Synthese von Merkmalen der Unterrichtsqualität. *Unterrichtswissenschaft, 48*(3), 303–318. https://doi.org/10.1007/s42010-020-00072-w

Prenzel, M. & Allolio-Näcke, L. (Hrsg.) (2006): *Das DFG-Schwerpunktprogramm Bildungsqualität von Schule.* Waxmann.

Scharf, J., Becker, M., Stallasch, S., Neumann, M. & Maaz, K. (2020). Primäre und sekundäre Herkunftseffekte über den Verlauf der Sekundarstufe: Eine Dekomposition an drei Bildungsübergängen. *Zeitschrift für Erziehungswissenschaft, 23*, 1251–1282. https://doi.org/10.1007/s11618-020-00981-7

Schiepe-Tiska, A., Schmidtner, S., Müller, K., Heine, J.-H., Neumann, K. & Lüdtke, O. (2016). Naturwissenschaftlicher Unterricht in Deutschland in PISA 2015 im internationalen Vergleich. In C. Reiss, C. Sälzer, A. Schiepe-Tiska, E. Klieme & O. Köller (Hrsg.), *PISA 2015 – Eine Studie zwischen Kontinuität und Innovation* (S. 133–176). Waxmann.

Schiepe-Tiska, A., Simm, I. & Schmidtner, S. (2016). Motivationale Orientierungen, Selbstbilder und Berufserwartungen in den Naturwissenschaften in PISA 2015. In C. Reiss, C. Sälzer, A. Schiepe-Tiska, E. Klieme & O. Köller (Hrsg.), *PISA 2015 – Eine Studie zwischen Kontinuität und Innovation* (S. 99–132). Waxmann.

Schleiermacher, F. (1983). Pädagogische Schriften I. Hrsg. von E. Weniger. Ullstein.

Schwerdt, G., Messer, D., Woessmann, L., & Wolter, S. (2012). The impact of an adult education voucher program: Evidence from a randomized field experiment. *Journal of Public Economics, 96*, 569–583. https://doi.org/10.1016/j.jpubeco.2012.03.001

Seidel, T. (2014). Angebots-Nutzungs-Modelle in der Unterrichtspsychologie: Integration von Struktur- und Prozessparadigma. *Zeitschrift für Pädagogik, 60*(6), 850–866. https://doi.org/10.25656/01:14686

Stanat, P., Schipolowski, S., Mahler, N., Weirich, S. & Henschel, S. (Hrsg.) (2019). *IQB-Bildungstrend 2018. Mathematische und naturwissenschaftliche Kompetenz am Ende der Sekundarstufe I im zweiten Ländervergleich.* Waxmann. https://doi.org/10.25656/01:18131

Steinle, F. (2004). Exploratives Experimentieren. *Physik Journal, 3*(6), 47–52.

Tenorth, H.-E. (2016). Bildungstheorie und Bildungsforschung, Bildung und kulturelle Basiskompetenzen – ein Klärungsversuch, auch am Beispiel der PISA-Studien. *Zeitschrift für Erziehungswissenschaft, Sonderheft 31*, 73–88. https://doi.org/10.1007/978-3-658-13785-4_4

Tesch, M. & Duit, R. (2004). Experimentieren im Physikunterricht – Ergebnisse einer Videostudie. *Zeitschrift für Didaktik der Naturwissenschaften, 10*, 51–69.

Vieluf, S., Praetorius, A.-K., Rakoczy, K., Kleinknecht, M. & Pietsch, M. (2020). Angebots-Nutzungs-Modelle der Wirkweise des Unterrichts. Ein kritischer Vergleich verschiedener Modellvarianten. *Zeitschrift für Pädagogik, Beiheft 66*, 64–79. https://doi.org/10.3262/ZPB2001063

Vorholzer, A., Hägele, J. & Aufschnaiter, C. v. (2020). Instruktionen kohärent anlegen und Kompetenzaufbau untersuchen: Zugänge und Herausforderungen am Beispiel experimentbezogener Kompetenz. *Unterrichtswissenschaft, 48*(1), 61–89. https://doi.org/10.1007/s42010-019-00064-5

Weinert, F. E. (2001). Vergleichende Leistungsmessungen in Schulen – eine umstrittene Selbstverständlichkeit. In F. E. Weinert (Hrsg.), *Leistungsmessungen in Schulen* (S. 17–31). Beltz.

Woolgar S. (1982). Laboratory studies: A comment on the state of the art. *Social Studies of Science, 12*(4), 481–498. https://doi.org/10.1177/030631282012004001

Anita Schilcher, Johannes Wild, Elisabeth Kraus & Sven Hilbert

FiLBY – Ein dreijähriges Lese-Trainingsprogramm im Praxischeck

1. Zentrale Ergebnisse der einschlägigen Large-Scale-Studien

Die IGLU-Studie 2016 zeigt, dass die Leseleistung der deutschen Schülerinnen und Schüler der vierten Jahrgangsstufen im internationalen Vergleich nicht überzeugt. Zwischen 2001 und 2016 konnten kaum nennenswerten Fortschritte erreicht werden (Bos et al., 2017). Im nationalen Vergleich offenbart der IQB-Bildungstrend, dass es in Deutschland nur wenigen Bundesländern gelungen ist, positive Entwicklungen hinsichtlich des durchschnittlichen Leseniveaus der Schülerinnen und Schüler anzustoßen, etwa in Schleswig-Holstein, Sachsen und Hamburg. Beim Spitzenreiter Bayern, in dem das nachfolgend untersuchte Projekt angesiedelt ist, fiel die Leseleistung nominell etwas ab (Weirich et al., 2017). In einer Pressemitteilung bringt die Staatssekretärin im Bundesministerium für Bildung und Forschung, Cornelia Quennet-Thielen, die Konsequenzen, die daraus zu ziehen sind, auf den Punkt: „Deutschland muss sich mehr anstrengen, damit die Leistungen der Grundschulkinder besser werden. Die Bildungsgerechtigkeit muss gestärkt und die Integration der Kinder mit Migrationshintergrund verbessert werden". (Pressemitteilung des BMBF 131/2017 vom 05.12.2017)

Als Schlüsselkompetenz für schulischen Erfolg und gesellschaftliche Teilhabe kommt dem Lesen besondere Bedeutung zu. Wie die oben genannten Studien offenlegen, besteht insofern Handlungsbedarf, als dass …

- der Prozentsatz der bayerischen Schülerinnen und Schüler, die den Optimalstandard erreichen, rückläufig ist,
- mehr als 20 Prozent der bayerischen Schülerinnen und Schüler am Ende der vierten Jahrgangsstufe unter dem Regelstandard bleiben,
- knapp acht Prozent den Mindeststandard nicht erreichen,
- ein Leistungsvorsprung der Mädchen gegenüber den Jungen im Bereich der Lesekompetenz besteht und
- Schülerinnen und Schüler mit Migrationshintergrund beziehungsweise aus sozioökonomisch schwachen Familien beim Lesen nach wie vor geringere Leistungen als ihre gleichaltrigen Mitschülerinnen und Mitschüler erzielen.

Damit die potenzielle, künftige Lesekompetenz der Kinder nicht ausschließlich vom kulturellen Kapital und der Förderung im Elternhaus abhängt, muss das Lesen professionell in der Schule unterrichtet werden. Das setzt nicht nur ein entsprechendes lesebezogenes Professionswissen der Lehrkräfte voraus, sondern auch, dass im Schulalltag ausreichend Zeit in eine adaptive und evidenzbasierte Leseförderung investiert wird. Die Einführung neuer, kompetenzorientierter Lehrpläne in Bayern

2014 sowie verpflichtender Fortbildungsveranstaltungen konnte bislang allerdings kaum etwas an den wenig zufriedenstellenden Ergebnissen ändern.

In einem Gespräch vereinbarten daher das Bayerische Staatsministeriums für Unterricht und Kultus und der Lehrstuhl für Didaktik der deutschen Sprache und Literatur der Universität Regensburg 2018 eine Kooperation zur Entwicklung eines kompetenzorientierten, evidenzbasierten und aus aufeinander aufbauenden Modulen bestehenden Lesetrainings für die bayerischen Grundschulen. Das Programm sollte drei Jahrgangsstufen (2–4) umfassen und fachintegrierend angelegt sein, sodass die Leseförderung nicht nur im Deutschunterricht stattfindet, sondern auch in anderen Fächern, etwa im Sachunterricht, Mathematikunterricht oder in Sport und Musik. Der Lehrstuhl für Didaktik der deutschen Sprache und Literatur der Universität Regensburg entwickelte deshalb das FiLBY-Lesetraining (Fachintegrierte Leseförderung Bayern), an dem seit Beginn pro Jahr über 40.000 Schülerinnen und Schüler aus fast 900 Schulen und über 2.000 Klassen teilnahmen; bei circa 8.000 Kindern wurde longitudinal die Entwicklung der Leseleistung mittels standardisierter Lesetests erfasst.

2. Theorie-Praxis-Gap: Woran scheitert die Umsetzung wissenschaftlicher Konzepte?

Dass Bedarf an evaluierten Leseförderangeboten besteht, zeigt ein Blick auf Projekte und Initiativen zur Leseförderung, die das DIPF 2018 unter *Lesen-in-Deutschland.de* aufführt: Etwa 48% der aufgelisteten Fördermaßnahmen lassen sich als leseanimierende Verfahren klassifizieren (Lesenächte, Lesungen von Autoren, Märchenwochen, Themenwochen etc.), 20% der Maßnahmen beziehen sich auf Handreichungen und Fortbildungen für Lehrkräfte, etwa 13% auf Lektüreempfehlungen oder Broschüren zum Thema Lesen. Nur 1% der genannten Maßnahmen befassten sich mit Lesestrategietrainings (18% Sonstige). Eine explizite Erwähnung von Leseflüssigkeitstrainings war nicht zu finden. Das deutet darauf hin, dass flächendeckend kaum Maßnahmen implementiert sind – oder als vorbildhaft ausgewiesen werden –, die nachweislich wirksam sind (vgl. z.B. National Reading Panel, 2000; Souvignier & Antoniou, 2007; Pearson & Cervetti, 2017; Kuhn et al., 2019).

Hinzu kommt, dass viele Lehrkräfte (noch) nicht über das nötige Wissen verfügen, eben solche durchzuführen. Weder kennen sie lesediagnostische Verfahren noch geeignete Förderprogramme, nicht zuletzt weil diese in den universitären Curricula erst seit wenigen Jahren eine Rolle spielen. Eine regelmäßige und fundierte Diagnostik spielt im Schulalltag bis jetzt deshalb kaum eine Rolle (Bremerich-Vos et al., 2017; Österbauer et al., 2020). Dies führt dazu, dass viele Lehrkräfte das Leseniveau ihrer Schülerinnen und Schüler über- oder unterschätzen, wodurch Lernpotenziale nicht vollständig ausgeschöpft werden (Learned & Birr Moje, 2016).

Um evaluierte Programme effektiv einzusetzen, bedarf es neben eines soliden diagnostischen Wissens auch eines entsprechenden lesedidaktischen Hintergrundwissens, etwa um passende Trainingsmaßnahmen auszuwählen und um bei Problemen Handlungsalternativen entwickeln zu können, die den zugrundeliegenden Kernelementen des Konzepts nicht entgegenlaufen und zu einer geringen Wirksamkeit führen (vgl. Whitehurst et al., 1994). Ein „one-fits-all"-Lesetraining, das allen Kindern die bestmögliche (Weiter-)Entwicklung ihrer Kompetenzen ermöglicht, gibt es nicht (vgl. Wild & Schilcher, 2019). Da die Entwicklung eigener Trainings anspruchsvoll und aufwändig ist, gelingt eine nachhaltige Veränderung der täglichen Unterrichtspraxis von Lehrpersonen am ehesten, wenn statt abstrakter Konzepte konkrete Trainingsprogramme mit Unterrichtsmaterialien und begleitenden Fortbildungen für die Lehrkräfte zur Verfügung stehen (Souvignier et al., 2016; Didion et al., 2020).

Ein Blick in die an den Schulen eingesetzten Lehrwerke offenbart ein Dilemma der Unterrichtspraxis. Evidenzbasierte Konzepte und Fördermaßnahmen werden zwar inzwischen durchaus aufgegriffen (etwa die Förderung der Leseflüssigkeit oder die Vermittlung von Lesestrategien) und Überblicksseiten zu Lesestrategien oder Übungsmöglichkeiten sind in fast in jedem Lesebuch enthalten, meist fehlen jedoch geeignete Texte, um die dargestellten Methoden auch langfristig zu üben. Eine Analyse[1] der drei in Bayern am häufigsten eingesetzten Lesebücher für den kompetenzorientierten Unterricht in der dritten Jahrgangsstufe (*Jo-Jo-Lesebuch 3* (Ertelt et al., 2015), *Bausteine Lesebuch 3* (Fiedler et al., 2015), *Das Auer Lesebuch* (Dolenc-Petz et al., 2014)) zeigt beispielsweise, dass keines der drei Lehrwerke das Leseniveau der Adressatinnen und Adressaten ausreichend berücksichtigt. Nur 43–52% der Texte weisen einen g-smog zwischen 2,5 und 4,5 auf, der für durchschnittliche Schüler und Schülerinnen dieser Jahrgangsstufe angemessen wäre. Ein großer Teil der Texte (40%) ist zu schwer (gSmog > 5). Hinzu kommt, dass die Texte unterschiedlichen Genres entstammen, was das wiederholte Training spezifischer Strategien erschwert.

Ein vergleichbares Bild zeichnet der Umgang mit einschlägigen Förderkonzepten. Zwar wird die Förderung der Leseflüssigkeit und der Lesestrategien in allen Büchern thematisiert, der Anteil am Gesamtwerk bleibt aber meistens gering. Betrachtet man die Angebote zur Leseflüssigkeit, dann zeigt sich, dass sich im *Jo-Jo-Lesebuch* lediglich 2% des gesamten Buches (4 von 207 Seiten) dem Thema Leseflüssigkeit widmen, im *Bausteine Lesen 3* sind es knapp 3% (6 von 224 Seiten). Lediglich das *Auer-Lesebuch* schlägt einen systematischen Aufbau der Lesekompetenz vor (etwa 6%): In sogenannten Lesestudios werden unter anderem die Lesegenauigkeit, das Erkennen von Morphemen, die Lesegeschwindigkeit sowie das ausdrucksstarke Vorlesen angeleitet.

Alle Lesebücher stellen Lesestrategien vor, ohne jedoch systematische Übungsmöglichkeiten anzubieten. Im *Jo-Jo-Lesebuch* gibt es bei 20 (von 150) Texten die Aufforderung Lesestrategien anzuwenden, im *Auer-Lesebuch* und *Bausteine Lesen 3* sind es 25% bzw. 35%. Während das *Jo-Jo-* und das *Auer-Lesebuch* die Strategien gebündelt in einem Überblick darstellen, führt das *Auer-Lesebuch* diese sukzessi-

1 Die Ergebnisse stammen aus einer Zulassungsarbeit von Susanne Konrad, die von mir (AS) betreut wurde.

ve in verschiedene Lesestudios ein, erweitert und vertieft das Repertoire auch mit metakognitiven Strategien.

Vor dem Hintergrund der Bildungsstandards, in denen die kontinuierliche Entwicklung von „Lese- und Schreibinteresse[n] der Kinder und der Erwerb grundlegender Lese- und Schreibfähigkeiten" (KMK, 2005, S. 6) gefordert werden, erscheint der Anteil der Leseförderung in den Deutschbüchern dennoch gering. Auch die letzten IGLU-Ergebnisse machen deutlich, dass die Mehrheit der Lehrpersonen in ihrem Unterricht die Strategieanwendung lediglich ein- bis zweimal pro Monat oder seltener thematisiert – sieht man von der Strategie „Wichtiges unterstreichen" ab (Bremerich-Vos et al., 2017). Während also Lesestrategien offenbar in den Lesebüchern angekommen zu sein scheinen, spielen die Leseflüssigkeit, das langfristige Training und vor allem die Passung der Texte kaum eine Rolle. Letztlich reicht das Angebot an Texten und Übungsmöglichkeiten nicht aus, um über das Jahr hinweg eine kontinuierliche und differenzierte Leseförderung mit dem Lesebuch zu betreiben. FiLBY stellt deshalb für jede Jahrgangsstufe ausführliches Trainingsmaterial zur Verfügung und adressiert die unterschiedlichen am Prozess Beteiligten. Neben einer Handreichung für die Lehrpersonen, die neben theoretischen Grundlagen weiteres Arbeitsmaterial und Verlaufsskizzen der Unterrichtsstunden enthält, liegt für jede Jahrgangsstufe ein umfangreiches Arbeitsheft mit Texten für die Schülerinnen und Schüler vor.

3. Lesedidaktische Grundlagen des FiLBY-Lesetrainings

In den letzten Jahrzehnten (wenn nicht Jahrhunderten) haben sich im Leseunterricht Routinen und Methoden wie das Reihumlesen, leseanimierende Verfahren und Vielleseverfahren etabliert, die nachweislich kaum zu einer Leistungssteigerung beitragen (Kraus et al., 2021). Verfahren wie diese können sogar negative Auswirkungen haben, wenn beispielsweise die Kinder noch keine ausreichende Leseflüssigkeit erreicht haben oder schwächere Kinder unter Leistungsdruck gesetzt werden (vgl. Stanovich, 1986; Deci & Ryan, 1993; Wild et al., 2022). Dennoch werden etablierten Routinen wie das Reihumlesen erst dann von den Lehrkräften verworfen, wenn sie vom Erfolg neuer Verfahren überzeugt sind (Philipp & Scherf, 2012; Anmarkrud & Bråten, 2012).

Inzwischen liegen zwar zahlreiche Förderkonzepte vor, deren Implementierung sich als nachweislich wirksam erwiesen hat, etwa die Förderung der phonologischen Bewusstheit und der Dekodierfähigkeit, der Ausbau des Wortschatzes, die Einführung von Lautleseverfahren zur Steigerung der Leseflüssigkeit und Lesestrategietrainings, sie finden aber nur zögerlich Eingang in die Unterrichtspraxis (National Reading Panel, 2000; Artelt et al., 2007). Da diese Konzepte eine zunehmend wichtigere Rolle in Transferprojekten, in Fortbildungsreihen oder in Webinaren spielen, ist trotz der Defizite des aktuellen Leseunterrichts in den nächsten Jahren ein zunehmend modernerer Leseunterricht zu erwarten. Dies zeigen auch länderübergreifende Initiativen wie BiSS (Bildung in Sprache und Schrift), etwa EILe und

EvalLESEN, oder bundeslandinterne Projekte wie die „Textprofis“ (BW), „Lesen macht stark“ (SH) und „Systematische Leseförderung in der Grundschule“ (HAM). Die einzelnen Maßnahmen stellen in der Regel entweder Lautleseverfahren oder Lesestrategien in den Mittelpunkt. Das FiLBY-Lesetraining kombiniert diese. Es vermittelt sowohl Leseflüssigkeit als auch Lesestrategien und Selbstregulationsstrategien in einem modularen Konzept, das sich über drei Jahrgangsstufen erstreckt. Neben den eigentlichen Förderverfahren spielen dabei die eingesetzten Texte und Aufgaben eine wesentliche Rolle – als Übungsgegenstand und zur Rückmeldung des Lernerfolgs. Die Texte sollten deshalb nicht nur die Lebenswelt, das Vorwissen und die Interessen der Schülerinnen und Schüler berücksichtigen, sondern auch sprachlich angemessen sein. Haben Kinder etwa noch Probleme beim Dekodieren oder beim Herstellen von Inferenzen, verursacht ein zu schwieriger Text häufige Unterbrechungen im Lesefluss und es kommt dadurch zu schlechteren Verstehensleistungen (Schmitz, 2016). Bereits ein Anteil von fünf Prozent nicht entschlüsselbarer Wörter führt beispielsweise dazu, dass ein Text unverständlich werden kann (Hirsch & Nation, 1992). Auch ein geringes Vorwissen kann dazu führen, dass Kinder an Texten mit einer hohen Informationsdichte scheitern (Groeben, 1978; Friedrich, 2017). Untersuchungen von Richter & Plath (2012) oder Philipp (2011) zeigen überdies, dass die Lektürevorlieben der Kinder und Jugendlichen im Unterricht vielfach nicht ausreichend berücksichtigt werden. Die Möglichkeit, den Lesestoff und die Themen selbst auswählen zu können, hat jedoch – wie eine Meta-Studie Lindsays (2010) zeigt – merklichen Einfluss auf die Leseentwicklung. Es verwundert deshalb auch nicht, dass die Lesemotivation im Deutschunterricht über die Schuljahre hinweg eher ab- als zunimmt und bis zum Abitur kaum mehr nennenswerte Lesekompetenzzuwächse stattfinden (Philipp, 2011; Picton & Clark, 2015; Allington & Gabriel, 2016; McElvany et al., 2017).

Wie Schülerinnen und Schüler einen Text verstehen, hängt auch von den Aufgaben ab, die ihnen dazu gestellt werden. Im Leseunterricht erhalten gerade schwächere Schülerinnen und Schüler beim Lesen oft nur Aufgaben, die ein oberflächliches Textverständnis oder bloßes Wiedergeben von Gelerntem erfordern (Lotz, 2016; Stahns et al., 2017). Damit bietet der Leseunterricht gerade diesen Schülerinnen und Schülern wenig Anreize, ihr Leseverstehen zu vertiefen oder komplexere Verstehensstrategien anzuwenden (Durkin, 1978; Veenman, 2016; Stahns et al., 2017). In der Folge trauen sie sich die Bewältigung komplexerer Aufgaben nicht zu: „Individuals tend to select tasks and activities in which they feel competent and avoid those in which they do not“ (Schunk & Bursuck, 2016, S. 56). Aufgabenformate, die Schülerinnen und Schülern Zeit geben, sich vertieft über die Bedeutung von Texten auszutauschen, führen hingegen zu größerem Interesse, höherer Motivation und größeren Fortschritten (Allington & Gabriel, 2016). Aufgaben sollten deshalb die Schülerinnen und Schüler herausfordern, aber nicht überfordern (Kunter & Trautwein, 2013). Gerade dies fällt vielen Lehrkräften allerdings schwer (Lotz, 2016; Bos et al., 2017).

Für die Förderung der Leseflüssigkeit haben sich in der empirischen Leseforschung zwei Verfahren als gewinnbringend erwiesen: das wiederholte Lautlesen und das begleitende Lautlesen. Das wiederholte Lautlesen (z. B. Lesetheater) entwicklungsangemessener Texte zielt dabei vor allem auf den Aufbau eines Sichtwortschatzes, während das begleitende Lautlesen (z. B. Tandemlesen) auf ein Lesevorbild setzt, um eine angemessene Lesegeschwindigkeit und Prosodie zu erreichen (Gailberger, 2011).

Für das Training kognitiver Lesestrategien sollten circa zwei Strategien über eine längere Förderphase hinweg etabliert werden. Die Schülerinnen und Schüler sollen dadurch lernen, zielgerichtet und planvoll an Texte heranzugehen (Duffy, 1993). Neben das Erklären der einzelnen Strategien muss also auch die Erläuterung der Bedingungen und Ziele ihres Einsatzes treten (Wild & Schilcher, 2019). Effektiv sind hier vor allem Fragestrategien, das Zusammenfassen und das Überwachen des eigenen Leseprozesses (Souvignier & Antoniou, 2007; Edmonds et al., 2009; Slavin, Lake et al., 2009; Mayer & Marks, 2019).

Sowohl Lautleseverfahren als auch Strategietrainings sollten idealerweise Feedback und Möglichkeiten der Anschlusskommunikation integrieren, damit sich die Schülerinnen und Schüler über das eigene Textverständnis austauschen und ihren Lernstand bzw. Lernfortschritt einschätzen können (Lotz, 2016). Dabei ist das Arbeiten mit dem Partner oder in Kleingruppen besonders effektiv (Nonte et al., 2018; Whitehurst et al., 1994). In längeren Übungsphasen werden die Strategien dann vom deklarativen ins prozedurale Wissen überführt. Gerade die langfristige Integration von Lesestrategien in den Schulalltag anstelle der Vermittlung überwiegend deklarativen Wissens ist allerdings eine Schwäche des herkömmlichen Leseunterrichts (Rosebrock & Nix, 2014; Pearson & Cervetti, 2017). Da in der Lehrkräfteausbildung über viele Jahre das kurzfriste Erreichen von Lernzielen, zum Beispiel in Lehrproben, als wesentliches Erfolgskriterium für guten Unterricht gesehen wurde, bedeutet die Einführung langfristiger Trainings für viele Lehrkräfte eine Umgestaltung ihrer Unterrichtsroutinen. Das ist jedoch nicht immer einfach, so dass Souvignier & Philipp (2016) zum ernüchternden Ergebnis kommen, dass evidenzbasierte Prinzipien, Maßnahmen und Programme kaum in der alltäglichen schulischen Praxis ankommen.

Erschwerend kommt hinzu, dass in kaum einem anderen europäischen Land so wenig Zeit in die Leseförderung fließt wie in Deutschland. Während im europäischen Durchschnitt 64% der Schülerinnen und Schüler mehr als 120 Minuten pro Woche lesen, sind es in Deutschland nur 46%. In circa einem Drittel der deutschen Grundschulklassen wird weniger als 60 Minuten pro Woche gelesen (vgl. Schmich et al., 2017). Soll ein Programm implementiert werden, das täglich eine Lesezeit von 30 Minuten erfordert, fällt es Lehrkräften schwer, diese 150 Minuten pro Woche vom normalen Unterricht oder anderen Leseaufträgen „abzuzweigen", da etliche über Jahre etablierte Inhalte und Aufgaben oft für ebenso wichtig oder wichtiger gehalten werden. Dies ist umso mehr der Fall, wenn Lehrkräfte der Auffassung sind, dass das Lesenlernen eine Aufgabe des Schriftspracherwerbs ist und sich ab der zweiten Jahrgangsstufe beiläufig durch die üblichen Leseanlässe in unterschiedlichen Fächern weiterentwickelt (Artelt et al., 2007).

4. Umsetzung des Konzepts in FiLBY 2–4

Das für die bayerischen Grundschulen entwickelte Leseprogramm FiLBY 2–4 trägt den dargestellten Forschungsbefunden so weit als möglich Rechnung. Zunächst ist es ein langfristig angelegtes Lesetrainingsprogramm, das sich über drei Schuljahre erstreckt. In jedem Schuljahr steht ein spezifischer Aspekt von Lesekompetenz im Zentrum der Förderung. Für jedes Schuljahr stehen für das erste Halbjahr zunächst vier bis fünf Lektüren aus der Kinderliteratur mit passenden Materialien zur Auswahl sowie anschließend für das zweite Halbjahr ein Leseheft mit mehr als 50 Sachtexten. Auf einer Online-Plattform erhalten die Lehrkräfte eine in sieben Module gegliederte Fortbildung, um das nötige Hintergrundwissen zu erwerben. Die einzelnen Prinzipien des Programms sollen im Folgenden detaillierter dargestellt werden.

Prinzip 1: Kompetenzorientierung
Grundlage für FiLBY bilden einschlägige Lesekompetenzmodelle (Rosebrock & Nix, 2014; Bremerich-Vos, Wendt, & Bos, 2017). Alle Modelle gehen davon aus, dass beim Lesen bottom-up- und top-down-Prozesse zusammenwirken. Es besteht auch Einigkeit darüber, dass für den Aufbau von Lesekompetenz zuerst die basalen Kompetenzen entwickelt werden müssen, bevor die hierarchiehöheren Ebenen, zum Beispiel das vertiefte Durchdringen eines Textes mit Hilfe von Lesestrategien, geschult werden sollten. Die Leseflüssigkeit (*fluency*) bildet dabei eine Brücke für das Leseverstehen (Ehlert & Souvignier, 2022)

FiLBY startet deshalb in der zweiten Jahrgangsstufe mit einem Leseflüssigkeitstraining (FiLBY-2; Schilcher et al., 2019). Dieses basiert auf dem bereits für die Sekundarstufe erfolgreich evaluierten Konzept „Lesen durch Hören" von Gailberger (2011) und wurde für das Training modifiziert. Ziel des FilBY-2-Trainings ist es, bei allen Kindern eine Leseflüssigkeit von etwa 100 Wörtern pro Minute zu erreichen. Diese Geschwindigkeit gilt als Schwelle, ab der Texte ohne größere Anstrengung gelesen und verstanden werden können (Rosebrock & Nix, 2014). Bei der Klassenlektüre zu Beginn der zweiten Klasse wurde eine Lesegeschwindigkeit von etwa 80 Wörtern pro Minute vorgegeben. Die Sachtexte für das zweite Schulhalbjahr wurden von professionellen Radiosprecherinnen und -sprechern in drei verschiedenen Geschwindigkeiten eingesprochen (80, 100 und 120 Wörter pro Minute), so dass sie für eine adaptive Förderung geeignet waren. Sowohl die Textschwierigkeit als auch die Vorlesegeschwindigkeit lagen etwas über dem durchschnittlichen Niveau von Zweitklässlern (gSmog[2] von 3). Die Hörversionen entlasten nicht nur den Leseprozess für die Schülerinnen und Schüler, sondern vermitteln bereits auch implizites Wissen über eine zentrale Lesestrategie (*Vorwissen aktivieren* und am Ende mit den neu entnommenen *Informationen vergleichen*). Sollte die Schwelle von 100 WpM am Ende der zweiten Jahrgangsstufe von einigen schwächer Lesenden noch nicht

2 Beim sogenannten gSmog (german Simple Measure of Gobbledygook; Bamberger, 1984) handelt es sich um einen Lesebarkeitsindex, der nährungsweise das angemessene Lesealter für einen Text in Schulstufen angibt.

überschritten sein, steht auch für die 3. Jahrgangsstufe noch einmal ein kürzeres Leseflüssigkeitstraining mit zwölf Texten zur Differenzierung zur Verfügung. Die Vorgehensweise während des Leseflüssigkeitstrainings ist in allen Unterrichtsstunden in etwa gleich: In einem ersten Schritt lesen die Schülerinnen und Schüler während des Hörens der Audiodatei leise mit und verfolgen den Text mit einem Stift. Beim zweiten Durchgang wird der Text halblaut mitgelesen und beim dritten Durchgang lesen sich zwei Lesepartner jeweils einen Abschnitt des Textes wechselseitig ohne Unterstützung durch den Hörtext vor, wobei der nicht laut lesende Partner Feedback gibt. Die in den Hörtexten als Rahmentext bereits implizit vermittelten Strategien werden in der dritten Jahrgangsstufe wieder aufgegriffen und nun von den Kindern eigenständig angewendet (zum Material vgl. https://www.lesen.bayern.de/filby2).

Die dritte Jahrgangsstufe (FiLBY-3; Wild et al., 2020) fokussiert während der Lektüre zunächst die Anwendung kognitiver Lesestrategien für literarische Texte (*Vorwissen aktivieren, Figur, Ereignis und Situation untersuchen*) und anschließend für Sachtexte (*Vorwissen aktivieren, Überfliegen, Visualisieren*). Sie werden durch Modellieren der Lehrkraft im lauten Denken für unterschiedliche Phasen des Leseprozesses eingeführt und anschließend über mindestens vier Wochen hinweg täglich geübt. Im Sinne eines Scaffoldings wird der Strategieeinsatz zunächst von der Lehrkraft unterstützt und mit ihr gemeinsam geübt, wobei später auch kooperative Lernphasen eingeplant sind (zum Material vgl. https://www.lesen.bayern.de/filby3).

In der vierten Jahrgangsstufe (FiLBY-4; Steinert et al., 2021) kommen zu den leicht erweiterten Strategien der dritten Jahrgangsstufe metakognitive Strategien hinzu, die darauf ausgerichtet sind, dass die Schülerinnen und Schüler lernen, sich eigenständig Ziele zu setzen und zu prüfen, ob die Strategieanwendung geeignet ist, diese Ziele zu erreichen. Das implementierte Selbstregulationstraining orientiert sich an dem von Stöger, Sontag und Ziegler (2009) entwickelten normativen Selbstregulationszyklus, reduziert diesen jedoch auf vier Schritte, die täglich durchlaufen werden: 1. *Sich einschätzen*, 2. *Sich ein Ziel setzen*, 3. *Planen, wie das Ziel erreicht wird*, 4. *Prüfen, ob das Ziel erreicht wurde (Ergebnis bewerten)*. Das Arbeitsheft mit den Texten enthält am Ende deshalb auch eine Verlaufskurve, in die die Kinder täglich ihre Trainingsergebnisse eintragen, um ihre Leistungsentwicklung nachverfolgen zu können.

Nach Durchlaufen des gesamten Trainings über drei Schuljahre hinweg haben sich die Kinder intensiv mit den unterschiedlichen kognitiven Teilkompetenzen des Lesens auseinandergesetzt, so dass man bei einem angemessenen Trainingsumfang von einer sukzessiven Steigerung der Lesekompetenz ausgehen kann.

Prinzip 2: Passung der Texte

Um die Angemessenheit von Texten beurteilen zu können, programmierten Wild & Pissarek (o. J.) das Regensburger Analysetool für Texte (RATTE; frei unter: https://is.gd/ratte_programm). Damit lässt sich die Textschwierigkeit eines Textes auf der Oberflächenebene schnell und einfach bestimmen, künftige Versionen liefern auch einen Indikator für den Wortschatz. RATTE bildete die Grundlage für die Entwicklung der Lesetrainings für die verschiedenen Jahrgangsstufen, bei denen die Texte innerhalb einer Jahrgangsstufe jeweils die gleiche Schwierigkeit aufweisen. Das erleichtert den Schülerinnen und Schülern, einzuschätzen, wie groß ihre Fortschritte jeweils sind (z. B. wenn sie immer schneller lesen oder immer mehr Aufgaben richtig bearbeiten können) und unterstützt die Entwicklung günstiger Attributionsmuster. Alle in einer Jahrgangsstufe eingesetzten Texte wurden eigens für das Training verfasst und liegen eine Stufe über dem zu erwartenden Leseniveau, sodass von herausfordernden, aber angemessenen Texten ausgegangen werden kann. Dies entspricht der Erkenntnis, dass Lernprozesse besonders effektiv verlaufen, wenn die geforderte Leistung nach Vygotsky (1972) in der „Zone der nächsten Entwicklung“ liegt. Das kann zwar dazu führen, dass sich die Kinder am Anfang des Trainings noch leicht überfordert fühlen, dann jedoch Text für Text die Erfahrung machen, dass sich die Übung lohnt und es ihnen zunehmend leichter fällt, die Schwierigkeiten zu meistern. Dadurch, dass für jede Jahrgangsstufe zwischen 50 und 70 Texte im Angebot sind, bietet das Training ausreichend Übungsgelegenheiten.

Prinzip 3: Fachintegrierte Leseförderung

Leseförderung ist nicht nur eine Sache des Deutschunterrichts, sondern Aufgabe aller Fächer (Leisen, 2010). Die Forderung nach einer fachintegrierten Leseförderung wird aber nur in wenigen Fällen tatsächlich konsequent umgesetzt. Ein Manko ist auch hier, dass Texte fehlen, die angemessen sowie fachlich korrekt sind und gleichzeitig zu den von den Lehrplänen vorgegebenen Themen passen. Im Rahmen von FiLBY waren etliche Fachdidaktikprofessuren der Universität Regensburg in die inhaltliche Qualitätssicherung eingebunden (Biologiedidaktik; Chemiedidaktik; Mathematikdidaktik; Physikdidaktik; Sportpädagogik; ev. Religionspädagogik etc.)

Ein großer Teil der mathematischen und naturwissenschaftlichen Texte entstand unter der Leitung der Kolleginnen und Kollegen (etwa im Rahmen von Qualifikationsarbeiten) oder wurde von kooperierenden Lehrkräften geschrieben und dann von den Expertinnen und Experten gegengelesen. Dies garantiert einen korrekten fachlichen Input und ermöglicht eine große Nähe zu den unterschiedlichen fachlichen Lehrplänen.

Für die Leseförderung bietet dieses Konzept weitere Vorteile. Die Lesezeit im Unterricht kann dadurch auf verschiedene Fächer aufgeteilt werden, etwa auf Deutsch, den Sachunterricht, Mathematik, Sport oder Musik. So bleibt auch im Deutschunterricht trotz der intensiven Leseförderung noch ausreichend Zeit für andere Lehrplaninhalte.

Prinzip 4: Interessante Texte

Die für FiLBY erstellten Texte gehen von einer für Kinder interessanten Problemfrage aus und versuchen diese Frage durch den Text zu beantworten („Warum fällt ein Flugzeug nicht vom Himmel?“, „Wie putzen Tiere ihre Zähne?“ etc.). Die Rückmeldungen der Lehrkräfte lassen vermuten, dass die Texte die Kinder sehr ansprechen und zum Lesen motivieren. Gleichzeitig zeigen sie, wie eine „wissenschaftliche“ Herangehensweise an diese Art von Problemstellungen aussieht, etwa dass

Experimente durchgeführt, Quellen befragt oder Beobachtungen gemacht werden. Das Interesse an den Inhalten und an der Lösung der Frage ermuntert zum Durchhalten, Mitdenken und Diskutieren. (Zu den literarischen Texten, s.u.).

Prinzip 5: Differenzierte Materialien
Während die Texte alle die gleiche Textschwierigkeit aufweisen, bieten die Begleitmaterialien viele Möglichkeiten der Differenzierung. So liegen die angebotenen Sach-Hörtexte für das Leseflüssigkeitstraining in drei verschiedenen Geschwindigkeiten vor, so dass die Kinder individuell mit derjenigen Geschwindigkeit üben können, die ihrem Leistungsniveau entspricht. Um auch die leistungsstärkeren Schülerinnen und Schüler zu fördern, wurden bereits ab der zweiten Jahrgangsstufe Aufgaben zu den Texten auf verschiedenen Anspruchsniveaus entwickelt, die diese zur eigenständigen Auseinandersetzung anregen und eine Möglichkeit zur Einschätzung des eigenen Leistungsstandes bieten.

Dieses Vorgehen macht möglich, dass alle Schülerinnen und Schüler mit den gleichen Texten arbeiten und den gleichen fachlichen Input erhalten, jedoch an ihre Leistungsfähigkeit angepasste Methoden und Aufgaben nutzen können. Da mit FiLBY 2–4 nun Texte in drei unterschiedlichen Schwierigkeitsniveaus vorliegen, können Lehrkräfte bei besonders heterogenen Klassen mit unterschiedlich schwierigen Texten arbeiten, indem sie etwa starken Leserinnen oder Lesern der zweiten Jahrgangsstufe Texte aus FiLBY-3 anbieten.

Prinzip 6: An Textarten angepasste Strategien
Ein Überblick über die gängigen Lesestrategietrainings zeigt, dass diese kaum spezifische Strategien für unterschiedliche Textarten vermitteln. Innerhalb der Gruppe der Sachtexte kann dies noch funktionieren, auch wenn sich für argumentative, deskriptive oder narrative Textmuster durchaus unterschiedliche Strategien eignen, bei literarischen Texten hingegen haben die meisten herkömmlichen Lesestrategien kaum einen Nutzen (eine Ausnahme bildet das Zusammenfassen, das aber wiederum für deskriptive Texte meist nicht sinnvoll ist). Beispielsweise liefe es der zentralen Funktion literarischer Texte, zu unterhalten und zu involvieren, entgegen, wenn man den Text zunächst überflöge (auch wenn es Leserinnen und Leser geben mag, die beim Krimi vorblättern, um zu erfahren, wer der Mörder war).

Literarische Texte wollen nicht informieren oder überzeugen, sondern entwerfen eine Welt mit handelnden Figuren und führen vor, wie diese Welt oder die Figuren darin agieren und sich verändern. Es ist deshalb sinnvoll, die Konstruktion der dargestellten Welt, die Beschreibung der Figuren und die zentralen Ereignisse mittels literarischer Lesestrategien zu entschlüsseln. Da literarische Texte seit jeher den Schwerpunkt des Deutschunterrichts bilden, ist mit ihrem Einsatz immer sowohl die Leseförderung als auch die die literarische Erziehung verbunden.

Im ersten Halbjahr wählen die Lehrkräfte dazu aus je vier bis fünf der vorgeschlagenen Kinderbücher eine Lektüre für ihre Klasse aus. Zu diesen Texten liegen Arbeitsmaterialien zu Aspekten literarischer Lesekompetenz vor, die auf zwei bis drei Wochen ausgelegt sind. Die Textschwierigkeit der Lektüren wurde ebenfalls überprüft und variiert zwischen einer einfachen und höheren Textschwierigkeit (für die zweite Jahrgangsstufe zum Beispiel zwischen einem gSMOG von 2,8 und 3,3). Je nach Ausgangsniveau der eigenen Klasse können die Lehrkräfte zwischen einer einfacheren oder anspruchsvolleren Lektüre wählen. Bei der Auswahl der Lektüren wurde zudem darauf geachtet, dass sie für beide Geschlechter gleichermaßen ansprechend sind, also entweder männliche und weibliche Hauptfiguren oder geschlechtsneutrale Tierfiguren als Handlungsträger haben. Der Trainingszeitraum für die Lektüre sollte circa zwei Wochen umfassen und tägliche Leseübungen beinhalten. Die sich jeweils im zweiten Schulhalbjahr anschließende Methodik für das Sachtextlesetraining (Lesen durch Hören, Strategieanwendung, Selbstregulation) wurde bereits während dieser Lektürephase vorbereitet und eingeführt.

Prinzip 7: Professionalisierung der Lehrkräfte
Dreh- und Angelpunkt für die Wiedergabetreue des Trainings sind die Lehrkräfte. Da bei einem flächendeckend eingeführten Training, an dem über 2.000 Lehrkräfte teilnehmen, nur schwer für alle eine Fortbildung organisiert werden kann, setzt das Training auf verschiedene Elemente der Professionalisierung.

Von denjenigen Lehrkräften, die an der Evaluation teilnahmen, konnte jeweils eine Lehrkraft pro Schule eine zweitägige Fortbildung an der Akademie für Lehrerfortbildung und Personalführung (ALP) Dillingen absolvieren. Die Fortbildung an der Akademie bestand aus zwei Teilen: Eine Einführung in das Training und eine Schulung zur Testdurchführung und -auswertung. Die in Dillingen fortgebildeten Lehrkräfte dienten an ihren Schulen anschließend als Multiplikatorinnen und Multiplikatoren.

Für alle anderen Lehrkräfte wurde eine Online-Plattform mit sieben Fortbildungsmodulen entwickelt, die ebenfalls an der Akademie in Dillingen angesiedelt ist und als Fortbildungsleistung anerkannt wird. Nach dem Absolvieren von zwei Fortbildungsmodulen erhielten die Lehrkräfte einen Gutschein, um sich die FiLBY-Materialien für ihre Klassen beim zuständigen Schulamt abholen zu können. Die Module umfassen folgende Themen: *1. Was ist Lesekompetenz? 2. Wie diagnostiziert man Lesekompetenz? 3. Was ist Leseflüssigkeit? 4. Wie fördert man Leseverstehen? 5. Was heißt eigentlich „signifikant"? Einblicke in die empirische Bildungsforschung, 6. Was bedeutet „selbstreguliertes Lesen"? 7. Wie fördert man Lesemotivation?* Sie vermitteln das nötige Hintergrundwissen zum Training und sollen den Lehrkräften die hinter dem Training liegenden Konzepte nahebringen. Die einzelnen Module sind am Ende mit einem kurzen Quiz versehen, so dass jede Lehrkraft selbst überprüfen kann, ob sie die Inhalte verstanden und behalten hat.

Darüber hinaus erhalten die Lehrkräfte Lehrerhandreichungen, die die didaktischen Grundlagen des Trainings nochmals zusammenfassen sowie Stundenverläufe und weiteres Unterrichtsmaterial zur Verfügung stellen (z. B. Moderationskarten zum Modellieren der Strategien). Nach Auswertung der Tests erhielten diejenigen Lehrkräfte, die an der Evaluation teilnahmen, Rückmeldungen zum Leistungsstand der gesamten Klasse und darüber hinaus Tabellen, aus denen sie die Fortschritte eines jeden einzelnen Kindes entnehmen konnten und damit ein individuelles Feedback für jedes Kind erstellen konnten.

Eine Befragung der Lehrkräfte nach dem FiLBY-2-Training zeigt, dass zwischen 2 und 65 Texten gelesen worden waren, die durchschnittliche Textmenge lag bei 30 Texten. Vergleicht man die empfohlene Lesemenge mit der üblicherweise eingesetzten Lesezeit von durchschnittlich ca. 75 Minuten pro Tag (Stahns et al., 2017), so lässt sich vermuten, dass der Unterricht durch das Training phasenweise eventuell stärker auf das Lesen konzentriert war als üblich, die Gesamtlesemenge des Trainings die übliche Lesezeit aber wohl nicht wesentlich übertroffen hat (eine Klassenlektüre ist vom Lehrplan vorgeschrieben und auch im üblichen Deutsch-, Sach- und Mathematikunterricht werden regelmäßig Texte gelesen).

5. Forschungsfragen und Methodik

Ziel des FiLBY-Trainings in der zweiten bis vierten Jahrgangsstufe ist es, allen Schülerinnen und Schülern sowohl die Entwicklung einer angemessenen Leseflüssigkeit als auch ein solides Leseverstehen zu ermöglichen. Der hier vorgestellte Studienausschnitt soll daher zwei Fragen beantworten:

1. Ist das FiLBY-Training effektiver als der reguläre Leseunterricht?
2. Welche Schülergruppen profitieren besonders vom FiLBY-Training (z. B. mit/ohne deutscher Familiensprache)?

5.1 Stichprobe

Gegenstand der Untersuchung sind die Longitudinaldaten von etwa 8.000 Schülerinnen und Schülern, die zwischen 2018 und 2020 am FiLBY-Projekt teilgenommen haben. Die Kinder stammen aus allen sieben Regierungsbezirken Bayerns und verteilen sich auf circa 195 Schulen und 468 Klassen. Die Experimentalschulen bewarben sich um eine Teilnahme. Die Kontrollschulen wurden durch Schulen gebildet, die nicht mehr in die Experimentalgruppe aufgenommen werden konnten, ergänzt um von den Schulämtern zufällig ausgewählte Schulen. Etwa 75% der Schülerinnen und Schüler nahmen in der Experimentalgruppe am FiLBY-Training teil, rund 25% bildeten die Kontrollgruppe (vgl. Tabelle 1). Die Stichprobenmortalität ist aufgrund der Schulschließungen und des während der Corona-Pandemie stattfindenden Distanzunterrichts ab der dritten Jahrgangsstufe (MZP 4) hoch. Viele Lehrkräfte sahen sich aufgrund der Unterrichtssituation nicht in der Lage, das Training bzw. die Testungen durchzuführen, so fehlen etwa Ergebnisse der KG zu MZP 4 völlig. In der vierten Jahrgangsstufe (MZP 6–7) lag zum Zeitpunkt der Auswertung außerdem erst ein Teil der Ergebnisse vor.

Tabelle 1: Zahl der Schülerinnen und Schüler in Experimental- und Kontrollgruppe, gegliedert nach Testinstrument, im Verlauf des FiLBY-Trainings

		zweite Jgst. (2018/19)			dritte Jgst. (2019/20)		vierte Jgst. (2020/21)	
		Beginn	Mitte	Ende	Mitte	Ende	Mitte	Ende
		MZP 1	**MZP 2**	**MZP 3**	**MZP 4**	**MZP 5**	**MZP 6**	**MZP 7**
Experimentalgruppe (EG)	SLS	5.925	5.855	5.203	2.416	3.644	2.099	189
	BYLET	-	5.978	5.509	2.215	3.617	2.464	208
Kontrollgruppe (KG)	SLS	2.337	1.981	1.838	-	468	266	28
	BYLET	-	2.070	1.894	-	460	341	146
Summe	SLS	8.262	7.836	7.041	2.416	4.112	2.365	217
	BYLET	-	8.048	7.403	2.215	4.077	2.805	354

Anm.: MZP = Messzeitpunkt; SLS = Salzburger Lesescreening 2–9; BYLET = Bayerischer Lesetest

5.2 Erhebungsinstrumente

Die Lesekompetenz der Schülerinnen und Schüler wurde durch zwei standardisierte Lesetests erfasst. Für die Leseflüssigkeit wurde das Salzburger Lesescreening 2–9 herangezogen (SLS 2–9; Wimmer & Mayringer, 2016), für das Leseverstehen kam ab dem zweiten Messzeitpunkt der im Rahmen des Projekts entwickelte Bayerische Lesetest (BYLET; i. V.) zum Einsatz. Beide Tests wurden nach den Vorgaben der Testmanuale ausgewertet, mittels Raschmodell psychometrisch modelliert und im Anschluss auf die IQ-Skala transformiert (M = 100, SD = 15). Im SLS überprüfen die Kinder innerhalb von drei Minuten so viele Sätze wie möglich auf ihre semantische Korrektheit. In den drei Parallelversionen des BYLET beantworten die Kinder 20 Multiple-Choice-Fragen zu vier, in ihrer Schwierigkeit und im Umfang ansteigenden Textabschnitten einer Science-Fiction-Geschichte. Wie Analysen zeigen (Kraus, i. V.), vermeidet der Test durch die Auswahl von Figuren, Setting und Plot (weitgehend) Vorwissens- und Geschlechtseffekte und bietet deshalb gute Voraussetzungen für eine faire Messung des Leseverstehens (für weitere Informationen zum BYLET siehe *https://is.gd/bylet_sample* (Username: *filby*, Password: *lesetraining*) sowie https://osf.io/9cspz/). Die Tests wurden von den Lehrkräften erstmals zu Beginn der zweiten Klasse durchgeführt, dann jeweils zum Halbjahr nach der Lektüre und am Ende des Schuljahres nach den Sachtexten.

5.3 Auswertungsmethoden

Die statistischen Analysen wurden mit R (R Core Team, 2020) durchgeführt. Um der durch das Longitudinaldesign und die Zugehörigkeit der Kinder zu Klassen zweifach geschachtelten Datenstruktur gerecht zu werden, wurden hierarchisch-lineare Modelle zur Berechnung der Fortschritte herangezogen (vgl. Hilbert et al., 2019), bei denen die Experimentalgruppe jeweils als Konstante diente. Zufällige Intercepts wurden sowohl für die Kinder (Messungen geschachtelt in Kindern) als auch die Klassen geschätzt (Kinder geschachtelt in Klassen). Ungleich verteilte Störeinflüsse in Experimental- und Kontrollgruppe, die darauf zurückzuführen sind, dass sich die Schulen um die Studienteilnahme bewerben mussten, wurden durch ein propensity Matchingverfahren kontrolliert. Dazu wurde die Gruppenzugehörigkeit mittels logistischer Regression aus den demografischen Variablen vorhergesagt (Migrationshintergrund, Familiensprache, Zahl der Bücher zuhause, Geschlecht, Ausgangsleseleistung) und als propensity Score verwandt (Caliendo & Kopeing, 2008). Damit wurden anschließend die Teilstichproben von Kontroll- und Experimentalgruppe gematcht. Das Matching bietet den Vorteil, den Einfluss vieler Störvariablen zu berücksichtigen, ohne die Power der Hauptanalysen durch eine hohe Anzahl an Kovariablen zu reduzieren.

6. Ergebnisse

Deskriptive Analysen zeigen über alle Jahrgangsstufen hinweg auf den ersten Blick nur unwesentliche Entwicklungsunterschiede in den Leseleistungen beider Gruppen, sowohl bei der Leseflüssigkeit (Abbildung 1) als auch beim Leseverstehen (Abbildung 2).

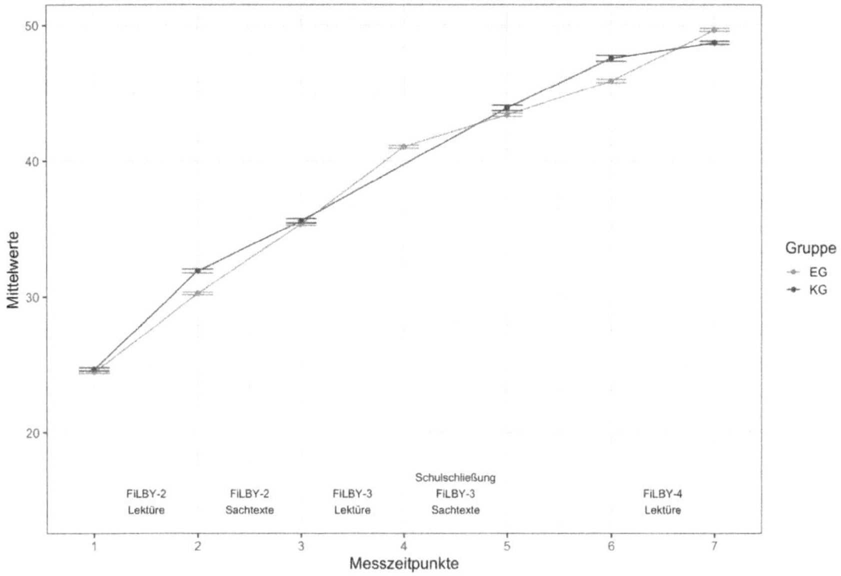

Abbildung 1: Entwicklung der Leseflüssigkeit von EG (= Experimentalgruppe) und KG (= Kontrollgruppe) zwischen den Messzeitpunkten 1 und 7. Die ersten Schulschließungen aufgrund der Corona-Pandemie fanden zu MZP 4 statt. Skala in Rohpunkten des SLS mit maximal 100 erreichbaren Punkten; Balken geben Standardfehler der Mittelwerte an.

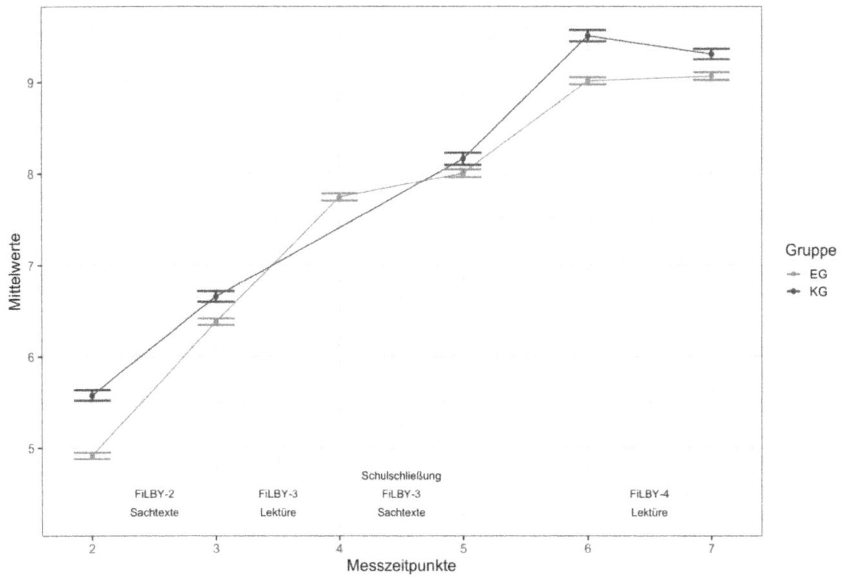

Abbildung 2: Entwicklung des Leseverstehens zwischen den Messzeitpunkten 2 und 7. Die ersten Schulschließungen aufgrund der Corona-Pandemie fanden zu MZP 4 statt. EG = Experimentalgruppe; KG = Kontrollgruppe. Skala in Rohpunkten des BYLETs mit maximal 20 erreichbaren Punkten; Balken geben Standardfehler der Mittelwerte an.

Da die Durchführung des FiLBY-Trainings ab der dritten Jahrgangsstufe stark von den ersten Schulschließungen und dem Wechsel in den Distanzunterricht während der Corona-Pandemie betroffen war, wird im Folgenden eine differenzierte Analyse der einzelnen Jahrgangsstufen und Trainings vorgestellt.

6.1 Forschungsfrage 1: Effektivität von FiLBY im Vergleich zum regulären Deutschunterricht

Tabelle 2 zeigt, dass die Experimentalgruppe in der zweiten Jahrgangsstufe während der Lektürephase signifikant weniger Zuwächse erzielt als die Kontrollgruppe (b = 0.83, p = 0.041). Als dem regulären Deutschunterricht überlegen erweist sich hingegen das FiLBY-2-Sachtextetraining (vgl. Tabelle 3). Hier profitieren die Kinder der Experimentalgruppe signifikant stärker (b = -2.31. p < 0.001).

Tabelle 2: Fortschritt in der Leseflüssigkeit nach der Lektüre und dem Sachtextetraining in der zweiten Jahrgangsstufe,

	Lektüre			**Sachtexte**		
Feste Effekte	*Betagewicht (b)*	*CI*	*p*	*Betagewicht (b)*	*CI*	*p*
Konstante (Startwert EG)	101.71	100.86 – 102.57	<0.001	102.22	101.28 – 103.16	<0.001
MZP (Fortschritt EG)	9.78	9.26 – 10.31	<0.001	5.24	4.56 – 5.92	<0.001
KG (Startwertsunterschied KG-EG)	-0.47	-1.64 – 0.70	0.435	0.34	-1.08 – 1.76	0.643
MZP * KG (Fortschrittsunterschied KG- EG)	0.83	0.03 – 1.63	0.041	-2.31	-3.27 – -1.34	<0.001
Zufällige Effekte						
σ^2	35.52			39.74		
$\tau_{00\ s\_code:class}$	90.27			96.63		
$\tau_{00\ class}$	5.95			12.05		
ICC	0.73			0.73		
N_{s_code}	1965			1682		
N_{class}	337			347		
N	4026			3100		
Marginales R^2 / Konditionales R^2	0.161 / 0.774			0.029 / 0.740		

In der dritten Jahrgangsstufe liegen nur Daten zu Beginn (MZP 3) und zum Ende (MZP 5) vor, da die pandemiebedingten Schulschließungen genau auf den MZP 4 entfielen. Die Effekte der Lektüre können daher nicht gesondert ausgewiesen werden. Zudem war es vielen Lehrerinnen und Lehrern nicht möglich, das Training unter den Pandemiebedungingen fortzuführen. Im Folgenden werden deshalb nur die Klassen untersucht, die der Experimentalgruppe angehören. Die Klassen, die das Training nicht weiterführen konnten, aber die Testungen durchführten, dienen dabei als Kontrollgruppe. Wie aus Tabelle 3 (links) hervorgeht, unterscheiden sich die Gruppen – auch unter Kontrolle von Störvariablen – hinsichtlich ihrer Entwicklungsunterschiede im Sachtextetraining nicht signifikant ($b = -1.71$, $p = 0.327$). Eine detailliertere Auswertung (Wild et al., 2022) zeigt jedoch, dass der Erfolg des Trainings von den Anpassungen abhängt, die die Lehrkräfte vornahmen, um den Unterricht während der Pandemiesituation aufrechtzuerhalten: Es profitieren diejenigen Klassen, in denen die Lehrpersonen die Lesestrategien in Präsenz eingeführt haben (ohne Abbildung). Der Ersatz durch Erklärvideos, das bloße Lesen der Texte ohne Strategien oder ein erneutes Training der Leseflüssigkeit hat hingegen keinen positiven Einfluss auf das Leseverstehen.

Aus Tabelle 3 geht hervor, dass der Fortschritt von Experimental- und Kontrollgruppe sich während der Lektürephase in der vierten Jahrgangsstufe kaum unterscheidet. Wie bereits zuvor zeigen sich auch hier keine signifikanten Entwicklungsunterschiede zwischen den Gruppen ($b = 0.36$, $p = 0.896$). Die Durchführungsmodalitäten während des Distanzunterrichts wurden erhoben, aber noch nicht ausgewertet. Für das Sachtextetraining lag zum Zeitpunkt der Auswertungen noch keine ausreichende Datenlage vor.

Tabelle 3: Fortschritt im Leseverstehen nach dem Sachtextetraining in der dritten und der Lektüre in der vierten Jahrgangsstufe

	dritte Jahrgangsstufe Sachtexte			**vierte Jahrgangsstufe Lektüre**		
Feste Effekte	*Betagewicht (b)*	*CI*	*p*	*Betagewicht (b)*	*CI*	*p*
Konstante (Startwert EG)	102.05	99.58 – 104.52	<0.001	104.30	102.66 – 105.94	<0.001
MZP (Fortschritt EG)	2.55	0.15 – 4.95	0.037	-0.47	-4.70 – 3.76	0.828
KG (Startwertsunterschied KG-EG)	0.21	-3.27 – 3.69	0.906	0.31	-2.33 – 2.96	0.815
MZP * KG (Fortschrittsunterschied KG- EG)	-1.71	-5.12 – 1.70	0.327	0.36	-4.98 – 5.69	0.896
Zufällige Effekte						
σ^2	54.21			72.24		
$\tau_{00\ s\_code:class}$	48.51			39.69		
$\tau_{00\ class}$	6.67			7.93		
ICC	0.50			0.40		
N_{s_code}	179			370		
N_{class}	36			103		
N	335			457		
Marginales R^2 / Konditionales R^2	0.009 / 0.509			0.000 / 0.397		

Zusammenfassend wird deutlich, dass FiLBY vor allem in den Sachtextephasen dem regulären Deutschunterricht überlegen ist. In den Lektürephasen zeigen sich in der Regel höhere Effekte in der Kontrollgruppe. Tabelle 4 gibt einen Überblick über die zuvor dargestellten Ergebnisse.

Tabelle 4: Übersichtstabelle: Effekte zugunsten KG oder EG

Training	mit	Vorteil für	Effektgröße[1]	Zielkriterium
FiLBY-2	Lektüre	KG*	0.05	Leseflüssigkeit
	Sachtexte	EG*	0.15	
FiLBY-3	Sachtexte	EG	0.11	Leseverstehen
FiLBY-4	Lektüre	KG	0.02	

*Anm.: * = signifikant; KG = Vorteil Kontrollgruppe; EG = Vorteil Experimentalgruppe; [1]Effektgröße in Prozent bezieht sich auf unter Normalbedingungen erwartbaren Zuwachs von ca. 15 Normpunkten pro Schuljahr. Eine Effektgröße von 0.5 bedeutet, dass diese Gruppe einen Vorteil von einem halben Schuljahreszuwachs erzielte.*

6.2 Forschungsfrage 2: Wirksamkeit von FiLBY für verschiedene Schülergruppen

Zur Klärung der Frage, welche Schülergruppen von FiLBY besonders profitieren, werden anschließend Analysen ohne ein Matchingverfahren durchgeführt. Konkret werden die hierarchisch linearen Regressionen im Folgenden durch Dreifachinteraktionen erweitert. Es werden die Interaktionen der demographischen Merkmale der Kinder mit der Gruppenzugehörigkeit sowie der Messzeitpunktvariable berücksichtigt. Aus der Übersicht in Tabelle 5 geht hervor, dass Schülerinnen und Schüler ohne Migrationshintergrund nicht signifikant, aber deskriptiv stärker von FiLBY profitieren als Kinder mit Migrationshintergrund. Kinder, die zuhause kein Deutsch sprechen, machen durch FiLBY beim Leseverstehen größere Fortschritte als Kinder, bei denen dies nicht der Fall ist (vgl. Schilcher et al., i. Dr.; Wild et al., 2022). Allerdings waren die Unterschiede nicht signifikant.

Tabelle 5: Wirksamkeit des FiLBY-Trainings für Schülerinnen und Schüler mit Migrationshintergrund bzw. ihrer Familiensprache

		Migrationshintergrund (Geburtsland)		**Familiensprache Deutsch**		
		ja	nein	ja	nein	Zielkriterium
FiLBY-2	Lektüre	KG*	EG	KG	KG*	Leseflüssigkeit
	Sachtexte	EG	EG	EG*	KG	
FiLBY-3	Sachtexte	KG	EG	KG	EG	Leseverstehen
FiLBY-4	Lektüre	KG	EG	KG	EG	

*Anm.: * = signifikant; KG = Vorteil Kontrollgruppe; EG = Vorteil Experimentalgruppe*

Die Zellen in Tabelle 5 zeigen jeweils an, welche Gruppe (EG vs. KG) in der Teilpopulationen der Kinder (mit und ohne Migrationshintergrund und mit und ohne deutsche Familiensprache) stärkere Zuwächse verzeichnen.

In Bezug auf den Einfluss des kulturellen Kapitals zeigte sich, dass die Kinder aus den bildungsfernsten Familien[3] am stärksten unter den ersten coronabedingten Schulschließungen litten. Sie konnten nach Wiederaufnahme des Präsenzunterrichts jedoch auch die stärksten Zuwächse verzeichnen und ihren Abstand zur nächsten Gruppe verringern (Abb. 3; MZP 5–7). Gleichzeitig verzeichneten die Kinder aus bildungsnahen Familien einen Rückgang ihrer Leistungen (MZP 6–7). Diese Befunde sollten jedoch insgesamt mit Vorsicht betrachtet werden, da es sich bei der Entwicklung zwischen Messzeitpunkt 6 und 7 um überwiegend nicht verbundene Stichproben handelt.

3 Erfasst durch die Zahl der Bücher zuhause; zwar wird die Zahl der Bücher als Indikator für das soziokulturelle Kapital in der Literatur zum Teil kritisch gesehen (z. B. bedeutet das Vorhandensein, nicht dass die Bücher tatsächlich gelesen werden; digitale Ersatzformen werden zunehmend präsenter usw.), bis dato ist er aber aussagekräftig.

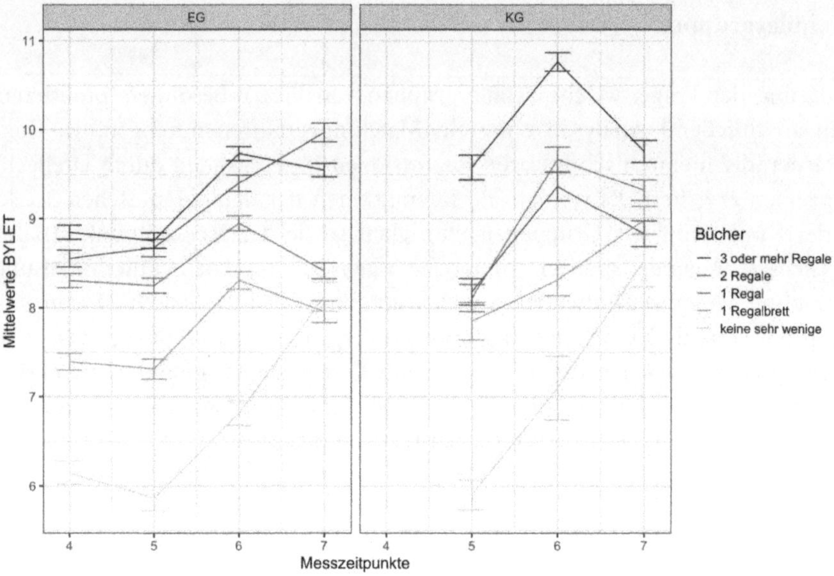

Abbildung 3: Verläufe der Leistungsentwicklung im Leseverstehen zwischen den Messzeitpunkten 4 und 7 in Abhängigkeit des Bildungshintergrunds und der Gruppenzugehörigkeit. Fehlerbalken bezeichnen einen Standardfehler des Mittelwerts.

7. Diskussion

Die Implementation von Lesefördermaßnahmen in die schulische Praxis ist nicht trivial und es ist keineswegs so, dass evidenzbasierte Trainings immer erfolgreicher sind als der reguläre Unterricht. In Feldstudien erzielen Interventionen regelmäßig geringere Effekte als in kontrollierten Experimenten (Slavin et al., 2008). Die vorliegenden Auswertungen zum FiLBY-Training zeigen, dass das Programm in trainingsfernen standardisierten Tests vor allem dann Wirkung zeigt, wenn das Vorgehen – wie im Sachtextetraining – stark vorstrukturiert ist und wenig Spielraum bei der Durchführung zulässt. In den Lektürephasen wurden die literarischen Lesestrategien zwar in den Unterrichtsstunden eingeführt, jedoch nicht im lauten Denken von der Lehrkraft modelliert wie bei den Sachtexten. Trotz strukturierter und didaktisch geeigneter Materialien zeigten sich bei der Leseförderung mit den Lektüren keine Zuwächse. Dies könnte auch daran liegen, dass die Lektürephase weit kürzer war als die Trainingsphase mit den Sachtexten. In der Regel lag die Bearbeitungszeit zwischen zwei und drei Wochen. Dieser Zeitraum könnte eventuell nicht ausreichen, um nachhaltige Effekte auf die Leseleistung zu erzielen, die sich auch in trainingsfernen Tests zeigen. Berücksichtigt werden muss auch, dass literarische Texte andere Leseanforderungen stellen als Sachtexte. Für die Lektürephase wurden deshalb auch spezifisch literarische Lesestrategien vermittelt, die auf Aspekte wie Figurendarstellung oder Ereignisstruktur zielen. Um literarische Leseverstehensleistungen erfassen zu können, müssten auch andere Testfragen verwendet werden als bei den Sachtexten.

Aufgrund der Corona-Situation und des während der dritten Jahrgangsstufe einsetzenden Lockdowns war es nicht möglich, das Training wie vorgesehen durchzuführen. Während des Distanzunterrichts reduzierten die Lehrkräfte nicht selten die Übungszeit deutlich (bis hin zu Null) und nahmen häufig tiefgreifende Anpassungen am Material vor, was sich überwiegend negativ auf den Lernfortschritt der Schülerinnen und Schüler beim Leseverstehen auswirkte. Es konnten keine signifikanten Vorteile des FiLBY-Programms nachgewiesen werden. Detaillierte Auswertungen in der dritten Jahrgangsstufe zeigen aber, dass die Klassen, deren Lehrkräfte das Programm wie vorgesehen durchgeführt hatten, durchaus profitierten. Dies unterstreicht die Bedeutung professioneller Lehrkräfte einerseits, die Bedeutung der Wiedergabetreue für den Erfolg eines Leseförderprogramms andererseits. Die Ergebnisse der Kinder mit Migrationshintergrund bzw. nicht-deutscher Familiensprache sowie der starken Leserinnen und Leser der zweiten Jahrgangsstufe weisen außerdem darauf hin, dass es vielen Lehrkräften nicht gelingt, in ihrer Klasse ausreichend zu differenzieren. Bereits in der zweiten Klasse wurde das FiLBY-Training deshalb um Leseverstehensaufgaben für starke (aber auch schwächere) Leserinnen und Leser ergänzt. In der dritten und vierten Jahrgangsstufe steht Differenzierungsmaterial zur Verfügung. Schwächere Schülerinnen und Schüler, für die FiLBY-2 bereits zu hoch ansetzt, bräuchten vermutlich ein noch basaleres Training, das auf der Dekodierebene ansetzt.

Aufgrund der Corona-Pandemie sind die Ergebnisse der Testphase deshalb nur eingeschränkt auf die reguläre Durchführung des FiLBY-Trainings übertragbar. Dadurch dass die Kontrollklassen sich während des Lockdowns nicht in der Lage sahen, die Tests durchzuführen – oder die wenige Präsenz-Zeit für andere Aktivitäten nutzen wollten – fehlt der MZP 4 bei der Kontrollgruppe fast vollständig. So können die Effekte der Lektürephase in Jahrgangsstufe 3 nicht adäquat beurteilt werden.

Limitierend kommt hinzu, dass die Tests wegen der großen Anzahl an Klassen nicht von geschulten Testleitern durchgeführt wurden, sondern von den Lehrkräften, die bei einer Fortbildung in der Testdurchführung geschult worden waren. Dies kann dazu führen, dass die Ergebnisse weniger genau sind als dies bei Testleitern der Fall gewesen wäre.

Auch wenn das Training in der vorliegenden Studie keine oder nur kleine Effekte zeigt, bedeutet dies nicht, dass es bei regulärer Trainingsdurchführung nicht eine höhere Wirksamkeit entfalten könnte. Die beteiligten Lehrkräfte berichteten überwiegend positiv von der Entwicklung ihrer Klassen während des Trainings. Der größte Teil der Lehrkräfte wird das Training deshalb auch in den darauffolgenden Jahren mit den entsprechenden Jahrgangsstufen durchführen.

Literatur

Allington, R. L. & Gabriel, R. (2016). Classroom Influences on individual differences. In P. Afflerbach (Hrsg.), *Handbook of individual differences in reading. Reader, text, and context* (S. 196–208). Routledge.

Anmarkrud, Ø. & Bråten, I. (2012). Naturally-Occurring Comprehension Strategies Instruction in 9th-Grade Language Arts Classrooms. *Scandinavian Journal of Educational Research, 56*(6), 591–623. https://doi.org/10.1080/00313831.2011.621134

Artelt, C., McElvany, N., Christmann, U., Richter, T., Groeben, N., Köster, J., Schneider, W., Stanat, P., Ostermeier, C., Schiefele, U., Valtin, R. & Ring, K. (2007). *Förderung von Lesekompetenz. Expertise.* o.A.

Bamberger, R. & Vanecek, E. (1984). *Lesen-Verstehen-Lernen-Schreiben. Die Schwierigkeitsstufen von Texten in deutscher Sprache.* Jugend und Volk.

Bos, W., Valtin, R., Hußmann, A., Wendt, H. & Goy, M. (2017). IGLU 2016: Wichtige Ergebnisse im Überblick. In A. Hußmann, H. Wendt, W. Bos, A. Bremerich-Vos, D. Kasper, E. Lankes, N. McElvany, T. C. Stubbe & R. Valtin (Hrsg.), *IGLU 2016. Lesekompetenzen von Grundschulkindern in Deutschland im internationalen Vergleich* (S. 13–28). Waxmann.

Bremerich-Vos, A., Stahns, R., Hußmann A. & Schurig, M. (2017). Förderung von Leseflüssigkeit und Leseverstehen. In A. Hußmann, H. Wendt, W. Bos, A. Bremerich-Vos, D. Kasper, E. Lankes, N. McElvany, T. C. Stubbe & R. Valtin (Hrsg.), *IGLU 2016. Lesekompetenzen von Grundschulkindern in Deutschland im internationalen Vergleich* (S. 279–296). Waxmann.

Bremerich-Vos, A., Wendt, H. & Bos, W. (2017). Lesekompetenzen im internationalen Vergleich: Testkonzeption und Ergebnisse. In A. Hußmann, H. Wendt, W. Bos, A. Bremerich-Vos, D. Kasper, E. Lankes, N. McElvany, T. C. Stubbe & R. Valtin (Hrsg.), *IGLU 2016. Lesekompetenzen von Grundschulkindern in Deutschland im internationalen Vergleich* (S. 79–142). Waxmann.

Caliendo, M., & Kopeinig, S. (2008). Some practical guidance for the implementation of propensity score matching. *Journal of economic surveys, 22*(1), 31–72. https://doi.org/10.1111/j.1467-6419.2007.00527.x

Deci, E. & Ryan, R. M. (1993). Die Selbstbestimmungstheorie der Motivation und ihre Bedeutung für die Pädagogik. *Zeitschrift für Pädagogik, 39*(2), 223–238.

Didion, L., Toste, J. R. & Filderman, M. J. (2020). Teacher Professional Development and Student Reading Achievement: A Meta-Analytic Review of the Effects. *Journal of Research on Educational Effectiveness, 13,* 29–66. https://doi.org/10.1080/19345747.2019.1670884

Dolenc-Petz, R., Illmann, B., Röbe, E. & Röbe, H. (2014). *Das Auer Lesebuch 3.* Auer.

Duffy, G. (1993). Rethinking Strategy Instruction: Four Teachers' Development and Their Low Achievers' Understandings. *The Elementary School Journal, 93*(3), 231–247. https://doi.org/10.1086/461724

Durkin, D. (1978). What Classroom Observations Reveal about Reading Comprehension Instruction. *Reading Research Quarterly, 14,* 481–533. https://doi.org/10.1598/RRQ.14.4.2

Edmonds, M. S., Vaughn, S., Wexler, J., Reutebuch, C., Cable, A., Klingler Tackett, K. & Wick Schnakenberg, J. (2009). A Synthesis of Reading Interventions and Effects on Reading Comprehension Outcomes for Older Struggling Readers. *Review of Educational Research, 79*(1), 262–300. https://doi.org/10.3102/0034654308325998

Ehlert, M. & Souvignier, E. (2022). Die Wirksamkeit von Fördermaßnahmen zur Leseflüssigkeit in Abhängigkeit von Passung, Dosierung und Wiedergabetreue. Herausforderungen für Forschung und Praxis. In M. Philipp & S. Jambor-Fahlen (Hrsg.), *Lesen: Prozess- und Produktperspektiven von der Wortebene bis zu multiplen Texten* (S. 56–76). Beltz Juventa.

Ertelt, B., Umkehr, B. & Waszak, M. (2015). *Jo-jo Lesebuch 3. Grundschule Bayern.* Cornelsen.

Fiedler, J., Grunert, H., Loreck, R., Webersberger, A. & Werthmann, F. (2015). *Bausteine Lesebuch.* Westermann.

Friedrich, M. (2017). *Textverständlichkeit und ihre Messung. Entwicklung und Erprobung eines Fragebogens zur Textverständlichkeit.* Waxmann.

Gailberger, S. (2011). *Lesen durch Hören: Leseförderung in der Sek. I mit Hörbüchern und neuen Lesestrategien.* Beltz.

Groeben, N. (1978). *Die Verständlichkeit von Unterrichtstexten. Dimensionen und Kriterien rezeptiver Lernstadien.* (2. Aufl.). Aschendorf.

Hilbert, S., Stadler, M., Lindl, A., Naumann, F. & Bühner, M. (2019). Analyzing longitudinal intervention studies with linear mixed models. *Testing, Psychometry, Methodology in Applied Psychology, 26*, 101–119.

Hirsch, D. & Nation, P. (1992). What vocabulary size is needed to read unsimplified texts for pleasure? *Reading in a foreign language, 8*(2), 689–696.

KMK = Sekretariat der Ständigen Konferenz der Kultusminister der Länder in der Bundesrepublik Deutschland (2005). *Bildungsstandards im Fach Deutsch für den Primarbereich. Beschluss vom 15.10.2004.* Wolters Kluwer.

Kraus, E. (i. V.). *Diagnostische Treatmententscheidungen mit dem Treatment Decision Model (TreDeM). Ein entscheidungstheoretischer Ansatz auf Basis von Evaluationsstudiendaten.* Unveröffentlichte Dissertation, Universität Regensburg.

Kraus, E., Wild, J., Schilcher, A., Hilbert, S. (2021): *Research Report zur Pilotierung des Bayerischen Lesetests (BYLET).* https://osf.io/bmp54/?view_only=3db22c0b3cec4383820514243e431b1b

Kuhn, M., Rasinski, T. & Young, C. (2019). Best practices in fluency instruction. In L. Morrow & L. Gambrell (Hrsg.), *Best practices in literacy instruction* (S. 271–288). (6. Aufl.). Guilford Press.

Kunter, M. & Trautwein, U. (2013). *Psychologie des Unterrichts.* Paderborn: Schöningh. https://doi.org/10.36198/9783838538952

Learned, J. E. & Birr Moje, E. (2016). School Contexts and individual differences. In P. Afflerbach (Hrsg.), *Handbook of individual differences in reading. Reader, text, and context* (S. 177–195). Routledge.

Leisen, J. (2010). *Handbuch Sprachförderung im Fach – sprachsensibler Fachunterricht in der Praxis.* Varus.

Lenhard, W. (2019). Gegenwärtiger Stand der empirischen Unterrichtsforschung zur Vermittlung von Lesekompetenz. In M. Kämper-van den Boogaart & K. H. Spinner (Hrsg.), *Lese- und Literaturunterricht. Teil 2: Kompetenzen und Unterrichtsziele, Methoden und Unterrichtsmaterialien* (S. 305–329). Schneider.

Lindsay, J. J. (2010). *Children's access to print material and education-related outcomes: Findings from a meta-analytic review.* Learning Point Associates.

Lotz, M. (2016). *Kognitive Aktivierung im Leseunterricht der Grundschule. Eine Videostudie zur Gestaltung und Qualität von Leseübungen im ersten Schuljahr.* Springer. https://doi.org/10.1007/978-3-658-10436-8

Mayer, A. & Marks, D. (2019). Förderung des Textverständnisses durch die Vermittlung von Verstehensstrategien – Eine Metaanalyse zur Effektivität. *Forschung Sprache, 1*, 4–36.

McElvany, N., Kessels, U., Schwabe, F. & Kasper, D. (2017). Geschlecht und Lesekompetenz. In A. Hußmann, H. Wendt, W. Bos, A. Bremerich-Vos, D. Kasper, E. Lankes, N. McElvany, T. C. Stubbe & R. Valtin (Hrsg.), *IGLU 2016. Lesekompetenzen von Grundschulkindern in Deutschland im internationalen Vergleich* (S. 177–194). Waxmann.

National Reading Panel (2000). *Teaching children to read: An evidence-based assessment of the scientific research literature on reading and its implications for reading instruction: Reports of the subgroups* (NIH Publication No. 00-4754). U.S. Government Printing Office.

Nonte, S., Hartwich, L. & Willems, A. S. (2018). Promoting reading attitudes of girls and boys: a new challenge for educational policy? Multi-group analyses across four European countries. *Large-scale Assessments in Education*, 6(5), 1–22. https://doi.org/10.1186/s40536-018-0057-y

Österbauer, V., Bachinger, A., Winter, B., Paasch, D. & Illetschko, M. (2020). Leseförderung revisited – Sind die verschiedenen Verfahren zur Leseförderung im österreichischen Deutschunterricht der 4. Schulstufe angekommen? *Leseforum.ch, 1*, 1–26.

Pearson, P. D. & Cervetti, G. N. (2017). The roots of reading comprehension instruction. In S. E. Israel (Hrsg.), *Handbook of research on reading comprehension* (S. 12–56). The Guilford Press.

Philipp, M. (2011). Lesen und Geschlecht 2.0. Fünf empirisch beobachtbare Achsen der Differenz erneut betrachtet. *www.leseforum.ch, 2011*(1), 1–25.

Philipp, M. & Scherf, D. (2012). Die zentrale Bedeutung der Lehrkraft für die Vermittlung selbstregulierten Lesens. In M. Philipp & A. Schilcher (Hrsg.), *Selbstreguliertes Lesen. Ein Überblick über wirksame Förderansätze* (S. 226–242). Kallmeyer.

Picton, I. & Clark, C. (2015). *The Impact of Ebooks on the Reading Motivation and Reading Skills of Children and Young People: A study of schools using RM Books.* National Literacy Trust.

Pressemitteilung des BMBF 131/2017 vom 5.12.2017. https://www.bmbf.de/bmbf/shareddocs/pressemitteilungen/de/stabile-ergebnisse-bei-zunehmenden-herausforderungen.html (27.01.2022)

R Core Team (2020). *R: A language and environment for statistical computing. R Foundation for Statistical Computing.* Wien. https://www.R-project.org/

Richter, K. & Plath, M. (2012). *Lesemotivation in der Grundschule. Empirische Befunde und Modelle für den Unterricht.* (3. Aufl.). Beltz.

Rosebrock, C. & Nix, D. (2014). *Grundlagen der Lesedidaktik und der systematischen schulischen Leseförderung.* (7. Aufl.). Schneider.

Schilcher, A., Wild, J., Kraus, E., Hilbert, S. (i. Dr.). Kann das Leseförderprogramms „FiLBY-2" den Einfluss des sozio-ökonomischen Hintergrunds reduzieren? *SLLD-Z.*

Schilcher, A., Wild, J. & Steinert, M. (2019). *FiLBY-2 Lehrerhandreichung. Fachintegrierte Leseförderung Bayern.* https://fibs.alp.dillingen.de

Schmich, J., Breit, S., Lanzdorf, R. & Itzlinger-Bruneforth, U. (2017). Schulischer Kontext: Leseunterricht, Fortbildung und Schulressourcen. In C. Wallner-Paschon, U. Itzlinger-Bruneforth & C. Schreiner (Hrsg.), *PIRLS 2016. Die Lesekompetenz am Ende der Volksschule. Erste Ergebnisse* (S. 83–102). Leykam.

Schmitz, A. (2016). *Verständlichkeit von Sachtexten. Wirkung der globalen Textkohäsion auf das Textverständnis von Schülern.* Springer. https://doi.org/10.1007/978-3-658-12016-0

Schunk, D. H. & Bursuck, W. D. (2016). Self-efficacy, agency, and volition. In P. Afflerbach (Hrsg.), *Handbook of individual differences in reading. Reader, text, and context* (S. 54–66). Routledge.

Slavin, R. E., Cheung, A., Groff, C. & Lake, C. (2008). Effective Reading Programs for Middle and High Schools: A Best-Evidence Synthesis. *Reading Research Quarterly, 43*(3), 290–322. https://doi.org/10.1598/RRQ.43.3.4

Slavin, R. E., Lake, C., Chambers, B., Cheung, A. & Davis, S. (2009). Effective Reading Programs for the Elementary Grades: A Best-Evidence Synthesis. *Review of Educational Research, 79*(4), 1391–1466. https://doi.org/10.3102/0034654309341374

Souvignier, E. & Antoniou, F. (2007). Förderung des Leseverständnisses bei Schülerinnen und Schülern mit Lernschwierigkeiten – eine Metaanalyse. *Vierteljahreszeitschrift für Heilpädagogik und ihre Nachbargebiete, 76*(1), 46–62.

Souvignier, E. & Philipp, M. (2016). Implementation – Begrifflichkeiten, Befunde und Herausforderungen. In M. Philipp & E. Souvignier (Hrsg.), *Implementation von Lesefördermaßnahmen. Perspektiven auf Gelingensbedingungen und Hindernisse* (S. 9–22). Waxmann.

Souvignier, E., Förster, N. & Kawohl, E. (2016). Implementation eines Förderkonzeptes zur diagnosebasierten individuellen Leseförderung in der Grundschule. In M. Philipp & E. Souvignier (Hrsg.), *Implementation von Lesefördermaßnahmen. Perspektiven auf Gelingensbedingungen und Hindernisse* (S. 77–98). Waxmann.

Stahns, R., Rieser, S. & Lankes, E. (2017). Unterrichtsführung, Sozialklima und kognitive Aktivierung im Deutschunterricht in vierten Klassen. In A. Hußmann, H. Wendt, W. Bos, A. Bremerich-Vos, D. Kasper, E. Lankes, N. McElvany, T. C. Stubbe & R. Valtin (Hrsg.), *IGLU 2016. Lesekompetenzen von Grundschulkindern in Deutschland im internationalen Vergleich* (S. 251–278). Waxmann.

Stanovich, K. E. (1986). Cognitive processes and the reading problems of learning disabled children: Evaluating the assumption of specificity. In J. K. Torgesen & B. Y. L. Wong (Hrsg.), *Psychological and educational perspectives on learning disabilities* (S. 87–131). Academic Press.

Steinert, M., Schilcher, A. & Wild, J. (i. V.). *FiLBY-4 Lehrerhandreichung. Fachintegrierte Leseförderung Bayern.* https://fibs.alp.dillingen.de

Stöger, H., Sontag, C. & Ziegler, A. (2009). Selbstreguliertes Lernen in der Grundschule. In F. Hellmich & S. Wernke (Hrsg.), *Lernstrategien im Grundschulalter* (S. 91–104). Kohlhammer.

Veenman, M. V. J. (2016). Metacognition. In P. Afflerbach (Hrsg.), *Handbook of individual differences in reading. Reader, text, and context* (S. 26–40). Routledge.

Vygotski, L. (1972). *Denken und Sprechen.* Fischer.

Weirich, S., Wittig, J. & Stanat, P. (2017). Kompetenzstufenbesetzung im Fach Deutsch. In P. Stanat, S. Schipolowski, S. Weirich & N. Haag (Hrsg.), *IQB-Bildungstrend 2016. Kompetenzen in den Fächern Deutsch und Mathematik am Ende der 4. Jahrgangsstufe im zweiten Ländervergleich* (S. 129–139). Waxmann.

Whitehurst, G. J., Arnold, D. S., Epstein, J. N., Angell, A. L., Smith, M. & Fischel, J. E. (1994). A Picture Book Reading Intervention in Day Care and Home for Children From Low-Income Families. *Developmental Psychology, 30*(5), 679–689. https://doi.org/10.1037/0012-1649.30.5.679

Wild, J., Kraus, E., Steinert, M., Hilbert, S. & Schilcher, A. (2022). Ein Lesestrategietraining im Distanzunterricht? Wie sich das veränderte Lernumfeld während der

Corona-Pandemie auf die Entwicklung des Leseverstehens von Schülerinnen und Schülern auswirkt. In Maik Philipp & Simone Jambor-Fahlen (Hrsg.), *Lesen: Prozess- und Produktperspektiven von der Wortebene bis zu multiplen Texten* (S. 77–99). Beltz Juventa.

Wild, J. & Pissarek, M. (o. J.). *Ratte. Regensburger Analysetool für Texte.* https://www.uni-regensburg.de/sprache-literatur-kultur/germanistik-did/downloads/ratte/index.html

Wild, J. & Schilcher, A. (2019). Grundlagen einer systematischen schulischen Leseförderung. In G. Stückl & M. Wilhelm (Hrsg.), *Lehren und Lernen in der bayerischen Grundschule* (S. 1–17). Carl Link.

Wild, J., Schilcher, A. & Steinert, M. (2020). *FiLBY-3 Lehrerhandreichung. Fachintegrierte Leseförderung Bayern.* https://fibs.alp.dillingen.de

Wimmer, H., & Mayringer, H. (2016). *Salzburger Lese-Screening für die Schulstufen 2–9:* SLS 2–9. Hogrefe.

Julia Frohn

Klassenführung, kognitive Aktivierung und konstruktive Unterstützung auf Distanz

Zur Übertragung unterrichtlicher Basisdimensionen auf den „Fernunterricht" aus Lehrkräfteperspektive

1. Einleitung

Die empirische Lehr-Lern-Forschung weist die Basisdimensionen *Klassenführung*, *kognitive Aktivierung* und *konstruktive Unterstützung* als maßgeblich für den Lernerfolg von Schülerinnen und Schülern und damit die Gestaltung qualitätsvollen Unterrichts aus (vgl. Fauth et al., 2014; Kunter & Trautwein, 2013; Voss et al., 2014; Klieme et al., 2001; Pianta & Hamre, 2009). Umso mehr ist im Kontext der Corona-Pandemie danach zu fragen, wie diese Merkmale auch über die Distanz umzusetzen sind. Denn obwohl inzwischen zahlreiche pandemiebezogene Untersuchungen zum Thema Bildung und Schule vorliegen, resümieren z. B. Fickermann und Edelstein (2021) anhand eines Überblicks deutschsprachiger Studien, dass weiterhin ein Desiderat hinsichtlich wirksamer unterrichtlicher Prozesse und Praktiken im „Fernunterricht" vorherrsche (vgl. ebd., S. 119). Zwar liefern Helm, Huber und Loisinger (2021) „einen systematischen Überblick über den quantitativen Forschungsstand zur Schulsituation und zum Lehren und Lernen während der Corona-Pandemie" (ebd., S. 237), doch existieren bislang kaum qualitative Studien zur Ausgestaltung von Lehr-Lern-Prozessen über die Distanz, woran dieser Beitrag anschließt. Die explorativ angelegte Studie zielt auf die Bearbeitung der Frage ab, inwieweit die Basisdimensionen qualitätsvollen Unterrichts auf den „Fernunterricht" zu übertragen sind und welchen Besonderheiten des digitalen Raums dabei Rechnung zu tragen ist, um die Übertragung zu ermöglichen.

2. Theoretischer Hintergrund

Klassenführung, kognitive Aktivierung und *konstruktive Unterstützung* gelten seit Beginn der 2000er Jahre als Qualitätsmerkmale von Unterricht. Hervorzuheben ist dabei, dass diese sogenannten Basisdimensionen bzw. Tiefenstrukturmerkmale nicht trennscharf voneinander abzugrenzen sind und vor allem in Kombination ihre Wirkung entfalten (vgl. Kunter & Trautwein, 2013). Dem aktuellen Forschungsstand entsprechend kann die Dimension der *Klassenführung*[1] im Sinne einer effektiven Nutzung der Lernzeit als bestmöglicher Umgang mit Störungen be-

1 Der Begriff der Klassenführung basiert auf dem von Kounin geprägten Begriff des „Classroom-Management" (ebd., 2006/1976) und wurde in der Datenerhebung und -auswertung ebenfalls in englischer Sprache genutzt.

schrieben werden. Als Subdimensionen gelten dabei u.a. Gruppenfokus und -mobilisierung, Transparenz, Regeln und Verlässlichkeit, Klarheit und Strukturiertheit, Allgegenwärtigkeit, Abwechslung sowie Reibungslosigkeit und Schwung (Evertson & Weinstein, 2006; Kounin, 2006/1976; Mayr, 2008). Demgegenüber entspricht *kognitive Aktivierung* dem „intellektuellen Anforderungsgehalt im Unterricht" (Kunter & Trautwein, 2013, S. 86), wofür u.a. die Lernvoraussetzungen, der Lerngegenstand, die Anknüpfung an die Lebenswelt der Lernenden sowie die Aufgabengestaltung als wesentlich gelten (Fauth & Leuders, 2018; Klieme, 2020). Schließlich beschreibt die Dimension der *konstruktiven Unterstützung* „das Ausmaß, in dem die Lehrenden Schülerinnen und Schüler bei (Verständnis-)Schwierigkeiten helfen und die Lernprozesse begleiten" (Kunter & Trautwein, 2013, S. 95). Mit dem Ziel einer wertschätzenden Lernbegleitung kann dieses Konstrukt in die Facetten formatives Assessment und Feedback, Adaption und Differenzierung sowie positive pädagogische Beziehungen unterteilt werden (Hattie, 2008; Pianta et al., 2012; Sliwka et al., 2019).

Im Zuge der Corona-Pandemie wurden diese Prämissen im deutschsprachigen Raum zunächst *theoretisch* auf Fragen des „Fernunterrichts" übertragen (Klieme, 2020; Voss & Wittwer, 2020), kurze Zeit später präsentierten Helm, Huber und Loisinger (2021) ein systematisches Review von insgesamt 97 quantitativen Studien und 255.955 Fällen (ebd.), das u.a. auch „Merkmale der Qualität des Fernunterrichts" (ebd., S. 277) anhand der genannten Basisdimensionen fokussiert. Darin wurde herausgearbeitet, dass Lehrkräfte während der ersten Phase des Lockdowns im Frühjahr 2020 „kaum digitale Lehr-Lern-Formate (z.B. Videokonferenztools zur Live-Kommunikation, Erklärvideos)" einsetzten (ebd., S. 298), sodass der Bereich der Klassenführung hier v.a. auf Fragen der Erreichbarkeit und Klarheit der Arbeitsaufträge reduziert werden musste (wobei ein Großteil der Schülerinnen und Schüler und Eltern berichtete, „dass der Unterricht und die Arbeitsaufträge klar und verständlich" seien, (ebd., S. 299). Zur Dimension der kognitiven Aktivierung wurde befunden, dass „[z]entrale Merkmale der kognitiven Aktivierung […] eher selten eingesetzt" wurden (ebd.), was zur Befürchtung führte, „dass sich der Fernunterricht zu sehr auf das repetitive, mechanische Abarbeiten von Lernaufgaben fokussiert und die Potenziale des sozialen Lernens zu wenig ausschöpft" (ebd.). In Bezug auf die konstruktive, individuelle Unterstützung zeigte die Metastudie, dass divergierende Haltungen zur Interaktion bestehen. So berichteten die Schülerinnen und Schüler sowie Eltern von eher fehlendem Kontakt zu den Lehrpersonen, während Lehrkräfte und Schulleitungen die Interaktion „überaus positiv wahrgenommen" haben (ebd.) – ein ähnliches Bild ergab die Analyse der Differenzierungs- und Individualisierungsbemühungen sowie der Vergabe von Feedback seitens der Lehrkräfte (ebd.). Diese quantitativ erarbeiteten Befunde sollen hier durch die explorative Interviewstudie weiter ausgeschärft werden.

3. Methode

Für die explorative Studie wurden Interviews mit zwölf Lehrkräften (L1–L12) an neun Berliner Gemeinschaftsschulen und integrierten Sekundarschulen in stärkster sozialräumlicher Benachteiligung (Berlin-Pass-Quote[2] mehr als 75%) sowie mit vier Lehrkräften (L13–L16) an vier besonders herausragenden Berliner Gymnasien (Abiturdurchschnitt besser als 2.0) geführt.[3] Die Stichprobe wurde so gewählt, dass eine breite Variation unterschiedlicher Erfahrungswerte abgebildet werden konnte, wobei sich der Fokus auf benachteiligte Settings aus der aktuellen Forschungslage zu den Tiefenstrukturmerkmalen qualitätsvollen Unterrichts ergibt: „Alle […] generischen Merkmale guten Unterrichts […] kommen auch Schülerinnen und Schülern mit ungünstigen Lernvoraussetzungen bzw. familiären Ausgangsbedingungen zugute. Mehr noch: Es gibt Hinweise darauf, dass Schülerinnen und Schüler mit schlechteren Lernbedingungen von den drei Basisdimensionen besonders profitieren“ (Klieme, 2020; S. 127f.). Gleichzeitig wurden mit der Stichprobenakquise Lehrkräfte anvisiert, die anhand besonderer Rollen in der Schule als Expertinnen und Experten für Lehr-Lern-Prozesse gelten (z.B. Fach- und Fachbereichsleitungen). Die teilstrukturierten Interviews (Durchschnitt: 47 Minuten) wurden via Video-Call im Zeitraum vom 13. bis 26. April 2020, in der Zeit der ersten deutschlandweiten Schulschließungen, geführt und aufgezeichnet. Nach Anonymisierung und Transkription (Dresing & Pehl, 2017) wurden die Daten mittels qualitativer Inhaltsanalyse nach Kuckartz (2018) unter Nutzung des Programms MAXQDA ausgewertet. Bei der induktiv-deduktiven Kategorienbildung wurden die drei Basisdimensionen von Unterricht und ihre Subdimensionen als Ordnungsprinzip genutzt. Mittels zweier zeitlich getrennter Codiervorgänge (T1/T2) wurde durch Berechnungen anhand von vier Beispieltexten (=25% des Gesamtmaterials) eine Intracoderübereinstimmung von 0,93 (Cohens Kappa) erzielt. Einschränkungen gelten – neben der geringen Anzahl der Interviewpartnerinnen und Interviewpartner – dahingehend, dass Personen adressiert wurden, die als Expertinnen und Experten im Lehren und Lernen gelten, zudem stehen lediglich die o.g. Schulformen im Fokus der Analyse. Die explorative Untersuchung stellt keinen Anspruch auf Repräsentativität, vielmehr sollen mithilfe der Interviews erste Impulse zur Weiterentwicklung von Lehr-Lern-Ansätzen über die Distanz erörtert werden.

---

2 Der Berlin-Pass „Bildung und Teilhabe“ (BuT) soll Kindern und Jugendlichen in herausfordernder Lage die kostenfreie Teilnahme an z.B. Ausflügen und Projekten der Schule sowie die Ausstattung mit Schulmaterial, die Möglichkeiten zur Nutzung des öffentlichen Nahverkehrs und Teilnahme am Schulmittagessen ermöglichen.

3 Allen beteiligten Lehrkräften sei an dieser Stelle herzlich gedankt.

4. Ergebnisse

4.1 Classroom-Management

4.1.1 Umgang mit Störungen und Allgegenwärtigkeit

Die Auswertung der Interviews zeigt, dass im „Fernunterricht" andere Störquellen als im Präsenzunterricht existieren. Diese betreffen vor allem den Bereich möglicher technischer Schwierigkeiten, z. B. schlechte Internetverbindungen oder mangelnde Datenvolumina bzw. Server-Leistungen. Hier können Lehrkräfte, die sich „mit digitalen Medien eigentlich ja nur notdürftig auseinandergesetzt haben" (L14, 89), kaum präventiv agieren. Gleichzeitig eröffnet der digitale Raum auch alternative Formen der Störungsprävention, etwa in Form des Stummschaltens in Videokonferenzen. Dabei werden einerseits neue Freiräume für Lernende eröffnet, („Dumme Kommentare oder irgendwie Gelächter oder keine Ahnung was – was ja da überhaupt nicht passieren kann in dem Maße, ne? [...] Ich glaube, das macht auch viel aus: Dass sie das einfach nicht so fürchten müssen", L12, 109–110), andererseits werden Lehr-Lern-Prozesse dadurch ggf. gestört („Das Einzige, was ich machen kann, ist ihn stummschalten oder rausschmeißen. So. Und dann habe ich schon den Lernprozess unterbrochen", L4, 96). Die für eine gelungene Klassenführung als grundlegend geltende Allgegenwärtigkeit der Lehrperson kann zudem wegen der Überlappung des schulischen und häuslichen Raums nicht mehr gewährleistet werden: „Classroom-Management [ist] schwierig, weil ich da jetzt [...] wenig Einfluss habe, was (lachend) zu Hause dann passiert" (L15, 121) – nicht zuletzt, da häusliche Aufgaben der Lernenden, etwa die Betreuung jüngerer Geschwister, parallel zum Unterricht anfallen.

4.1.2 Gruppenfokus und Mobilisierung

Das Klassenführungsziel, Lernenden sowohl individuell als auch in der Gruppe Aufmerksamkeit zu widmen (vgl. Kunter & Trautwein, 2013, S. 80), ist den Befragten zufolge – besonders in größeren Lerngruppen – über die Distanz schwieriger zu erreichen. Zwar können „alle vor dem gleichen Mikrofon, gleichberechtigt" (L7, 35) sprechen, was auch die Raumgesetze, etwa im Hinblick auf den „Frontalunterricht", aufhebt und Hierarchien ausgleicht, dennoch erscheint die räumliche Trennung der Gruppe problematisch: „Und am Ende hast Du ja trotzdem kein großes Gemeinschaftserlebnis und das ist ja für mich irgendwie im Classroom-Management eins der Dinge, die dahinterstehen, dass man als Gruppe gemeinsam z. B. was bewältigt, so. Und das ist digital viel schwieriger möglich" (L11, 58).

4.1.3 Transparenz, Regeln und Verlässlichkeit

Werden im „Fernunterricht“ erprobte Routinen auch über die Distanz umgesetzt, kann den Lehrkräften zufolge Classroom-Management gelingen: „Dieser Verhaltenskodex sozusagen, was Classroom-Management angeht, den haben wir etabliert in zweieinhalb Jahren, und jetzt legen wir das Ganze auf eine digitale Plattform aber die Regeln sind genau die gleichen“ (L6, 116). In dem gewohnten Setting können auch neue Regeln für den digitalen Raum festgelegt werden, wenn diese offen kommuniziert werden: „Also es ist wie immer [...] total wichtig ihnen transparent zu machen, was ich erwarte und wie wir damit umgehen. Auch Konsequenzen aufzuzeigen“ (L12, 113). Dabei zeigt sich, dass der digitale Raum neue Machtgefälle eröffnen kann („Wenn ihr mir hier zu viel diskutiert, wenn ihr mir zu viel auf den Keks geht, dann schalte ich euch stumm“, L9, 118), was eine transparente Kommunikation – in beide Richtungen – umso wichtiger erscheinen lässt („Warum haben die jetzt die Kameras aus? Also ist denen das schon zu viel? Wollen die das gar nicht teilen [...]?“, L14, 232).

4.1.4 Klarheit und Strukturiertheit

Fast ausnahmslos wurden in den Interviews klare Strukturen als Schlüsselkomponente für den „Fernunterricht“ ausgewiesen („Wie bereite ich etwas auf, wie strukturiere ich etwas. Gibt es Zeitvorgaben? Gibt es Möglichkeiten? Es darf nicht zu offen sein – ‚So hier sind 100 Aufgaben, macht mal irgendwie.‘ Also es muss relativ klar sein“, L2, 92). Hier eigenen sich Wochen- oder Tagespläne, die klarer Aufgabenstellungen und gewisser Flexibilität bedürfen – auch aufgrund fehlender Struktur im Alltag der Lernenden („Ich habe schon gemerkt, dass der Rhythmus meiner Schüler ganz schön durcheinander ist. Ich habe gestern eine Schülerin um vier angerufen und sie sagt mir, sie ist gerade aufgestanden“, L8, 94).

4.1.5 Fazit Classroom-Management

Die Umsetzbarkeit von Classroom-Management im digitalen Raum wird unterschiedlich bewertet: von „Classroom-Management ist halt auf einer anderen Ebene, aber geht“ (L12, 113) bis hin zu „Classroom Management fällt weg – also, es gibt keinen Classroom“ (L4, 96). Dabei werden vor allem die fehlende physische Präsenz sowie mangelnde Interaktionsmöglichkeiten als Hemmnis für Reibungslosigkeit und Schwung ausgemacht:

> [E]s macht unheimlich viel aus, wenn ICH in der Klasse stehe und den persönlichen Bezug habe und noch einmal den Fokus einfordere und noch einmal hingehen kann und Ähnliches. Und dann sehe, wer ist grundsätzlich abgelenkt, wer lenkt andere ab und so weiter. Und dann das irgendwie steuern

> und trotzdem geduldig noch einmal, noch einmal und noch einmal darauf einzugehen. Was einfach komplett wegfällt. (L2, 77)
>
> Also diese ganze Interaktion fehlt natürlich gerade ganz doll. Und für mich ist das ein wichtiger Lernprozess und ein wichtiger Arbeitsprozess. (L7, 42)

Hinsichtlich dieses Arbeitsprozesses können Routinen, z. B. im Sinne von Regeln und Verlässlichkeit, auch im digitalen Raum etabliert und an die Gegebenheiten der Schulschließung angepasst werden. Da es den befragten Lehrkräften unabdingbar erscheint, dass diese *vor* der Distanz-Situation etabliert werden, sind hier Möglichkeiten zu eröffnen, Routinen und Regeln auch durch digitale Formate – etwa einen virtuellen Klassenrat – umzusetzen.

4.2 Kognitive Aktivierung

4.2.1 Lernvoraussetzungen

Für den „Fernunterricht" sind neben z. B. kognitiven oder motivationalen Lernvoraussetzungen zunächst vor allem materielle Fragen entscheidend, die sowohl die technische Ausstattung („Zehn meiner Schüler haben keinen Computer", L9, 132) als auch Fachmaterialien betreffen („Also ich habe zum Beispiel in Bio jetzt ganz viele Sachen rausgekickt, [...] weil ich mir nicht gut vorstellen kann, wie sie ohne experimentelle Sachen, die sie nicht zu Hause haben, das ausprobieren können" L7, 128). Ferner erscheint die Heterogenität unter Lernenden als große Herausforderung („[A]uch die Unterschiede der Kinder innerhalb der Klasse, [...] wo wir differenzieren müssten, haben sich jetzt durch Corona noch potenziert", L15, 17). Zwar können Online-Lehrbücher oder Lern-Apps helfen, durch Differenzierungsformate unterschiedliche Voraussetzungen zu bedienen, doch werden sie über die Distanz der Individualität der Lernenden – vor allem bei neuen Lerngegenständen – oft nicht gerecht („[U]m Sachen einzuführen oder zu vertiefen, ist sowas immer ganz schwer, weil es nie genau passt", L10, 74).

4.2.2 Lerngegenstand

Die meisten Befragten stimmen überein, dass die fachlichen Lerninhalte im Lockdown z. T. gravierend reduziert wurden. Gründe liegen in der fehlenden digitalen Kompetenz („Ich weiß, dass in Mathe bestimmte Lerninhalte [...] noch gar nicht durchgenommen worden sind. Und neue Punkte zu erklären auf Online-Ebene, also (.) gelingt mir noch nicht sehr gut", L3, 41) sowie in der Herausforderung, Schwierigkeiten aufseiten der Lernenden, etwa mithilfe von Scaffolds, über die Distanz zu kompensieren. Zudem wird erst im laufenden Betrieb offenbar, welche Fächerspezifik welche Hürden über die Distanz eröffnen, z. B. im Englischunterricht („Also fachdidaktisch denke ich: Sprechen. Ist natürlich was, was wegfällt", L6, 146;

„Die werden jetzt NOCH mehr Vokabeln NICHT lernen", L1, 163) oder, „wenn man an Deutsch denkt, das Sprechen und Zuhören, die narrative Kompetenz in Geschichte" (L13, 78).

4.2.3 Anknüpfung an die Lebenswelt der Lernenden

Als Ausgleich zur Verknappung von fachlichen Lerninhalten wurde zu Beginn der Pandemie oft die gemeinsam erlebte Ausnahmesituation als Lern- und Diskussionsanlass genutzt („‚[W]as ist gerade mit der Corona-Krise, was gibt es für Neuerungen?' Und […] ich hab mich mit meiner Maske vor sie hingesetzt und hab gefragt: ‚Warum hab' ich die jetzt auf?' Einfach so spielerisch, und das läuft gut. […] das sind alles Dinge, da lernen sie was, es ist eine andere Art von Aktivierung natürlich" (L12, 83 & 122). Gleichzeitig erscheint die Anknüpfung an das Medienverhalten der Lernenden vielversprechend – z. B. durch die Erstellung, Teilung und Kommentierung fachlich fokussierter Videos – auch wenn hier Diskrepanzen zwischen privater und schulischer Mediennutzung erkannt und überbrückt werden müssen.

4.2.4 Aufgabengestaltung

Gute Aufgaben müssen auch im Regelunterricht zahlreichen Anforderungen genügen, die über die Distanz noch erhöht werden – so müssen Aufgaben auf der einen Seite „unglaublich kleinschrittig sein, sie müssen sich fast von selber erschließen" (L2, 53), dürfen aber auf der anderen Seite nicht allzu textlastig oder komplex sein („Das muss man noch mehr antizipieren: Was könnten Schwierigkeiten sein bei der Lösung der Aufgaben?", L13, 114). Dabei ist oft unklar, wie viel Zeit Lernende für die Bearbeitung benötigen, sodass Über- bzw. Unterbeanspruchung droht. Inhaltlich wie sprachlich komplexe Aufgaben werden so auch in digital einsetzbaren Medien, z. B. Lehrfilmen, zur Herausforderung („Ich kann […] in der Klasse stoppen und sagen: Drei-Felder-Wirtschaft ist das und das. Das kann ich nicht einmal eben in einer Erklärungsschrift/ Da kenne ich sie einfach zu gut. Das sind so Grenzen, an die man stößt", L2, 88).

4.2.5 Fazit kognitive Aktivierung

Den interviewten Lehrkräften erscheint die kognitive Aktivierung über die Distanz herausfordernder als im Präsenzunterricht, was auch an z. T. fehlenden Selbstorganisationskompetenzen der Lernenden liegt. Hierbei kann auch der familiäre Hintergrund eine Rolle spielen „Wenn man Eltern dahinter hat, die das Ganze unterstützen können […]. Das heißt, dieser Vorteil der kognitiven Aktivierung – über eine tolle Aufgabe, wo du dir etwas Neues erarbeitest –, der wird bei denen geleistet, die sowieso schon Unterstützung haben" (L16, 63). Während im Bereich der

Klassenführung und konstruktiven Unterstützung kaum Unterschiede zwischen den hier im Fokus stehenden Schularten (L1–12/L13–16) auszumachen sind, wird deutlich, dass kognitive Aktivierung im „Fernunterricht" an Schulen in herausfordernder Lage erschwert erscheint. So wird anstelle der fachlichen Leistungsebene hier stärker die Beziehungsebene fokussiert, der mit der Kategorie der konstruktiven Unterstützung Rechnung getragen wird.

4.3 Konstruktive Unterstützung

4.3.1 Formatives Assessment und Feedback

Lernprozessbegleitende Rückmeldungen wurden von den Befragten als weitgehend übertragbar auf den digitalen Raum charakterisiert – in vielen Fällen konnte die Individualisierung von Feedbackprozessen sogar produktiver als im Präsenzunterricht gestaltet werden („Das heißt, die konnten mir immer was schicken, ich konnte halt auch sehr viel individueller Rückmeldung geben, als ich das in der Schule machen konnte", L15, 60). Mehrheitlich wurden dabei wertschätzende Feedback-Prozesse durch unterschiedliche Medien (E-Mail, Telefon, Videotelefonat, Apps, Sprachnachrichten) beschrieben, die fachliches Lernen, etwa im Deutschunterricht, unterstützen:

> Und ALLE haben von mir eine individuelle, konstruktive Rückmeldung bekommen. Meistens per Sprachnachricht. Das war viel einfacher [...] und ich kann halt wirklich sagen: „[...] da könntest Du bei der Einleitung noch das und das verbessern. In der Grammatik sollst Du darauf achten, dass Du das mit dem ‚dass' und dem ‚das' [...] anguckst [...] und genau an diesem Punkt kann man ja dann wieder super gut anknüpfen, um individuell einen Schritt weiterzugehen und zu lernen." (L11, 107–109)

Auch digitale Unterstützungsformate und Prozesse der Peer- und Selbstkontrolle wurden als gewinnbringend im „Fernunterricht" hervorgehoben, auch wenn die fehlende Verbindlichkeit des gemeinsamen Sozialraums Schule hier hinderlich wirkt.

4.3.2 Adaption und Differenzierung

Für eine konstruktive Unterstützung sind adaptive, differenzierte Lehr-Lern-Formate unabdingbar, die – vor allem hinsichtlich der genutzten Medien – im „Fernunterricht" anderen Anforderungen genügen müssen („Also ich kann keine vier Seiten kleingedruckt [...] denen geben so als Texte, wo auch noch Differenzierungen drinnen war: Du machst das, mach dieses nicht, streiche irgendetwas an, wo klar war, sie können nicht irgendetwas anstreichen auf dem Handy", L2, 59). Die individuelle Bearbeitung der Aufgaben („[E]iner sagt, er arbeitet für alle Fächer am Tag 25 Minuten und es gab einige, die haben gesagt, ‚ich arbeite dreieinhalb Stunden am Tag oder vier Stunden am Tag'", L14, 9) erschwert dabei die didaktische Diagnostik, was nach vielseitigen Materialien und Arbeitsaufträgen verlangt.

4.3.3 Positive pädagogische Beziehungen

Die Interviewten zeichneten sich als sehr fokussiert auf die Beziehungsebene aus („[…] weil ich einfach der Meinung bin, dass wir dann den Kindern eigentlich noch mehr schuldig sind, als nur eine E-Mail zu schicken und sie irgendwie da mit Material zu versorgen", L14, 115), auch wenn – analog zur Pflege von Ritualen und Routinen – die Zeit *vor* dem Lockdown als wesentlich gilt („Also, wenn man eben nicht diese Beziehungsebene schon geschaffen hat und dann in dieses Home-Schooling geht, dann wird das nicht funktionieren", L6, 140). Berichtet wurde von zahlreichen zusätzlichen Kontaktformen und -kanälen gegenüber dem Präsenzunterricht: von E-Mails, App- oder Messenger-Nachrichten, auch zur Ergebniskontrolle („Also ich kriege jeden Tag so um die 200 Fotos", L9, 66), über Telefongespräche, Treffen an der frischen Luft „bis hin zu, dass [eine Lehrkraft bei den Lernenden] vorbeigefahren ist und über die Gegensprechanlage mit denen geredet hat" (L8, 55). Hier wurde die größte Gefahr in längeren Schulschließungen erkannt („Und gerade diese Beziehungsarbeit in Zeiten von Corona zu leisten, ist halt viel, viel schwieriger […]. Also das ist die Grundlage für unsere Arbeit, und wenn wir die nicht haben, können wir das vergessen" (L11, 150), weshalb die Interviewten sich umso stärker bemüht um die Schaffung und Erhaltung pädagogischer Beziehungen zeigten, indem sie häufiger und individueller mit den Lernenden in Kontakt traten.

4.3.4 Fazit Konstruktive Unterstützung

Trotz der beschriebenen Schwierigkeiten zur Umsetzung konstruktiver Assessment-Formen und einer positiven Beziehungsgestaltung erscheint die Dimension der konstruktiven Unterstützung – bei gleichzeitiger Sorge um fehlende soziale Nähe – aus Sicht der Lehrkräfte am ehesten auf den Distanzunterricht übertragbar. Dafür wurden verschiedene Kanäle für den Kontakt zwischen Lernenden und Lehrenden bedient und z. T. neu eröffnet. Zudem können digitale Formate, etwa in Form von motivierenden Apps oder digitalen Ausgangslagenerhebungen, der Unterstützung über die Distanz dienen. Hier besteht jedoch die Gefahr systematischer individueller Überlastung sowie fehlender Abgrenzung („So ein bisschen ist das so ein Selbstläufer geworden, dass ich da kaum noch herausgekommen bin und dann irgendwie immer sehr lange E-Mails da jeden Abend verschickt habe", L15, 09; „Ich leide gerade eher darunter, dass ich nie Feierabend ha… mache. Also, habe, ja vielleicht schon, aber es mir nicht nehme", L12, 194).

5. Diskussion und Ausblick

Im ersten Pandemie-Sommer benannte Klieme (2020) Handlungsoptionen für den „Fernunterricht" anhand der drei Basisdimensionen. Obschon empirische Studien zur Umsetzbarkeit von *Klassenführung*, *kognitiver Aktivierung* und *konstruktiver Unterstützung* zu dieser Zeit noch ausstanden, haben Kliemes Empfehlungen – entsprechend der hier vorgestellten Impulse – auch heute noch Gültigkeit. Ergänzungen dazu zielen im Bereich der Klassenführung unter anderem auf die Notwendigkeit, neue, digitale Routinen zu etablieren, die z.B. auch die Hinterfragung von 45-minütigen Einheiten sowie die Anerkennung der Besonderheiten der digitalen Gesprächsführung, etwa des Stummschaltens oder der Kameranutzung, betreffen. Zur kognitiven Aktivierung können digitale Formate zur Ausgangslagenerhebung für Differenzierungsformen genutzt werden, wobei die Lebenswelt der Lernenden inhaltlich wie medial als Ausgangspunkt von Lehr-Lern-Prozessen fokussiert werden kann, um im Folgeschritt individuelle Erfahrungen mit fachlichen Lerngegenständen zu verknüpfen. Zur Schaffung und Aufrechterhaltung konstruktiver Unterstützungsformate lassen sich unterschiedliche Kanäle nutzen, um sowohl den Kontakt zu den Lernenden zu halten als auch formative Rückmeldeformen im digitalen Raum zu etablieren. Hier ist gerade in der Ausnahmesituation (psycho-) soziale Stabilität als Grundstein für die Motivation zum fachlichen Lernen anzunehmen: „Beziehung, Beziehung, Beziehung. Also das ist wirklich so DER Schlüssel zu allem, egal, was man da treiben und ausprobieren will" (L12, 182).

Im Abgleich mit den von Helm et al. (2021) generierten Ergebnissen zur Umsetzung der Basisdimensionen im Distanzunterricht kann zusammengefasst werden, dass die hier fokussierten Lehrkräfte sehr große Ambitionen hinsichtlich der Umsetzung förderlicher Unterrichtsmerkmale zeigten. Dies ist womöglich durch die kleine und selektive Stichprobe zu erklären, weshalb hier noch einmal deutlich auf den explorativen Charakter der Untersuchung verwiesen sei. Nichtsdestotrotz zeigten sich die hier interviewten Lehrkräfte z.B. schon im April 2020 offen für Videokonferenztools als Möglichkeit, effektive Klassenführung auch im digitalen Raum zu etablieren. Zudem versuchten sie – trotz Widrigkeiten – zentrale Merkmale kognitiver Aktivierung, auch unter Berücksichtigung des sozialen Lernens, umzusetzen, was den o.g. Befürchtungen von Helm et al. (2021) zuwiderläuft. Dahingegend unterstreichen die hier auf Basis der Interviewdaten aufgeführten Impulse zur konstruktiven Unterstützung die Befunde der Metastudie (ebd.) weitgehend im Hinblick auf gelungene Unterstützungsformate und Interaktionen zwischen Lernenden und Lehrenden, wobei auch hier zu beachten ist, dass die Perspektiven der Lernenden nicht in der Interviewstudie berücksichtigt wurden und ggf. denen der Lehrkräfte widersprechen könnten. Die Perspektive der Lernenden gilt es in Zukunft umso stärker zu berücksichtigen.

Als Fazit sind zur Umsetzung der Basisdimensionen über die Distanz die einzelnen Bereiche bestmöglich miteinander zu verbinden und zu orchestrieren, wobei zunächst ein Bewusstsein über die Unterschiedlichkeit von Präsenz- und „Fernunterricht" geschaffen werden muss („Also ich hätte nicht gedacht, als das losging, dass der Unterschied zu einem Unterricht mit Präsenz, wo man zusammen in einem Raum ist, so einen Unterschied macht" L16, 93). Blicken die Lernenden z. B. im frontalen Präsenzunterricht auf die Lehrkraft sowie die Hinterköpfe ihrer Mitschülerinnen und Mitschüler, schauen sich in der Videokonferenz alle Lernenden – bei regulärer Kameranutzung – gegenseitig an; diese Aufhebung lokaler Referenzpunkte im „Classroom" eröffnen andere Lehr-Lern-Möglichkeiten, die neue Professionalisierungsformen erfordern („Das heißt, wir müssen dieses Homeschooling jetzt irgendwie versuchen auch ein bisschen zu professionalisieren [schmunzelnd]. Ja, im laufenden Betrieb sozusagen", L14, 41). Gleichermaßen ist die Förderung zur Selbstständigkeit und Selbstbestimmung der Lernenden, wie sie schon in der Didaktik der späten 1980er Jahre gefordert wurde (z. B. Klafki, 2007), stärker in den Fokus zu rücken, was einen Rückbezug auf bildungstheoretische Grundlagen – bei gleichzeitiger empirischer Überprüfung wirksamer Lehr-Lern-Formen – erforderlich macht. So gilt es, bekannte lernförderliche Maßnahmen „selbstständig und konstruktiv in eine *neue* Konzeption hinein [zu] übersetzen, die der pädagogischen Verantwortung vor den Aufgaben und Möglichkeiten *unserer* Zeit gerecht wird" (Klafki, 2007, S. 18, herv. im Original).

Hierfür sind perspektivisch auch Elemente von Präsenz- und Distanzunterricht miteinander zu verbinden, um digital basierte Prozesse auch im schulischen Alltag nutzbar zu machen und als reguläre Verfahren zu etablieren. Für die Entwicklung entsprechender Lehr-Lern-Formate könnte z. B. der Fokus auf bestimmte Gruppen von Schülerinnen und Schülern, die im Distanz- besser als im Präsenzunterricht arbeiten konnten (z.B. L5, L10), als Ausgangspunkt dienen, um die Unterrichtsqualität perspektivisch auch für den digital geprägten Präsenzunterricht zu verbessern.

Dafür braucht es allerdings auch flächendeckende Veränderungen in der Ausstattung von Schulen, Lehrkräften und Lernenden mit entsprechender Infrastruktur – so zeigt etwa die jüngste und dritte Befragung „Das Deutsche Schulbarometer Spezial", dass im September 2021 die „digitale Ausstattung der Schulen, bei denen mehr als 50 Prozent der Eltern staatliche Leistungen beziehen, [...] in vielen Bereichen schlechter [ist] als an Schulen, wo weniger als 25 Prozent der Eltern staatliche Leistungen beziehen (Robert Bosch Stiftung 2021, S. 17). Erst auf Basis dieser Bereitstellungen können symbiotische didaktische Konzepte zwischen Präsenz- und Distanzunterricht, z. B. im Hinblick auf die zeitliche Flexibilisierung des Unterrichtsalltags, ko-konstruktive Lehr-Lern-Prozesse oder die Nutzung digital-adaptiver Unterrichtsmaterialien, entwickelt werden: „... unabhängig von irgendwelchen Epidemien, von denen wir sicherlich aber auch noch ein paar bekommen werden, [...], sondern das kann ja durchaus fast so eine Art Dauerzustand irgendwann mal werden" (L5, 113). Werden hierbei die knappen Ressourcen von Lehrkräften ebenso ernst genommen wie Dynamiken sich reproduzierender Bildungsbenachteiligungen (Frohn, 2020), erscheint eine Symbiose von bekannten und neuen Formen der Klassenführung, kognitiven Aktivierung und konstruktiven Unterstützung unter Berücksichtigung bildungstheoretischer Prämissen als vielversprechende Entwicklung für Schule, Unterricht und Professionalisierung.

Literatur

Dresing, T. & Pehl, T. (Hrsg.). (2017). *Praxisbuch Interview, Transkription & Analyse. Anleitungen und Regelsysteme für qualitativ Forschende* (7. Auflage). Eigenverlag.

Evertson, C. M., Weinstein, C. S. (2006). *Handbook of Classroom Management*. Lawrence Erlbaum Associate.

Fauth, B., Decristan, J., Rieser, S., Klieme, E., & Büttner, G. (2014). Grundschulunterricht aus Schüler-, Lehrer- und Beobachterperspektive. Zusammenhänge und Vorhersage von Lernerfolg. *Zeitschrift für pädagogische Psychologie, 28*(3), 127–137.

Fauth, B. & Leuders, T. (2018). *Kognitive Aktivierung im Unterricht* (Wirksamer Unterricht, Bd. 2). Landesinstitut für Schulentwicklung.

Fickermann, D. & Edelstein, B. (2020). Editorial. In D. Fickermann & B. Edelstein (Hrsg.*), „Langsam vermisse ich die Schule …"* (S. 9–33). Waxmann.

Fickermann, D. & Edelstein, B. (2021). Schule und Corona. Ein Überblick über Forschungsaktivitäten an Hand von Projektsteckbriefen. In D. Fickermann & B. Edelstein (Hrsg.), *Schule während der Corona-Pandemie. Neue Ergebnisse und Überblick über ein dynamisches Forschungsfeld* (S. 103–212). Waxmann.

Frohn, J. (2020). Bildungsbenachteiligung im Ausnahmezustand. Ergebnisse einer Lehrkräftebefragung zur Verschärfung von Bildungsbenachteiligung im Lehren und Lernen auf Distanz. *PraxisForschungLehrer*innenBildung, 2*(6), 59–83. https://doi.org/10.4119/pflb-3908

Frohn, J. (2022, i.E.). Die Basisdimensionen Klassenführung, kognitive Aktivierung und konstruktive Unterstützung im „Fernunterricht" – Ergebnisse einer Interviewstudie zur Unterrichtsgestaltung im Corona-bedingten Lockdown. In S. G. Huber, C. Helm & N. Schneider (Hrsg.), *Covid-19 und Bildung – Studien und Perspektiven*. Waxmann.

Hattie, J. (2008). *Visible learning. A synthesis of over 800 meta-analyses relating to achievement*. Routledge.

Helm, C., Huber, S. G. & Loisinger, T. (2021). Was wissen wir über schulische Lehr-Lern-Prozesse im Distanzunterricht während der Corona-Pandemie? – Evidenz aus Deutschland, Österreich und der Schweiz. *Zeitschrift für Erziehungswissenschaft, 24,* 237–311. https://doi.org/10.1007/s11618-021-01000-z

Klafki, W. (2007). *Neue Studien zur Bildungstheorie und Didaktik* (6. neu ausgestattete Aufl.). Beltz.

Klieme, E. (2020). Guter Unterricht – auch und besonders unter Einschränkungen der Pandemie? In D. Fickermann & B. Edelstein (Hrsg.), *„Langsam vermisse ich die Schule …"* (S. 117–135). Waxmann.

Klieme, E., Schümer, G., & Knoll, S. (2001). Mathematikunterricht in der Sekundarstufe I: „Aufgaben-kultur" und Unterrichtsgestaltung im internationalen Vergleich. In E. Klieme, & J. Baumert (Hrsg.), *TIMSS – Impulse für Schule und Unterricht* (S. 43–57). BMBF.

Kounin, J. S. (2006/1976). *Techniken der Klassenführung*. Standardwerke aus Psychologie und Pädagogik, Reprints: Vol. 3. Waxmann. (Original der deutschen Ausgabe, 1976).

Kuckartz, U. (2018). *Qualitative Inhaltsanalyse. Methoden, Praxis, Computerunterstützung* (4. Aufl.). Beltz Juventa.

Kunter, M. & Trautwein, U. (2013). *Psychologie des Unterrichts*. Ferdinand Schöningh.

Mayr, J. (2008). Klassen kompetent führen. Ergebnisse aus der Forschung und Anregungen für die Lehrerbildung. *Seminar, 14*(1), 76–87.

Pianta, R. C., & Hamre, B. K. (2009). Conceptualization, measurement, and improvement of classroom processes: standardized observation can leverage capacity. *Educational Researcher, 38*(2), 109–119.

Pianta, R. C., Hamre, B. K., & Allen, J. (2012). Teacher-student relationships and engagement: Conceptualizing, measuring, and improving the capacity of classroom interactions. In S. Christenson (Hrsg.), *Handbook of Research on Student Engagement* (S. 365–386). Springer.

Robert Bosch Stiftung (2021). *Das Deutsche Schulbarometer Spezial: Zweite Folgebefragung. Ergebnisse einer Befragung von Lehrerinnen und Lehrern an allgemeinbildenden Schulen im Auftrag der Robert Bosch Stiftung in Kooperation mit der ZEIT*. Durchgeführt von forsa Politik- und Sozialforschung GmbH. Stuttgart: Robert Bosch Stiftung.

Sliwka, A., Klopsch, B. & Dumont, H. (2019). *Konstruktive Unterstützung im Unterricht* (Wirksamer Unterricht, Bd. 3). o. V.

Voss, T., Kunter, M., Seiz, J., Hoehne, V., Baumert, J. (2014). Die Bedeutung des pädagogisch-psychologischen Wissens von angehenden Lehrkräften für die Unterrichtsqualität. *Zeitschrift für Pädagogik, 60*(2), 184–201.

Voss, T. & Wittwer, J. (2020). Unterricht in Zeiten von Corona: Ein Blick auf die Herausforderungen aus der Sicht von Unterrichts- und Instruktionsforschung. *Unterrichtswissenschaft, 48*(4), 601–627. https://doi.org/10.1007/s42010-020-00088-2

Maximilian Knogler, Andreas Hetmanek & Tina Seidel

Bestimmung und Bereitstellung der „best available" Evidenz für bestimmte Praxisfelder im Bildungsbereich

1. Evidenzbasierte Praxis: Prinzipiell eine gute Idee, aber welche Evidenz?

In den Bildungs- und Erziehungswissenschaften rückt die Forderung nach einer Intensivierung des Forschungs-Praxis-Transfers zunehmend in den Vordergrund. Die Vorteile eines erfolgreichen Transfers dürften mindestens dreierlei sein: Erstens kann durch erfolgreichen Transfer ein Mehrwert geschaffen werden, indem die Nutzung wissenschaftlicher Erkenntnisse der Bildungsforschung in der Bildungspraxis gefördert wird (Slavin, 2002). Zweitens können wissenschaftliche Erkenntnisse Lehrkräfte bei der Auswahl, Umsetzung und Reflexion der effektivsten Lehrstrategien unterstützen und somit dazu beitragen, Zielvorgaben von Bildungsstandards zu erreichen bzw. die Qualität von Bildung und Lernen allgemein zu verbessern (Cain et al., 2019; Slavin, 2020). Drittens kann eine engere Verknüpfung von Forschung und Praxis langfristig dazu beitragen, dass der Lehrberuf sich als wissenschaftsbasierter Beruf etabliert, der in seiner Ausübung nicht nur effektiver, sondern auch respektierter und befriedigender wird (Bauer & Prenzel, 2012; Hargreaves, 1996).

Derzeit spiegelt sich das wichtigste Mittel zur Unterstützung dieses Transfers im Begriff „evidenzbasierte Praxis" wider (z. B. Farley-Ripple et al., 2018). Aus der Medizin stammend meint evidenzbasierte Bildungspraxis, dass für Entscheidungsprozesse in der Berufspraxis (z. B. bei der Unterrichtsplanung) die beste verfügbare Evidenz (z. B. auf empirischen Erkenntnissen zu wirksamen Lehrstrategien) herangezogen wird. Das zugrunde liegende logische Argument für evidenzbasierte Praxis lautet, dass zum Beispiel Unterrichtsansätze und -praktiken, die auf soliden wissenschaftlichen Erkenntnissen basieren, das Potenzial haben, die Lernleistung von Schülerinnen und Schülern positiv zu beeinflussen, weil a) bestimmte Unterrichtsansätze und -praktiken die Lernleistung von Schülerinnen und Schülern im Durchschnitt stärker und positiver beeinflussen als andere, b) die Wissenschaft die Wirksamkeit von Unterrichtspraktiken bestimmen kann, und c) Lehrkräfte die von der Wissenschaft als effektiver identifizierte Praktiken dann einsetzen können (Cook et al., 2012). Aus logischer Sicht ist es daher nicht von der Hand zu weisen, dass Forschungsevidenz in der beruflichen Praxis eine Rolle spielen sollte.

Offensichtliche Vorteile und logische Erwägungen sprechen also grundsätzlich für eine Förderung evidenzbasierter Praxis. Gleichzeitig wird das Konzept auf unterschiedlichen Ebenen kritisiert (Archibald, 2015; Biesta, 2010) und selbst Befürworter der Idee erkennen an, dass der Teufel im Detail liegt (Cook et al., 2012). Kritik scheint oft aus einer engen Auslegung der Idee zu resultieren. Engere Definitionen beruhen auf einem empirischen Paradigma, das von der Messbarkeit aller relevanten Größen ausgeht, und beschreiben evidenzbasierte Praxis beispielsweise als einen Prozess der Evaluation, Identifikation und Umsetzung wirksamer Programme (Slavin, 2020) mit der Folge, dass nur ein sehr geringer Teil des aktuellen wissenschaftlichen Outputs Berücksichtigung findet (Malouf & Taymans, 2016). Offenere Auslegungen des Konzepts dagegen berücksichtigen unterschiedliche Quellen und Funktionen von Evidenz. Dieser Ansatz wird oft als evidenzorientierte Praxis bezeichnet (Stark, 2017). Eine stärker integrative Sichtweise hat zur Folge, dass ein breiteres Forschungsspektrum berücksichtigt werden muss, das nicht nur auf Programmevaluationsforschung und streng randomisierten Studien beruht. Dadurch wird die Bestimmung und Bereitstellung von Evidenz, angesichts des enormen Umfangs und der Vielfalt an Forschungsbefunden, zu einer sehr herausfordernden Aufgabe.

Um dieser Herausforderung zu begegnen und die beste verfügbare Evidenz als Ressource nutzbar zu machen, ist die Frage, wie Forschungsbefunde ausgewählt und organisiert werden können, von großer Bedeutung. In diesem Beitrag schlagen wir einen Prozess bestehend aus vier Schritten vor. Dieser besteht zunächst darin, dass ein bestimmtes Praxisfeld und darin bestehende Anforderungen definiert und eingegrenzt werden. Im zweiten Schritt werden Kriterien für eine Evidenz festgelegt, die dieses Praxisfeld und inhärente Anforderungen bestmöglich informieren kann. Diese Evidenz wird dann systematisch selektiert und analysiert. Als vorläufig letzter Schritt findet eine adressatengerechte Aufbereitung selektierter Befunde statt, so dass Zielgruppen mit geringen forschungsmethodischen Kenntnissen, die Potenziale und Grenzen wissenschaftlicher Evidenz beurteilen können.

2. Bestimmung und Bereitstellung der „best available“ Evidenz für bestimmte Praxisfelder

2.1 Bestimmung von Praxisfeldern und inhärenten Anforderungen

Spezielle Praxisfelder im Bildungsbereich sind zahlreich und vielschichtig. Die diesem Herausgeberwerk zugrunde gelegte Fokussierung auf den Bereich schulischer Bildungsprozesse und „what works?“ nimmt bereits entscheidende Eingrenzungen vor. Einerseits geht es um „what works?“ und damit um die Frage nach Effektivität bzw. effektiven Maßnahmen die funktionieren und Veränderungen hinsichtlich gewünschter Zielzustände hervorbringen vermögen. Damit ist kausal relevantes Erklärungswissen und insbesondere empirisch geprüftes Veränderungswissen gefordert (Prenzel, 2010). Anderseits erfolgt eine Eingrenzung auf die institutionelle Bildung im Bereich der Schule. Bildungsprozesse können hier auf unterschiedlichen Ebenen verankert sein, und sich damit auf die Ebene des Schulsystems und der Schulsteuerung (Systemebene), der Schulentwicklung und Schulreform (Schulebene) oder des Unterrichts (Klassen und Schülerebene) beziehen. Praktische Anforderungen entstehen auf allen Ebenen und greifen im beruflichen Alltag oft ineinander.

Ein zentrales Anforderungsbündel, das in erster Linie den Unterricht, aber auch die anderen beiden Ebenen betrifft, soll hier herausgestellt werden: Schülerinnen und Schüler sollen unter der Anleitung ihrer Lehrkräfte vorgegebene Bildungsziele erreichen. Diese Ziele sind in nationalen Bildungsstandards und in länderspezifischen Lehrplänen festgeschrieben. Diese Dokumente legen detailliert dar, welche Kompetenzen Schülerinnen und Schüler in bestimmten Bildungsabschnitten erworben haben sollen. Das heißt die Ziele von Unterricht sind im Sinne von Schülerkompetenzen klar definiert, transparent, und verbindlich. Lehrkräfte sind demnach angehalten ein Unterrichtsangebot zu unterbreiten, dass Schülerinnen und Schüler darin unterstützt möglichst hohe Kompetenzniveaus in definierten Bereichen zu erwerben. Mit anderen Worten, Lehrkräfte sollen effektiv im Hinblick auf die Erreichung verschiedener Kompetenzziele unterrichten. Blickt man auf die Beschreibung von Zielen in Lehrplänen und Bildungsstandards, so stellt man fest, dass diese hauptsächlich nach Schulfächern (Deutsch, Mathematik, Physik, Biologie etc.) und Jahrgangsstufen spezifiziert werden (siehe z.B. KMK, 2020). Von dieser Art der Zielspezifizierung her gedacht kann das breite Praxisfeld des effektiven Unterrichtens weiter unterteilt werden in enger definierte Praxisfelder wie etwa das effektive Unterrichten für spezielle Schulfächer und Jahrgangsstufen. Auch wenn diese Zielspezifizierung im Detail zum Beispiel aufgrund von föderalistisch organisierten Bildungssystemen variiert, so ist in Folge der Entwicklung von Kerncurricula und systemübergreifenden Bildungsstandards von einer zunehmenden Kanonisierung der Inhalte und damit Homogenisierung der Anforderungen für bestimmte Fächer und Jahrgangsstufen auszugehen (siehe z.B. KMK, 2020; Tenorth, 2004). Auf dieser Basis lassen sich Praxisfelder mit klar definierten Zielvorgaben bestimmen anhand derer auch die Effektivität unterrichtlicher Maßnahmen bestimmt werden kann. Diese Einteilung in spezifische Praxisfelder spiegelt sich auch in der Professionalisierung und Berufspraxis von Lehrkräften wider, die in aller Regel für bestimmte Fächer und Jahrgangstufen ausgebildet werden und in diesen Bereichen auch ihre berufliche Praxis ausüben.

Zukünftige und tätige Lehrkräfte erhalten für ihre spezifischen Praxisfelder klare Vorgaben und Orientierung hinsichtlich der Zielstellungen. Dieser Sachverhalt wird mit dem Begriff der Outputorientierung schulischen Unterrichts umschrieben. Relativ zur klaren Festlegung der Ziele bleibt eine Festlegung hinsichtlich der unterrichtlichen Maßnahmen und Methoden, die zu Erreichung dieser Ziele eingesetzt werden sollten, aus. Lehrkräfte sind damit weitgehend frei in der Gestaltung ihres Unterrichtsangebots. Sie bleiben jedoch angehalten diese Freiheit möglichst effektiv im Sinne vorgegebener Ziele zu nutzen. In diesem Spannungsfeld können wissenschaftliche Befunde zu „what works" in diesen speziellen Praxisfeldern hilfreich und interessant sein, da sie Freiheit erhalten und gleichzeitig Orientierung bieten.

Von der bisherigen Forschung ist bekannt, dass zunehmend Unterrichtspraktiken hinsichtlich ihrer Effektivität in bestimmten Fachbereichen und Altersgruppen untersucht werden (siehe u.a. Hattie, 2009). Solche Forschungsbefunde sind jedoch nicht so organisiert und zugänglich, dass ein gezieltes Informationsangebot bereitsteht, das genau auf den Wissensbedarf des jeweiligen Praxisfeldes abgestimmt ist. Studien zeigen, dass die Suche, Selektion, Interpretation und Aufbereitung von wissenschaftlichen Befunden auch von Personen, die in der Lehrkräftebildung tätig sind, als große Herausforderung in Bezug auf zeitliche Ressourcen und Expertise wahrgenommen werden (Diery et al., 2020; Diery et al., 2021). Eine gezielte Auswahl und Bereitstellung von Befunden für spezifische Praxisfelder kann hier eine Lücke schließen und einen wichtigen Baustein in der Unterstützung einer evidenzbasierten Praxis darstellen.

2.2 Kriterien für die „best available" Evidenz festlegen

Wenn Evidenz möglichst leicht Eingang in die Praxis finden sollte, dann ist es wichtig Evidenz zu selektieren und anzubieten, die speziell für bestimmte Praxisfelder relevant und belastbar ist. Die beiden Attribute „relevant" und „belastbar" können dabei als eine Spezifizierung von „best available" also der besten verfügbaren wissenschaftlichen Befunde für die Herausforderungen in einem bestimmten Praxisfeld gesehen werden. Gleichwohl bedürfen die beiden Begriffe ihrerseits einer Konkretisierung.

Für das Praxisfeld des effektiven Unterrichtens gelten aus methodologischer Sicht in erster Linie Studien aus dem experimentellen Paradigma als belastbar. Solche Studiendesigns ermöglichen die beste Überprüfung der Annahme, dass die Implementation eines bestimmten Unterrichtsansatzes (z. B. Forschendes Lernen) zu messbaren Verbesserungen führt im Vergleich zu einem Unterricht, der zwar unter vergleichbaren Bedingungen gehalten wird aber ohne diesen Ansatz auskommt. In Studien stellt diese sogenannte Kontrollbedingung häufig eine bisher gängige instruktionale Praxis dar, die dem eingeführten innovativen Ansatz hypothetisch unterlegen ist. Das Ergebnis dieses experimentellen Vergleichs zeigt dann zum Beispiel, dass eine Intervention bei der Durchführung der Studie in einem bestimmten Lernkontext zu positiveren Lernergebnissen führte als die Kontrollbedingung und stützt damit die Annahme, dass solche Interventionen in derartigen Kontexten auch in Zukunft in der Lage sind solche Lerneffekte hervorzubringen (Joyce & Cartwright, 2019).

Die Gültigkeit von Schlussfolgerungen über die Wirksamkeit von Interventionen ist einerseits bestimmt durch die interne Validität der Studie, die oft in der empirischen Bildungsforschung nicht optimal realisiert wird, da beispielsweise randomisierte Zuteilungen im Schulkontext schwer zu bewerkstelligen sind (Slavin, 2020). In den letzten Jahrzehnten gab es in der internationalen Bildungsforschung wiederholt Aufrufe, Studiendesigns so anzulegen und Studien so durchzuführen, dass eine möglichst hohe interne Validität gewährleistet ist (z. B. Shavelson & Towne, 2004; Robinson et al., 2013). Auch wenn hier derzeit noch viel Potenzial für Optimierung besteht (Graham et al., 2020; Slavin, 2020), führte dies insgesamt zu einer breiteren Implementierung von besser kontrollierten Studiendesigns (Hedges, 2018). Anderseits ist die Gültigkeit von Schlussfolgerungen eingeschränkt durch die externe Validität und der Frage der Generalisierbarkeit von Befunden für bestimmte Lernsituationen und -kontexte. Da experimentelle Studien in der Bildungsforschung in der Regel Stichproben von geringer Größe und Repräsentativität aufweisen, ist die Extrapolation von Studienbefunden auf eine gesamte Population oftmals fragwürdig, zumal auch Replikationsstudien in dem Feld nach wie vor selten stattfinden. Die Generalisierbarkeit von Befunden erhöht sich allerdings, wenn Effekte in mehr als einer Studie zu ähnlichen Interventionen gefunden werden. Die Aggregation solcher Befunde in Metaanalysen führt damit zu einer belastbareren Befundlage, da Verzerrungen aufgrund der Stichprobenziehung und des Messfehlers korrigiert werden können (Hedges, 2013). Solange großangelegte randomisierte Kontrollstudiendesigns eine Ausnahme in der Bildungsforschung darstellen, gibt es daher gute Argumente auf aggregierte Befunde von zahlreichen kleinen experimentellen Studien zurückzugreifen, um über Entscheidungen über den Einsatz bestimmter Unterrichtsansätze zu informieren (Seidel, Mok et al., 2017; Pant, 2014).

Die Frage der Relevanz ergibt sich aus dem Zuschnitt des Praxisfelds und inwiefern Forschungsbefunde Informationen bieten, die Teil einer Lösung für die Anforderungen dieses Praxisfeldes sind. Wie im vorherigen Abschnitt erläutert, sind für die Anforderungen des Unterrichtens Befunde relevant, die Aufschluss darüber geben, welche Unterrichtspraktiken und -ansätze dazu beitragen, dass Schülerinnen und Schüler vorgegebene Bildungsziele erreichen. Dazu gehören neben dem Erwerb von fachspezifischen Wissensbeständen auch affektive Merkmale wie Einstellungen dem Fach gegenüber. Da diese für bestimmte Schulfächer und bestimmter Altersstufen formuliert sind, sind demnach Forschungsbefunde besonders relevant, die anhand von Schülerinnen und Schülern in dieser Altersstufe und in dem jeweiligen Unterrichtsfach gewonnen wurden.

Aus diesen Überlegungen zur „best available" Evidenz für ein bestimmtes Praxisfeld, empfehlen sich aggregierte Befunde (Effektstärken) aus experimentellen Studien zur Effektivität untersuchter Unterrichtspraktiken und -ansätze, die spezifisch sind für Zielvorgaben, die nach Schulfächern und Altersstufen organisiert sind. Für Lehrkräfte, deren Hauptanliegen es ist, Lernen bei Schülerinnen und Schülern zu fördern und entsprechende Zielvorgaben zu erreichen, dürften diese kontextspezifischen Effektivitätsinformationen zu den relevantesten wissenschaftlichen Informationen gehören. Sie können unmittelbar in Entscheidungsprozesse einbezogen werden, die zur effektiven Gestaltung von Unterricht führen. Hier leistet die empirische Unterrichtsforschung einen wichtigen Beitrag zur Generierung von praxisrelevantem Wissen (Slavin, 2020).

Für Transfer und die Förderung von evidenzbasierter Praxis ist jedoch ebenso entscheidend, dass von Seiten der Wissenschaft in der Regel keine gebündelte Bereitstellung von Evidenzen für bestimmte Praxisfelder erfolgt und diese Informationen über viele unterschiedliche Einzelquellen verteilt sind. Der Zugang zu den oftmals lizenzierten Quellen sowie die notwendige Zeit und Expertise bei Suche, Auswahl und Interpretation stellen für viele Lehrkräfte und Personen in der Lehrerinnen- und Lehrerbildung eine nahezu unüberwindbare Hürde dar. Eine systematische Literatursuche und kriterienbasierte Selektion dieser Information stellt daher eine weitere wichtige Leistung von Wissenschaft oder wissenschaftsnahen Institutionen dar.

2.3 Evidenz selektieren und analysieren: Effektives Unterrichten in Mathematik- und Naturwissenschaften in der Sekundarstufe

Im Rahmen des Projekts „Clearing House Unterricht" an der Technischen Universität München (Knogler et al., 2019; Seidel, Knogler et al., 2017) selektieren wir systematisch Evidenz für ein bestimmtes Praxisfeld. Dabei wenden wir die oben erläuterten Selektionskriterien für die Identifikation einer „best available" Evidenz an und filtern aus Datenbanken (ERIC, PsychInfo, Psychindex, Scopus, Web of Science) in regelmäßigen Abständen aggregierte Effektstärken zu effektivem Unterricht (engl.: effective teaching) speziell für bestimmte Unterrichtsfächer und Altersstufen. Im Fokus stehen hier mathematisch-naturwissenschaftliche Fächer und Schülerinnen und Schüler der Sekundarstufe. Wir stützen uns dabei ausschließlich auf veröffentlichte und begutachtete Zeitschriftenartikel zu Metaanalysen, die spezifische Effektstärken zu effektivem Unterricht in diesem Alters- und Fachkontext enthalten. Damit ist gewährleistet, dass es sich um aggregierte Befunde aus mehreren experimentellen Studien handelt und der metaanalytische Prozess einer ersten Qualitätsprüfung durch peer-review unterzogen wurde.

Eine umfangreiche Suche und Selektion von einschlägigen Befunden in wissenschaftlichen Datenbanken und ausgewählten wissenschaftlichen Zeitschriften ergab für den Zeitraum von 15 Jahren (2004–2019), nach einer Durchsicht von insgesamt 2989 Publikationen, 41 Metaanalysen[1] die für den Zielkontext (mathematisch- naturwissenschaftliche Fächer, Schülerinnen und Schüler der Sekundarstufe) spezifische aggregierte Effektstärken (k = 78) zu Interventionen im Unterricht enthalten (Knogler et al., 2022). Ein Großteil (n = 33) dieser Metaanalysen fokussieren auf Befunde zu bestimmten Unterrichtspraktiken oder -ansätzen. Diese decken eine Vielzahl an gängigen und innovativen Ansätzen ab. Dazu gehören Ansätze des mathematischen Modellierens, des forschungsbasierten Lernens, des spielbasierten Lernens, des selbstregulierten Lernens, des Lernens mit digitalen Medien genauso wie der Einsatz von Concept-Maps oder von Flipped Classroom. Die restlichen Metaanalysen (n = 8) fokussieren auf bestimmte Lernergebnisse (engl.: learning outcomes) und wie diese durch unterschiedliche Unterrichtspraktiken oder -ansätze gefördert werden können. Diese Lernergebnisse decken ebenfalls eine gewisse Bandbreite an unterschiedlichen Outcomes ab, die über den Erwerb fachspezifischen Wissens hinausgehen. Darunter fallen Kompetenzen wie kritisches Denken, wissenschaftliches Argumentieren, die Anwendung der Variablenkontrollstrategie und auch affektive Merkmale wie Interesse an Fachinhalten und Einstellungen zu

1 Für eine detaillierte Darstellung der Befunde und deren kritischer Einordnung sind interessierte LeserInnen auf die Website www.clearinghouse-unterricht.de verwiesen. Hier stehen aktuell zu ca. 30 dieser Metaanalysen Rezensionen in Form von Kurzreviews zur Verfügung.

Schulfächern, die ebenfalls in den Zielvorgaben von länderspezifischen Lehrplänen und nationalen Bildungsstandards vorgegeben sind (z. B. LehrplanPlus, Bayern).

Die selektierten Befunde zeigen, dass die experimentelle Unterrichtsforschung der letzten Jahre im Verhältnis zu den Jahren vor 2004 (Seidel & Shavelson, 2007) deutlich an Output zugenommen hat und dass sie für die Unterrichtspraxis relevante Informationen liefert. Das heißt es werden Praktiken untersucht, die prinzipiell leicht in den Unterricht integrierbar sind, und mit denen eine Bandbreite unterschiedlicher Lernziele angesteuert werden können, wie sie in Lehrplänen und Bildungsstandards für dieses Praxisfeld vorgesehen und verbindlich sind. Auffällig ist zudem, dass alle 78 kontextspezifischen Effektstärken ein positives Vorzeichen tragen und daher darauf hindeuten, dass der Einsatz der untersuchten Ansätze zu einer Verbesserung der Leistungen von Schülerinnen und Schülern führen kann. Insgesamt zeigt diese systematische Selektion und Zusammenstellung an Befunden, dass selbst unter Anwendung eng gefasster Selektionskriterien ein substantieller Korpus an belastbaren und relevanten Informationen bereit steht, um evidenzbasiert Unterrichtspraxis in diesem Praxisfeld zu informieren und gegebenenfalls zu optimieren.

Selektionen wissenschaftlicher Befunde zugeschnitten für bestimmte Praxisfelder sind nicht ohne Aufwand zu erhalten. Systematische Suchstrategien müssen entworfen und durchgeführt werden. Und auch trotz klarer Spezifizierung der Suchkriterien, generieren einschlägige wissenschaftliche Datenbanken häufig eine Vielzahl an Treffern. Alle Treffer müssen derzeit manuell hinsichtlich der Kriterien gesichtet werden. Häufig stellt sich heraus, dass ein Großteil dieser Treffer nicht den Selektionskriterien entspricht. So reduzierte der oben dargestellte Selektionsprozess eine ursprüngliche Zahl von ca. 3000 Treffern auf lediglich 41 wissenschaftliche Artikel, die gemäß den dargestellten Kriterien relevante Information enthielten. Anzumerken ist, dass diese ursprüngliche Zahl von 3000 Treffern auch deshalb noch relativ gering ist, da auf metaanalytische Befunde fokussiert wurde. Würde man auf diese Einschränkung verzichten, so ergeben sich Trefferzahlen jenseits der 100.000 für diesen Zeitraum.

Der Aufwand zahlt sich dennoch aus. Wie unser Beispiel zeigt, können damit prinzipiell alle im oberen Sinne relevanten und belastbaren Befunde zu einem bestimmten Praxisfeld identifiziert und zusammengestellt werden. Sie stehen dann kompakt und überschaubar der weiteren Aufbereitung und Kommunikation zur Förderung evidenzbasierter Praxis zur Verfügung. Gleichzeitig erspart ein einmal systematisch durchgeführter Such- und Selektionsprozess vielen möglichen Interessierten aus der Lehrkräftebildung und Schulpraxis den Aufwand, selbst diese Prozesse durchlaufen zu müssen. Zum Beispiel können Personen, die Lehrkräfte für ein spezielles Praxisfeld ausbilden, leichter auf solche Befunde zurückgreifen und in ihr Lehrangebot integrieren.

2.4 Ein weiterer Schritt: Selektierte Evidenz adressatengerecht aufbereiten

Viele Akteure aus der Lehrkräftebildung und Schulpraxis stellt eine angemessene Rezeption von Forschungsbefunden vor große Herausforderungen (Schrader, 2014) – selbst wenn die Befunde in gesammelter Form für ein bestimmtes Praxisfeld vorliegen. So erweisen sich einfache Benchmarks für die Einschätzung von Effektstärken als unzulänglich (Kraft, 2020), da sie u.a. zahlreiche Faktoren, die auf die Höhe von Effektstärken Einfluss nehmen, außer Acht lassen. Aus demselben Grund sind auch simple numerischen Vergleiche von Effektstärken etwa in Effektstärkenrankings fragwürdig (Simpson, 2018). Um auch nicht einschlägig qualifizierten Personen eine differenzierte Einschätzung von Befunden zu ermöglichen, ist es deshalb notwendig an die Selektion von relevanter Information einen weiteren Schritt anzuschließen: eine adressatengerechte Aufbereitung von Evidenz.

In den verschiedenen Bereichen der Wissenschaftskommunikation haben sich dafür unterschiedliche Formate etabliert. Ein zentrales Format, das bereits in der Medizin große Verbreitung findet, sind sogenannte Plain Language Summaries (PLS). Gemeint sind damit kurze Zusammenfassungen der Befundlage einzelner Studien in allgemeinverständlicher Sprache. Im Projekt „Clearing House Unterricht“ wurde das Format der Plain Language Summary eigens für die Vermittlung metaanalytischer Befunde adaptiert und erweitert (Knogler et al., 2020). Die sogenannten Kurzreviews enthalten neben einer Zusammenfassung von Zielen, Vorgehen und Ergebnissen einzelner Metaanalysen auch eine differenzierte Einschätzung der Befunde anhand standardisierter und transparenter Kriterien (Abelson, 2012). Zusätzlich wird ein Fazit für die Unterrichtspraxis angeboten und ein Primärstudienbeispiel im Detail erläutert. Eine Surveystudie unter Lehrkräftebildenden an deutschen Universitäten ergab, dass diese Art der Selektion und Aufbereitung wesentlichen Herausforderungen und Barrieren bei der Rezeption und Nutzung wissenschaftlicher Befunde im Lehrerbildungskontext effektiv begegnen kann (Diery et al., 2021).

3. Zusammenfassung: Informationsangebote für evidenzbasierte Praxis schaffen

Forschungsprozesse, Forschungssynthese und Publikationsprozesse folgen in der Wissenschaft einer bestimmten Logik und Routine. Diese Prozesse führen in der Regel nicht dazu, dass ein Informationsangebot bereitsteht, das so organisiert ist, dass Lehrkräftebildung und Lehrkräfte es mit geringem Aufwand für die Lösung ihrer Herausforderungen nutzen können. Für eine Förderung evidenzbasierter Praxis müssen derartige Informationsangebote daher jeweils geschaffen und aktuell gehalten werden. Die dafür nötigen Schritte sind aufwendig und erfordern nicht unerhebliche Ressourcen und Expertise. Solche Vorhaben zahlen sich aber auch aus. Durch sie wird klar ob und welche Evidenz jeweils für bestimmte Praxisfelder und deren inhärenten Herausforderungen zur Verfügung steht. Dadurch können zukünftige Forschungsprozesse zielgenauer gesteuert werden, um wichtige Informationslücken zu schließen. Anderseits erhöhen gezielte und adressatengerechte Informationsangebote die Wahrscheinlichkeit, dass wissenschaftliche Befunde von Lehrkräftebildung und Lehrkräften aufgegriffen, korrekt rezipiert und im Sinne einer evidenzbasierten Praxis berücksichtigt werden.

Literatur

Abelson, R. P. (2012). *Statistics as principled argument.* Psychology Press.

Archibald, T. (2015). "They just know": The epistemological politics of "evidence-based" non-formal education. *Evaluation and Program Planning, 48*, 137–148.

Bauer, J., & Prenzel, M. (2012). European teacher training reforms. *Science, 336*(6089), 1642–1643.

Biesta, G. J. (2010). Why 'what works' still won't work: From evidence-based education to value-based education. *Studies in Philosophy and Education, 29*(5), 491–503.

Cain, T., Brindley, S., Brown, C., Jones, G., & Riga, F. (2019). Bounded decision-making, teachers' reflection and organisational learning: How research can inform teachers and teaching. *British Educational Research Journal, 45*(5), 1072–1087.

Cook, B. G., Smith, G. J., & Tankersley, M. (2012). Evidence-based practices in education. In *APA educational psychology handbook, Vol 1: Theories, constructs, and critical issues.* (S. 495–527). American Psychological Association.

Diery, A., Knogler, M., & Seidel, T. (2021). Supporting evidence-based practice through teacher education: A profile analysis of teacher educators' perceived challenges and possible solutions. *International Journal of Educational Research Open, 2*, 100056.

Diery, A., Vogel, F., Knogler, M., & Seidel, T. (2020). Evidence-Based Practice in Higher Education: Teacher Educators' Attitudes, Challenges, and Uses. *Frontiers in Education, 5,* 62. https://doi.10.3389/feduc

Graham, S., Kiuhara, S. A., & MacKay, M. (2020). The effects of writing on learning in science, social studies, and mathematics: A meta-analysis. *Review of Educational Research, 90*(2), 179–226.

Farley-Ripple, E., May, H., Karpyn, A., Tilley, K., & McDonough, K. (2018). Rethinking connections between research and practice in education: A conceptual framework. *Educational Researcher, 47*(4), 235–245.

Hargreaves, A. (1996). Transforming knowledge: Blurring the boundaries between research, policy, and practice. *Educational Evaluation and Policy Analysis, 18*(2), 105–122.

Hattie, J. (2009). *Visible Learning. A synthesis of over 800 meta-analyses relating to achievement.* New York.

Hedges, L. V. (2013). Recommendations for practice: Justifying claims of generalizability. *Educational Psychology Review, 25*(3), 331–337.

Hedges, L. V. (2018). Challenges in building usable knowledge in education. *Journal of Research on Educational Effectiveness, 11*(1), 1–21.

Joyce, K. E., & Cartwright, N. (2020). Bridging the gap between research and practice: Predicting what will work locally. *American Educational Research Journal, 57*(3), 1045–1082.

Knogler, M., Hetmanek, A., & Seidel, T. (2022). Determining an evidence base for particular fields of educational practice: A systematic review of meta-analyses on effective mathematics and science teaching. *Frontiers in Psychology.* https://doi.org/10.3389/fpsyg.2022.873995

Knogler, M., Seidel, T., Schneeweiss, A., Mazziotti, C., Diery, A. & Hetmanek, A. (2020). Aktuelle Forschungsbefunde zu digitalem Lernen im Unterricht: Wie erfahren Lehrkräfte davon? *Unterricht Physik, 179.*

Knogler, M., Seidel, T., Hetmanek, A., Wiesbeck, A. B., & Mok, S. M. (2019). Das Clearing House Unterricht. Ein Angebot zur adressatengerechten Bereitstellung wissenschaftlicher Evidenz für die Lehrerbildung. In C. Priebe, C. Mattiesson & K. Sommer (Hrsg.), *Tagungsband Früher Bildungsdialog. Dialogische Verbindungslinien zwischen Wissenschaft und Schule. Theoretische Grundlagen, praxisbezogene Anwendungsaspekte und zielgruppenorientiertes Publizieren.* (S. 36–49). Verlag Julius Klinkhardt.

Kultusministerkonferenz (KMK) (2020). *Bildungsstandards im Fach Biologie für die Allgemeine Hochschulreife.* Wolters Kluwer.

Kraft, M. A. (2020). Interpreting effect sizes of education interventions. *Educational Researcher, 49*(4), 241–253.

Malouf, D. B., & Taymans, J. M. (2016). Anatomy of an evidence base. *Educational Researcher, 45*(8), 454–459.

Pant, H. A. (2014). Aufbereitung von Evidenz für bildungspolitische und pädagogische Entscheidungen: Metaanalysen in der Bildungsforschung. *Zeitschrift für Erziehungswissenschaft, 17*(4), 79–99.

Prenzel, M. (2010). Geheimnisvoller Transfer? *Zeitschrift für Erziehungswissenschaft, 13*(1), 21–37.

Robinson, D. H., Levin, J. R., Schraw, G., Patall, E. A., & Hunt, E. B. (2013). On Going (Way) beyond One's Data: A Proposal to Restrict Recommendations for Practice in Primary Educational Research Journals. *Educational Psychology Review, 25*(2), 291–302.

Schrader, J. (2014). Analyse und Förderung effektiver Lehr-Lernprozesse unter dem Anspruch evidenzbasierter Bildungsreform. *Zeitschrift für Erziehungswissenschaft, 17*(2), 193–223.

Seidel, T., Knogler, M., Mok, S., Hetmanek, A., Bauer, J., Vogel, F., & Lankes, E. M. (2017). Forschung fördert (Lehrer) Bildung. Das Clearing House Unterricht. *Journal für LehrerInnenbildung, 17*(3), 23–38.

Seidel, T., Mok, S. Y., Hetmanek, A., & Knogler, M. (2017). Meta-analysen zur Unterrichtsforschung und ihr Beitrag für die Realisierung eines Clearing House Unterricht für die Lehrerbildung. *Zeitschrift für Bildungsforschung, 7*(3), 311–325.

Seidel, T., & Shavelson, R. J. (2007). Teaching effectiveness research in the past decade: The role of theory and research design in disentangling meta-analysis results. *Review of Educational Research, 77*(4), 454–499.

Stark, R. (2017). Probleme evidenzbasierter bzw.-orientierter pädagogischer Praxis. *Zeitschrift für Pädagogische Psychologie, 31*(2), 99–110.

Simpson, A. (2018). Princesses are bigger than elephants: Effect size as a category error in evidence-based education. *British Educational Research Journal, 44*(5), 897–913.

Slavin, R. E. (2002). Evidence-based education policies: Transforming educational practice and research. *Educational Researcher, 31*(7), 15–21.

Slavin, R. E. (2020). How evidence-based reform will transform research and practice in education. *Educational Psychologist, 55*(1), 21–31.

Tenorth, H. E. (2004). Bildungsstandards und Kerncurriculum. Systematischer Kontext, bildungstheoretische Probleme. *Zeitschrift für Pädagogik, 50*(5), 650–661.

Sebastian Röhl

(Wie) wirkt Schülerfeedback?

Eine Synthese und Meta-Analyse zu den Effekten und Einflussfaktoren von Schülerfeedback in Schulen

1. Einleitung

Systematisch eingeholte Rückmeldungen zum Unterricht von Schülerinnen und Schülern an die Lehrpersonen, langläufig als ‚Schülerfeedback' bezeichnet, werden in der wissenschaftlichen und unterrichtspraktischen Literatur häufig als wirksames Instrument zur Unterrichtsverbesserung beschrieben (z. B. Bastian, 2010; Berger et al., 2013; Wisniewski & Zierer, 2017). Das Grundkonzept des Einsatzes von Schülerfeedback besteht darin, den Lehrkräften einen umfassenden Überblick über die Sichtweise der Lernenden auf ihren Unterricht zu verschaffen, was für die Lehrkräfte wertvolle Informationen über die Qualität ihres Unterrichts liefern kann. Hierzu werden zumeist Schülerfragebögen in Papierform oder auch auf digitaler Basis eingesetzt, wobei auch andere Erhebungsmethoden wie z. B. Feedbackgespräche genutzt werden. Auf der Grundlage der so gewonnenen Informationen können Lehrpersonen dann unterrichtsverbessernde Maßnahmen ergreifen. Darüber hinaus wird Schülerfeedback und eine damit verbundene Schüler-Lehrer-Kommunikation als Möglichkeit genannt, die Zusammenarbeit zwischen Klasse und Lehrperson (z. B. Schmidt & Gawrilow, 2021), die Partizipation von Schülerinnen und Schülern (*student voice*; z. B. Barker, 2018) sowie deren Fähigkeiten bezüglich des Feedbackgebens und -nehmens sowie des Umgangs mit Kritik und unterschiedlichen Standpunkten zu fördern (z. B. Bastian, 2010).

Die Verwendung von Unterrichtswahrnehmungen und -einschätzungen der Lernenden als Feedback zur Verbesserung des Lehrens wird seit fast 100 Jahren erprobt und untersucht, beginnend mit ersten Experimenten im Hochschulbereich in den 1920er Jahren (Stalnaker & Remmers, 1928), gefolgt von Versuchen in Sekundarschulen (Porter, 1942). Insgesamt fehlte bisher jedoch ein systematischer Überblick darüber, welche für die Wirksamkeit von Schülerfeedback relevanten Prozesse, Gelingensbedingungen und Effekte empirisch und theoretisch für den Kontext der schulischen Bildung identifiziert werden können. Im vorliegenden Kapitel werden daher ein Prozessmodel für den Einsatz von Schülerfeedback an Schulen sowie die Befunde verschiedener diesbezüglicher Überblicksarbeiten und einer Meta-Analyse zusammenfassend dargestellt und in Hinsicht auf die Wirksamkeit von Schülerfeedback für die Unterrichtsentwicklung diskutiert.

2. Ein Modell zum Schülerfeedback-Prozess und seinen Bedingungsfaktoren

Das *Process Model of Student Feedback on Teaching* (*SFT*, siehe Abb. 1; Röhl et al., 2021) geht davon aus, dass Unterricht ein soziales und interaktives Geschehen zwischen der Lehrperson und den Schülerinnen und Schülern ist (Helmke, 2012). Dieses wird von den verschiedenen Akteuren, aber auch ggf. von externen Beobachtenden, unterschiedlich wahrgenommen und bewertet. Viele Studien weisen darauf hin, dass die Wahrnehmungen der Schülerinnen und Schüler als Zielgruppe des unterrichtlichen Handelns in einem erheblichen Maße von der Unterrichtswahrnehmung der Lehrperson abweichen (z. B. Clausen, 2002) und sich im stärkeren Maße prädiktiv valide auf den Lernerfolg erweisen als die Lehrpersonensicht (z. B. Fauth et al., 2014). Beim Einsatz von Schülerfeedback zur Unterrichtsentwicklung werden diese Schülerwahrnehmungen beispielsweise mittels eines digitalen oder Papierfragebogens mit geschlossenen Items oder offenen Fragen in einer *Feedback-Befragung* erhoben.

Die so erfassten *Informationen bzw. Daten* zur Wahrnehmung des Unterrichts können durch Schüler- und Klassenmerkmale beeinflusst werden, wie beispielsweise das Geschlecht, die Leistungsfähigkeit der Lernenden oder die sozioökonomische Zusammensetzung der Klasse (für einen Überblick: Bijlsma & Röhl, in Druck).

Als nächster Schritt erfolgt eine *Rezeption und Interpretation* der erhobenen Daten durch die Lehrperson. Damit verbunden muss für eine Nutzung ein Verarbeitungsprozess stattfinden, in dem aus den erhaltenen Informationen Schlussfolgerungen für die eigene Unterrichtspraxis gezogen werden. Dieser Prozess wird im Kontext der Lehrerprofessionalisierung häufig allgemein als ‚Reflexion' bezeichnet (z. B. Gaertner, 2014; Helmke, 2012), wobei dieser Begriff häufig keine weitere Konkretisierung des ablaufenden Prozesses beinhaltet und sowohl im englischsprachigen als auch im deutschsprachigen Raum im starken Maße uneinheitlich verwendet wird (vgl. u. a. Aeppli & Lötscher, 2016; Clarà, 2015).

Detailliertere Sequenzmodelle zu den notwendigen Schritten des Verarbeitungsprozesses von erhaltenem Feedback liegen aus der organisationspsychologischen Forschung vor (Ilgen et al., 1979; Kahmann & Mulder, 2011; Kluger & DeNisi, 1996; Smither et al., 2005). Für das hier dargestellte SFT-Prozessmodell wurden diese Modelle in Hinblick auf die Nutzung von Schülerfeedback durch Lehrpersonen unter Berücksichtigung des schulischen Kontexts kombiniert und angepasst. Während sich der Begriff der Reflexion zumeist auf einen kognitiven Vorgang beschränkt (u. a. Korthagen & Wubbels, 1995), berücksichtigen diese Modelle weiterhin neben kognitiven zumeist auch affektive bzw. emotionale Effekte auf die feedbackempfangende Person, die schließlich zu verhaltensbezogenen Effekten führen können.

Bezüglich der *emotionalen Effekte* kann Feedback positive Emotionen wie Zufriedenheit und Freude aber auch negative Emotionen wie Unzufriedenheit oder Abwehr hervorrufen. Diese werden in erster Linie durch die wahrgenommene so-

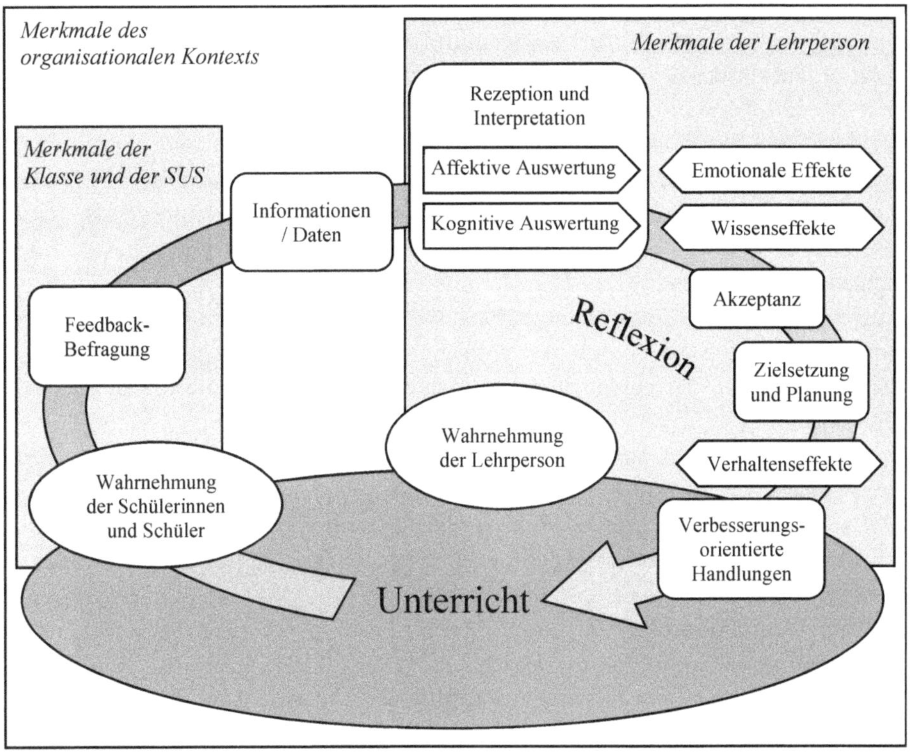

Abbildung 1: Process Model of Student Feedback on Teaching (SFT; Quelle: Röhl et al., 2021; eigene Übersetzung)

wie die erwartete Positivität bzw. Negativität des Feedbacks beeinflusst. Empirische Befunde zu den emotionalen Effekten von Schülerfeedback weisen darauf hin, dass viele Lehrkräfte während der Wahrnehmung und Interpretation der Rückmeldungen Gefühle der Freude und Neugier erleben, insbesondere wenn das Feedback als positiv wahrgenommen wird (Villa, 2017). Andere Lehrkräfte berichteten von Emotionen des Ärgers aufgrund von als negativ empfundenem Feedback oder von Niedergeschlagenheit durch eine wahrgenommene Hilflosigkeit in Bezug auf die Anforderungen eines rückgemeldeten Verbesserungsbedarfs des eigenen Unterrichts (Brown, 2004; Gärtner & Vogt, 2013; Villa, 2017).

Kognitive Effekte hinsichtlich des *Wissens* der Lehrperson können auftreten, wenn die Lehrkraft durch das Feedback neue Informationen über die Sicht der Schülerinnen und Schüler auf ihren Unterricht erhält oder das Feedback vorhandenes Wissen bestärkt. Tatsächlich berichten mehrere empirische Studien von einem verbesserten Verständnis der Lehrpersonen hinsichtlich der Schülerwahrnehmung ihres Unterrichts (z. B. Gage, 1963; Thorp et al., 1994). Darüber hinaus sei eine bessere Identifizierung von falschen Schülervorstellungen über das Lernen möglich (z. B. Mandouit, 2018).

In diesem Prozess erfolgt weiterhin ein Abgleich zwischen den Rückmeldungen und den eigenen Wahrnehmungen und Ansprüchen an den Unterricht. Wenn die Feedbackinformationen in ihrer (subjektiven) Validität und Relevanz *akzeptiert* werden, können bei wahrgenommenen Diskrepanzen zwischen dem rückgemeldeten Ist- und dem persönlichen Soll-Zustand mögliche Veränderungen erwogen werden. Dementsprechend wird in der empirischen Literatur vielfach berichtet, dass Lehrpersonen mögliche Bereiche für Verbesserungen erkannten (z.B. Gaertner, 2014). Dabei können Rückmeldungen, die sehr stark von den eigenen unterrichtsbezogenen Zielen und Maßstäben abweichen, häufig in Verbindung mit negativen emotionalen Reaktionen, jedoch auch zu einer Ablehnung des Feedbacks führen oder eine Modifikation bzw. Aufgabe der vorher gesetzten Standards bewirken, um weitere Anstrengungen zu vermeiden oder zu reduzieren (z.B. Kluger & DeNisi, 1996).

Werden Verbesserungsbereiche identifiziert und akzeptiert, können *Ziele* zur Beseitigung von Ist-Soll-Diskrepanz gesetzt werden, gefolgt von *Planungen* zur Umsetzung der beabsichtigten Veränderungen (Smither et al., 2005). Eine Umsetzung der Ziele durch *verbesserungsorientierte Handlungen* führen zu *verhaltensbezogenen Effekten* des Schülerfeedbacks. So berichten verschiedene Studien von einer erhöhten Aufmerksamkeit der Lehrperson für bestimmte Unterrichtsaspekte in der Vorbereitung oder während des Unterrichts (Balch, 2012; Gaertner, 2014; Röhl & Rollett, 2021), von einer besseren Anpassung des Unterrichts an die unterschiedlichen Bedürfnisse der Schülerinnen und Schüler in der Klasse (Gaertner, 2014) und auch vereinzelt von einem gezielten Besuch von passenden unterrichtsbezogenen Fortbildungen (Balch, 2012). Darüber hinaus sehen viele Lehrpersonen eine Diskussion der erhaltenen Rückmeldungen mit der Klasse als wichtige Grundlage für eine gemeinsame Verbesserung des Unterrichts an (Gaertner, 2014; Röhl & Rollett, 2021; Schmidt & Gawrilow, 2021).

Zu bedenken ist, dass ebenso wie bei anderen unterrichtsbezogenen Rückmeldungen, wie beispielsweise die Ergebnisse von landes- oder bundesweiten Vergleichsarbeiten (Groß Ophoff, 2013), auch bei Schülerfeedback neben dem direkten Einsatz zur Unterrichtsentwicklung auch nicht primär-vorgesehene Nutzungsformen stattfinden. So berichten Röhl und Rollett (2021) in einer qualitativen Interviewstudie, dass viele Lehrpersonen bereits mit der Einholung von Schülerrückmeldungen einen symbolischen Akt für die Verbesserung des Verhältnisses zur Klasse und für Demokratieförderung intendierten, ohne dass daraus tatsächlich Schritte zur Unterrichtsentwicklung abgeleitet würden. Weiterhin erzählten einzelne Lehrpersonen, dass sie Schülerfeedback vorrangig mit dem Ziel der emotionalen Bestätigung des eigenen unterrichtsbezogenen Handelns einholten (Röhl & Rollett, 2021; vgl. auch Gärtner & Vogt, 2013).

Wie das SFT-Modell andeutet, stellt der Umgang der Lehrperson mit den erhaltenen Rückmeldungen quasi das ‚Nadelöhr' für eine durch Schülerfeedback initiierte gelingende Unterrichtsentwicklung dar. Dementsprechend wird der Nutzungsprozess entscheidend durch individuelle *Merkmale der Lehrperson* beeinflusst. In der Überblicksarbeit von Röhl und Gärtner (2021) konnten empirische Forschungsarbeiten zur Schülerfeedbacknutzung identifiziert werden, die auf positive Effekte einer höheren Selbstwirksamkeitserwartung, einer positiveren Einstellung gegenüber der Relevanz und Aussagekraft von Schülerfeedback, eines geringeren Stress- und Belastungserlebens sowie einer höheren Widerstandsfähigkeit gegenüber beruflichen Belastungen auf die Schülerfeedbacknutzung hinweisen. Darüber hinaus tendieren Frauen und jüngere Lehrpersonen eher zu einer produktiven Nutzung erhaltener Schülerrückmeldungen. Befunde aus der organisationalen und allgemeinen lehrpersonenbezogenen Feedbackforschung lassen darüber hinaus erwarten, dass sich eine hohe Lernzielorientierung, internal-variable Attributionstendenzen sowie eine hohe Datenkompetenz als nutzungsförderlich erweisen (Überblick: Röhl & Gärtner, 2021).

Weiterhin wurden Effekte von Merkmalen der Schule als *organisationaler Kontext* des Schülerfeedbackprozesses identifiziert. So ergeben sich Hinweise auf eine zentrale Rolle der Schulleitung, die durch eine motivierende Kommunikation und organisatorische Unterstützung die produktive Nutzung fördern kann. Darüber hinaus scheint es relevant, dass in der Kommunikation die formative Nutzungsmöglichkeit betont und von einem evaluativ-bewertenden Gebrauch abgesehen wird. Ergänzend lässt sich erwarten, dass sich organisationspsychologische Befunde zu nutzungsförderlichen Rahmenbedingen bezüglich eines transformativen Führungsstils, einer Feedbackkultur und der wahrgenommenen psychischen Sicherheit im Team auch für den Einsatz von Schülerfeedback bestätigen lassen (Röhl & Gärtner, 2021).

3. Eine Meta-Analyse zu den Effekten von Schülerfeedback-Interventionen auf den Unterricht

Neben den bereits geschilderten Effekten von Schülerfeedback auf die Lehrperson und ihre Handlungsweisen, die überwiegend querschnittlich und aus Sicht der Lehrpersonen erhoben wurden, stellt sich die Frage, inwiefern sich durch Schülerfeedback-Interventionen auch im Prä-Post-Vergleich aus anderen Perspektiven positive Veränderungen des Unterrichts beobachten lassen. Für den Bereich der Hochschulbildung liegen schon seit mehreren Jahrzehnten verschiedene Meta-Analysen zu den so genannten „Student Evaluations of Teaching (SET)“ vor (Cohen, 1980; L’Hommedieu et al., 1990; Penny & Coe, 2004), welche auf einen kleinen positiven Effekt auf die Qualität der Lehre hinweisen (ca. d=0.2), der durch zusätzliche Unterstützung der Dozierenden bei der Reflexion und der Lehrentwicklung signifikant höher (d=0.7) ausfällt. Für den Einsatz von Schülerfeedback im Primar- und Sekundarschulbereich fehlten jedoch bisher Arbeiten, die die vorliegende, teils widersprüchliche Befundlage systematisch zusammenfassen. Hierzu führte Röhl (2021) die im Folgenden dargestellte Meta-Analyse durch.

Methoden

Für diese Übersicht wurde eine systematische Literaturrecherche mit den Begriffen ‚student feedback', ‚pupil feedback' und ‚self-evaluation' unter Ausschluss von Funden aus der tertiären Bildung in den Datenbanken ERIC, PsycInfo, Scopus, Web of Science, ProQuest und OpenDissertations durchgeführt. Insgesamt wurden über einen Publikationszeitraum von 1960 bis 2019 N=18 längsschnittliche Interventionsstudien mit voll ausgebildeten Lehrkräften identifiziert, die mindestens eine Prä- und Post-Messung der von den Schülerinnen und Schülern wahrgenommenen Unterrichtsqualität durchführten. Die Studien unterscheiden sich u. a. in der Anzahl der Feedbackberichte, der Interventionsdauer, dem Ausmaß an zusätzlicher Unterstützung für die Lehrpersonen, der Einbeziehung einer Kontrollgruppe und dem Publikationstyp (Tab. 1). Diese Studienmerkmale wurden durch zwei geschulte Rater unabhängig voneinander kodiert, wobei sich eine hohe Interrater-Übereinstimmung ergab ($\rho = .85$, $p < .001$) und für unterschiedliche Einschätzungen konsensuelle Lösungen gefunden wurden.

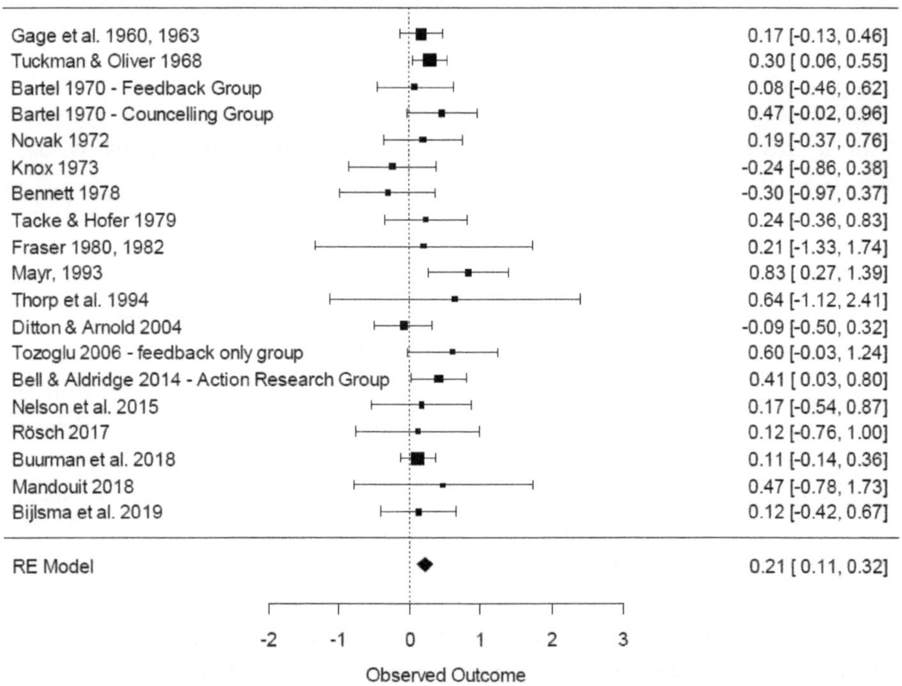

Abbildung 2: Forest Plot der Meta-Analyse von Schülerfeedbackinterventionen mit Angabe von Cohen's d mit 95%-Konfidenzintervallen (Quelle: Röhl, 2021; CC-BY-4.0).

Die einbezogenen Studien verwendeten unterschiedliche Schülerfeedback-Fragebögen, wodurch einzelne Skalen nicht über die Studien hinweg vergleichbar sind. Daher wurde in dieser Meta-Analyse die Gesamtveränderung über alle erhobenen Unterrichtsdimensionen der von den Schülerinnen und Schülern wahrgenommenen Unterrichtsqualität verwendet. Drei Studien umfassten jeweils zwei unterschiedliche Interventionsgruppen, die sich im Ausmaß der Unterstützung der Lehrpersonen im Interpretations- und Reflexionsprozess des erhaltenen Feedbacks unterschieden, so dass diese einzeln berücksichtigt wurden. Effektstärken und Varianzen wurden unter Verwendung von Cohen's *d* mit gepoolten Standardabweichungen aus verschiedenen verfügbaren Studienstatistiken berechnet (Lipsey & Wilson, 2001). Aufgrund der Heterogenität der eingeschlossenen Studien erschien für diese Meta-Analyse die Verwendung von Random-Effects-Modellen als angebracht (Borenstein et al., 2009).

Ergebnisse

Eine Analyse auf mögliche Ausreißer oder einflussreiche Studien (Lipsey & Wilson, 2001) führte zum Ausschluss von zwei Effektstärken. Die gesamte gewichtete mittlere Effektstärke der eingeschlossenen $k = 19$ Effektstärken beträgt $d = 0.21$ (95%-C.I. 0.11 bis 0.32, $p < .001$, siehe Abb. 2). Vertiefende Moderatorenanalysen (siehe Tab. 1) wiesen auf eine signifikant größere Effektstärke ($d = 0.52$, $p = .010$) für Studien mit einem höheren Ausmaß an Unterstützung der Lehrkräfte bei der Interpretation des erhaltenen Feedbacks und der nachfolgenden Unterrichtsentwicklung hin. Alle anderen getesteten Studienmerkmale erwiesen sich als nicht signifikant hinsichtlich möglicher Moderatoreneffekte.

Tabelle 1: Analyse der Moderatoreneffekte von Studien- und Interventionsmerkmalen

	n	*d*	95%-C.I.	*p*[1]
Studiendesign				
mit Kontrollgruppe	10	0.21	[0.01 ; 0.81]	.817
ohne Kontrollgruppe	9	0.24	[-0.04 ; 0.52]	
Ausmaß der Unterstützung der Lehrpersonen[2]				
niedrig	11	0.16	[0.04 ; 0.28]	.089
mittel	2	-0.06	[-0.53 ; 0.40]	.235
hoch	6	0.52	[0.26 ; 0.77]	.010
Anzahl der durchgeführten Feedbackrunden				
1	13	0.25	[0.13 ; 0.36]	.123
2 oder mehr	6	0.01	[-0.26 ; 0.29]	
Dauer der Feedbackintervention				
1–2 Monate	9	0.27	[0.08 ; 0.46]	.461
3–12 Monate	10	0.18	[0.05 ; 0.32]	
Publikationstyp				
Peer-reviewed Journal	10	0.22	[0.08 ; 0.37]	.824
Dissertation oder Bericht	9	0.22	[0.00 ; 0.44]	

Anmerkungen: n: Anzahl der Studien, *d*: Cohen's *d*, [1]Signifikanzwert des Moderatoreneffekts, [2]Dummy-kodiert.

4. Diskussion: (Wie) wirkt Schülerfeedback?

Ausgehend vom anfangs dargestellten Prozessmodell weisen die hier zusammenfassend dargestellten Befunde darauf hin, dass Unterrichtsfeedback von Schülerinnen und Schülern positive Effekte auf das Wissen und die Emotionen von Lehrpersonen haben kann. Diese können dann tatsächlich das Unterrichtsverhalten der Lehrpersonen so verändern, dass die Schülerinnen und Schüler signifikante positive Veränderungen wahrnehmen. Zugleich macht der berichtete Moderatoreneffekt bezüglich des Ausmaßes der Lehrpersonenunterstützung beim Verarbeitungs- und Nutzungsprozess des erhaltenen Feedbacks deutlich, dass die Rezeption, Interpretation und Akzeptanz sowie eine sich daran anschließende Zielsetzung und Durchführung von unterrichtsverbessernden Maßnahmen besonders sensible Schritte im Feedbacknutzungsprozess der Lehrpersonen sind. Fehlen in diesem Prozess Unterstützungsmaßnahmen, scheinen Lehrpersonen den Nutzungsprozess wesentlich häufiger abzubrechen. Hinweise darauf, auf welche Weise die begleitenden Maßnahmen Wirkung zeigen, können aus den dargestellten Befunden aus der allgemeinen Feedbackforschung gewonnen werden. So könnte hierdurch vermieden werden, dass Ursachen für negative Rückmeldungen durch fehlende eigene Unterrichtsentwicklungskompetenz als nicht veränderbar angesehen oder in einem zu starken Maße external attribuiert werden. Weiterhin ist anzunehmen, dass auf diese Weise eine höhere Verbindlichkeit bei der Verfolgung der gesetzten Ziele erreicht werden könnte. Letzteres dürfte auch durch eine gemeinsame Diskussion des erhaltenen Feedbacks und möglicher Verbesserungsmaßnahmen mit der Feedbackgebenden Klasse bewirkt werden. In welcher Form unterstützende Maßnahmen am besten realisiert werden sollten, ob beispielsweise in Einzelsitzungen oder Gruppenform, unter Einbeziehung von externen Coaches oder auf kollegiale Weise, kann bei der hier dargestellten Befundlage nicht abschließend beantwortet werden. Darüber hinaus weisen Literaturbefunde darauf hin, dass eine feedback- und fehlerfreundliche Kultur an Schulen, die die Betonung eines rein formativen Einsatzes in der Kommunikation mit den Lehrpersonen und ein ermutigendes Verhalten der Schulleitung für die produktive Nutzung von Schülerfeedback förderlich sein können.

Zusammenfassend lässt sich aufgrund der hier dargestellten Befunde feststellen, dass sich Schülerfeedback positiv auf den Unterricht und die Lehrerprofessionalität auswirken kann. Jedoch sei darauf hingewiesen, dass bisher keine empirischen Studien zu möglichen Effekten von Schülerfeedback-Interventionen auf den fachlichen Lernerfolg vorliegen. Weiterhin fehlen fast völlig systematische Studien, die mögliche ‚Nebeneffekte' auf die Schülerinnen und Schüler in Bezug auf eine Förderung der Partizipation, Feedbackkompetenz, Kritik- oder Perspektivübernahmefähigkeit untersuchen. Eine erste, gerade veröffentlichte Studie (Schmidt & Gawrilow, 2021) konnte für eine Intervention mit iterativem gegenseitigem Feedback zur Kooperation zwischen Lehrperson und Klasse einen beachtlichen positiven Effekt auf die unterrichtliche Zusammenarbeit nachweisen.

Literatur

Aeppli, J. & Lötscher, H. (2016). EDAMA – Ein Rahmenmodell für Reflexion. *Beiträge zur Lehrerinnen- und Lehrerbildung, 34*(1), 78–91.

Balch, R. T. (2012). *The Validation of a Student Survey on Teacher Practice*. Dissertation. Vanderbilt University, Nashville, TN.

Barker, S. (2018). *Student Voice to Improve Instruction: Leading Transformation of a School System*. Digital Commons @ ACU.

Bastian, J. (2010). Feedbackarbeit in Lehr-Lern-Prozessen. *Gruppendynamik und Organisationsberatung, 41*(1), 21–37. https://doi.org/10.1007/s11612-010-0097-4

Berger, R., Granzer, D., Looss, W. & Waack, S. (Hrsg.). (2013). *„Warum fragt ihr nicht einfach uns?". Mit Schüler-Feedback lernwirksam unterrichten: Unterrichtsentwicklung nach Hattie*. Beltz.

Bijlsma, H. J. E. & Röhl, S. (in Druck). Fostering effective teaching through measurements of student perceptions: processes, risks and chances. In R. Maulana, M. Helms-Lorenz & R. Klassen (Hrsg.), *Effective teaching around the world: Contemporary insights*. Springer.

Borenstein, M., Hedges, L. V., Higgins, J. P. T. & Rothstein, H. R. (2009). *Introduction to meta-analysis*. Wiley.

Brown, S. L. (2004). *High school students' perceptions of teacher effectiveness: Student ratings and teacher reflections*. Dissertation. University of New Mexico, Albuquerque, NM.

Clarà, M. (2015). What is reflection? Looking for clarity in an ambiguous notion. *Journal of Teacher Education, 66*(3), 261–271. https://doi.org/10.1177/0022487114552028

Clausen, M. (2002). *Unterrichtsqualität: eine Frage der Perspektive? Empirische Analysen zur Übereinstimmung, Konstrukt- und Kriteriumsvalidität*. Waxmann.

Cohen, P. A. (1980). Effectiveness of student-rating feedback for improving college instruction. A meta-analysis of findings. *Research in Higher Education, 13*(4), 321–341.

Fauth, B., Decristan, J., Rieser, S., Klieme, E. & Büttner, G. (2014). Student ratings of teaching quality in primary school: Dimensions and prediction of student outcomes. *Learning and Instruction, 29*, 1–9. https://doi.org/10.1016/j.learninstruc.2013.07.001

Gaertner, H. (2014). Effects of student feedback as a method of self-evaluating the quality of teaching. *Studies in Educational Evaluation, 42*, 91–99.

Gage, N. L. (1963). A method for „improving" teacher behavior. *Journal of Teacher Education, 14*(3), 261–266. https://doi.org/10.1177/002248716301400306

Gärtner, H. & Vogt, A. (2013). Wie Lehrkräfte Ergebnisse eines Schülerfeedbacks verarbeiten und nutzen. *Unterrichtswissenschaften, 41*(3), 252–267.

Groß Ophoff, J. (2013). *Lernstandserhebungen. Reflexion und Nutzung*. Waxmann.

Helmke, A. (2012). *Unterrichtsqualität und Lehrerprofessionalität. Diagnose Evaluation und Verbesserung des Unterrichts* (4., aktual. Aufl.). Klett Kallmeyer.

Ilgen, D. R., Fisher, C. D. & Taylor, S. M. (1979). Consequences of individual feedback on behavior in organizations. *Journal of Applied Psychology, 64*(4), 349–371.

Kahmann, K. & Mulder, R. H. (2011). *Feedback in organizations. A review of feedback literature and a framework for future research*. Institute for Educational Science, Universität Regensburg.

Kluger, A. N. & DeNisi, A. (1996). The effects of feedback interventions on performance: A historical review, a meta-analysis, and a preliminary feedback intervention theory. *Psychological bulletin*, *119*(2), 254–284.

Korthagen, F. A. J. & Wubbels, T. (1995). Characteristics of Reflective Practitioners. Towards an operationalization of the concept of reflection. *Teachers and Teaching*, *1*(1), 51–72. https://doi.org/10.1080/1354060950010105

L'Hommedieu, R., Menges, R. J. & Brinko, K. T. (1990). Methodological explanations for the modest effects of feedback from student ratings. *Journal of Educational Psychology*, *82*(2), 232–241. https://doi.org/10.1037/0022-0663.82.2.232

Lipsey, M. W. & Wilson, D. B. (2001). *Practical Meta-Analysis*. SAGE.

Mandouit, L. (2018). Using student feedback to improve teaching. *Educational Action Research*, *13*(1), 1–15. https://doi.org/10.1080/09650792.2018.1426470

Penny, A. R. & Coe, R. (2004). Effectiveness of consultation on student ratings feedback: A meta-analysis. *Review of Educational Research*, *74*(2), 215–253. https://doi.org/10.3102/00346543074002215

Porter, W. A. (1942). Pupil evaluation of practice teaching. *The Journal of Educational Research*, *35*(9), 700–704. http://www.jstor.org/stable/27528311

Röhl, S. (2021). Effects of student feedback on teaching and classes. An overview and meta-analysis on intervention studies. In W. Rollett, H. J. E. Bijlsma & S. Röhl (Hrsg.), *Student feedback on teaching in schools. Using student perceptions for the development of teaching and teachers* (S. 139–156). Springer Nature. https://doi.org/10.1007/978-3-030-75150-0_9

Röhl, S., Bijlsma, H. J. E. & Rollett, W. (2021). The Process Model of Student Feedback on Teaching (SFT): a theoretical framework and introductory remarks. In W. Rollett, H. J. E. Bijlsma & S. Röhl (Hrsg.), *Student feedback on teaching in schools. Using student perceptions for the development of teaching and teachers.* Springer Nature. https://doi.org/10.1007/978-3-030-75150-0_1

Röhl, S. & Gärtner, H. (2021). Relevant conditions for teachers' use of student feedback. In W. Rollett, H. J. E. Bijlsma & S. Röhl (Hrsg.), *Student feedback on teaching in schools. Using student perceptions for the development of teaching and teachers.* Springer Nature. https://doi.org/10.1007/978-3-030-75150-0_10

Röhl, S. & Rollett, W. (2021). Jenseits von Unterrichtsentwicklung: Intendierte und nicht-intendierte Nutzungsformen von Schülerfeedback durch Lehrpersonen. In K. Göbel, C. Wyss, K. Neuber & M. Raaflaub (Hrsg.), *Quo vadis Forschung zu Schülerrückmeldungen zum Unterricht. Konzeptionelle Überlegungen und empirische Befunde zu Chancen und Herausforderungen* (S. 167–189). Springer VS. https://doi.org/10.1007/978-3-658-32694-4_9

Schmidt, J.-E. & Gawrilow, C. (2021). Reciprocal student-teacher feedback: effects on perceived quality of cooperation and teacher health. In W. Rollett, H. J. E. Bijlsma & S. Röhl (Hrsg.), *Student feedback on teaching in schools. Using student perceptions for the development of teaching and teachers.* Springer Nature. https://doi.org/10.1007/978-3-030-75150-0_12

Smither, J. W., London, M. & Reilly, R. R. (2005). Does performance improve following multisource feedback? A theoretical model, meta-analysis, and review of empirical findings. *Personnel Psychology*, *58*(1), 33–66. https://doi.org/10.1111/j.1744-6570.2005.514_1.x

Stalnaker, J. M. & Remmers, H. H. (1928). Can students discriminate traits associated with success in teaching? *The Journal of Applied Psychology*, *12*(6), 602–610. https://doi.org/10.1037/h0070372

Thorp, H. S., Burden, R. L. & Fraser, B. J. (1994). Assessing and improving classroom environment. *School Science Review*, *75*, 107–113.

Villa, L. A. L. (2017). *Teachers Taking Action with Student Perception Survey Data*. Dissertation. Arizona State University, Tempe.

Wisniewski, B. & Zierer, K. (2017). *Visible Feedback. Ein Leitfaden für erfolgreiches Unterrichtsfeedback*. Schneider.

Nadine Sonnenburg

Wie kann die individuelle Förderung in Schulen optimiert werden?

Befunde zur Verwendung einer digitalen Bildungsdokumentation

1. Einleitung

Zur Optimierung der Qualität der Bildung im deutschen Schulsystem werden zunehmend die individuellen Lernprozesse von Schüler*innen und eine hieran anknüpfende Schul- und Unterrichtsgestaltung fokussiert. In den Fokus rückt dabei die Forderung nach individueller Förderung, die in den Schulgesetzen der Bundesländer teils (in-)direkt verankert ist (vgl. ausführlicher Fischer, 2014; Kunze, 2016). Aktuell gewinnt die Forderung nach individueller Förderung mit Bezug auf die Auswirkungen der COVID-19-Pandemie verstärkt an Aufmerksamkeit, um daraus resultierenden Lernrückständen und Bildungsbenachteiligungen der Heranwachsenden mit gezielter Förderung zu begegnen (vgl. z.B. Ackeren et al., 2020; Huber et al., 2020). Schulen und Lehrkräfte stehen folglich – und dies nicht erst seit der COVID-19-Pandemie – vor der Aufgabe, die individuelle Förderung aller Schüler*innen in einem Schulsystem umzusetzen, das traditionell auf den Unterricht in Gruppen und damit weniger auf die Berücksichtigung der Individuen ausgerichtet ist. Die schulpraktische Realisierung einer individuellen Förderung für alle führt damit zu einer Verstärkung der Komplexität des Unterrichts (Wischer, 2014). In Zeiten des pandemiebedingten Distanz- und Wechselunterrichts wird diese Situation für Lehrkräfte zusätzlich erschwert, indem auf die Diagnostik und Unterstützung der Schüler*innen im alltäglichen Unterrichtsgeschehen weniger zurückgegriffen werden kann und sie die individuellen Lernentwicklungen stattdessen mehr ‚aus der Ferne' im Blick behalten müssen. Mit Bezug auf unterstützende Instrumente zur Verwirklichung von individueller Förderung können Dokumentationsformen zur Erfassung der individuellen Lernentwicklungen von Schüler*innen herangezogen werden. Sie liefern gemäß Rakhkochkine und Dhaouadi (2008) Ansatzpunkte für individuelle Förderangebote, können die Kooperation zwischen den an der Förderung beteiligten Personen unterstützen und der Rechenschaftslegung dienen (ebd.). Im Bereich der frühkindlichen Bildung sind sogenannte Bildungsdokumentationen in den Kindertageseinrichtungen in den einzelnen Bundesländern empfohlen bzw. vorgeschrieben (Hanke et al., 2013). In den allgemeinbildenden Schulen geraten vergleichbare, von Pädagog*innen professionell geführte und verpflichtende Lernentwicklungsdokumentationen erst allmählich und vereinzelt in den Blick (vgl. z.B. Niedersächsisches Kultusministerium, 2006). Vor diesem Hintergrund wird in dem vorliegenden Beitrag der Fokus auf die Verwendung einer digitalen Bildungsdokumentation in der Sekundarstufe I zur individuellen Förderung aller Schüler*innen gelegt. Einführend wird ein knapper Überblick über Hintergründe und den Forschungsstand zur Förderpraxis in der Schule gegeben (Abschnitt 2). Anschließend wird der zugrundeliegende Forschungsgegenstand, die Forschungsfragen und das methodische Design vorgestellt (Abschnitt 3), bevor ausgewählte Ergebnisse zusammenfassend dargelegt werden (Abschnitt 4). Der Beitrag schließt mit einer Diskussion, in der die Ergebnisse in Bezug zu aktuellen schulischen Herausforderungen – wie die weitere Verankerung von individueller Förderung im Schulsystem, die Digitalisierung und die schulischen Auswirkungen der COVID-19-Pandemie – gesetzt werden (Abschnitt 5).

2. Hintergrund und Forschungsstand zur individuellen Förderung

International werden ähnliche Konzepte wie individualisierter Unterricht, individuelle Förderung oder adaptiver Unterricht als Möglichkeiten diskutiert, um die heterogenen Lernvoraussetzungen der Schüler*innen zu berücksichtigen und eine am Individuum orientierte Lernkultur in der Schule umzusetzen (Corno, 2008; Dimenäs et al., 2006). Um das Konzept der individuellen Förderung für die schulpraktische Realisierung und die empirische Erforschung zu konkretisieren, wurden in der zugrundeliegenden Studie unterschiedliche Diagnose- und Fördermodelle (Buholzer, 2006; Kretschmann, 2003; Matthes, 2009; Mischke, 2005; Schuck, 2004; Solzbacher et al. 2012; Suhrweier & Hetzner, 1993) herangezogen. Aufbauend auf diesen Modellen ist die individuelle Förderung von Schüler*innen als ein zyklischer Prozess aufzufassen, der zusammengefasst aus den Phasen der Pädagogischen Diagnostik, Planung, Durchführung und Evaluation besteht (Sonnenburg, 2022). Die erste Phase der Pädagogischen Diagnostik gilt als Voraussetzung für die individuelle Förderung der Schüler*innen (Klieme & Warwas, 2011; Solzbacher et al., 2012). Sie liefert die benötigten diagnostischen Informationen für die Förderplanung (vgl. im Überblick z.B. Buholzer, 2006). Für eine Verbindung von Diagnostik und Förderung bedarf es der Planungsphase, d.h. der Ableitung von Förderzielen aus den Diagnosen sowie der Vorbereitung von dazu passenden Fördermaßnahmen. Die hieran anschließende Phase umfasst die Durchführung der Förderung mit Fokus auf innerschulische Maßnahmen.[1] In der letzten Phase wird die individuelle Förderung gemäß Buholzer (2006) evaluiert und ihre Wirksamkeit überprüft. Die Evaluation kann sowohl summativ als auch während des Förderprozesses formativ erfolgen (ebd.), so dass diese Phase auch diagnostische Tätigkeiten umfasst. Ausgehend davon wird der zyklische Förderprozess erneut durchlaufen. Die einzelnen Phasen sind zudem durch Interdependenzen untereinander charakterisiert.

Die Betrachtung des Forschungsstands zeigt, dass bisherige Studien meist das Verständnis von individueller Förderung, die damit verfolgten Ziele sowie die Be-

1 Die Förderung kann auch außerhalb der Schule durch andere Personen als Lehrkräfte erfolgen (Kunze, 2016). In dem vorliegenden Beitrag liegt der Fokus allerdings auf der individuellen Förderung in der Schule durch Lehrkräfte und damit auf innerschulischen Maßnahmen.

dingungen der Umsetzung erforschen (z. B. Böttcher et al., 2014; Solzbacher, 2016; Solzbacher et al., 2012), während für Deutschland insbesondere zur Realisierung des gesamten Förderprozesses noch ein Forschungsdesiderat auszumachen ist. Im Hinblick auf unterstützende Instrumente wurde in den Studien von Solzbacher (2016) und Solzbacher et al. (2012) bislang untersucht, welche Instrumente von Lehrkräften zur individuellen Förderung eingesetzt werden – ohne allerdings die konkrete Verwendung einzelner Instrumente detaillierter in den Blick zu nehmen. Die nähere Betrachtung der hier interessierenden Bildungsdokumentationen zeigt, dass ähnliche Instrumente in Deutschland bislang lediglich im Bereich der frühkindlichen Bildung erforscht wurden (vgl. z. B. Hanke et al., 2013) und empirische Befunde zur Nutzung in der Schule, insbesondere mit Blick auf die individuelle Förderung von Schüler*innen, noch ausstehen.

3. Forschungsgegenstand, Forschungsfragen und methodisches Vorgehen[2]

Anknüpfend an das aufgezeigte Forschungsdesiderat ist der *Forschungsgegenstand* des vorliegenden Beitrags eine digitale Bildungsdokumentation, in der die zuvor von Lehrkräften diagnostizierten Lernentwicklungen von Schüler*innen für die Jahrgangsstufen 5 bis 10 kontinuierlich dokumentiert werden. Das Instrument wurde im Rahmen eines Schulentwicklungsprozesses an einer Hauptschule konzipiert. Es wurde als digitale Datenbank angelegt und umfasst Datenblätter mit Hintergrundinformationen über alle Schüler*innen und ihre individuellen Kompetenzprofile, d. h., dass ähnlich wie in Kompetenzrastern die überfachlichen und fachlichen Kompetenzen in den Kernfächern Deutsch, Mathematik und Englisch erfasst werden. Die darin aufgelisteten Kompetenzerwartungen sind an den Kernlehrplänen von Nordrhein-Westfalen orientiert, wurden von den Lehrkräften allerdings mit Blick auf die eigene Schülerschaft teilweise adaptiert und dienen ihnen als Grundlage für die Diagnosen der Lernstände der Schüler*innen, die sie in der Dokumentation festhalten. Zusätzlich wird an der Schule auf standardisierte Diagnosetests zurückgegriffen, deren Ergebnisse ebenso in der Bildungsdokumentation notiert werden (vgl. dazu Hornberg et al., 2016; Sonnenburg, 2022).

In dem vorliegenden Beitrag werden ausgewählte Ergebnisse zur Verwendung einer digitalen Bildungsdokumentation im zyklischen Prozess der individuellen Förderung aus der Perspektive von Lehrkräften berichtet. Insbesondere ging es in der zugrundliegenden Studie u. a. darum, den *Forschungsfragen* nachzugehen, welche Veränderungen im Förderprozess erkennbar sind, die auf die Arbeit mit dem Instrument zurückzuführen sind sowie welche Voraussetzungen nach Einschätzung

2 Wesentliche Teile des vorliegenden Beitrags basieren auf meiner Dissertation (Sonnenburg, 2022), von der nachfolgend ausgewählte Ergebnisse zusammenfassend präsentiert werden. Diese werden teils um ergänzende Analysen erweitert und anschließend mit Bezug zu aktuellen Entwicklungen – wie z. B. den schulischen Auswirkungen der COVID-19-Pandemie und dem damit verbundenen Digitalisierungsschub – eingeordnet und diskutiert.

von Lehrkräften dafür gegeben sein sollten. Ergänzend wird nachfolgend die Transfermöglichkeit des Instruments untersucht. Zur Beantwortung der Forschungsfragen war die Studie als qualitative *Fallstudie* explorativ ausgerichtet.[3] In Anlehnung an den Expert*innenbegriff von Meuser und Nagel (2009) wurden zehn leitfadengestützte Expert*inneninterviews mit neun ausgewählten Lehrkräften[4] einer Hauptschule geführt, an der die digitale Bildungsdokumentation genutzt wird. Bei der Erhebung wurden insbesondere die Lehrkräfte berücksichtigt, die über die meiste Erfahrung mit dem Instrument verfügen und so auch an der Konzipierung der Bildungsdokumentation beteiligt waren. Zudem wurden auch explizit Lehrkräfte interviewt, die erst im Laufe der Implementation in Kontakt mit dem Instrument kamen bzw. neu an die Schule gewechselt sind. Die Auswertung der Interviews erfolgte mit der inhaltlich strukturierenden qualitativen Inhaltsanalyse (Mayring, 2015) anhand eines Kodierleitfadens unter Verwendung der Software MAXQDA. Basierend auf den Forschungsfragen wurden die Kategorien deduktiv-induktiv gebildet (Kuckartz, 2016). Das Kategoriensystem wurde durch eine zweite Person überprüft und die Interkoderreliabilität nach Holsti (1969) berechnet.

4. Ergebnisse

4.1 Veränderungen im Förderprozess

Im Rahmen der Analysen wurden die identifizierten Veränderungen seit dem Einsatz der digitalen Bildungsdokumentation den einzelnen Phasen des Förderprozesses zugeordnet (vgl. Abbildung 1). Begründet durch die Kürze des vorliegenden Beitrags, können nachfolgend lediglich ausgewählte Ergebnisse zusammengefasst werden, die in der Abbildung 1 hervorgehoben wurden.

3 Die vorliegende Studie war eingebettet in das Forschungsprojekt IFoS, in dem der Schulentwicklungsprozess der untersuchten Schule über einen Zeitraum von fünf Jahren erforscht wurde (vgl. z.B. Hornberg et al., 2016). Das Projekt IFoS zur wissenschaftlichen Begleitforschung wurde von der Reinhard Mohn Stiftung gefördert.

4 Mit einer Person wurden im Abstand von einem Jahr zwei Interviews geführt.

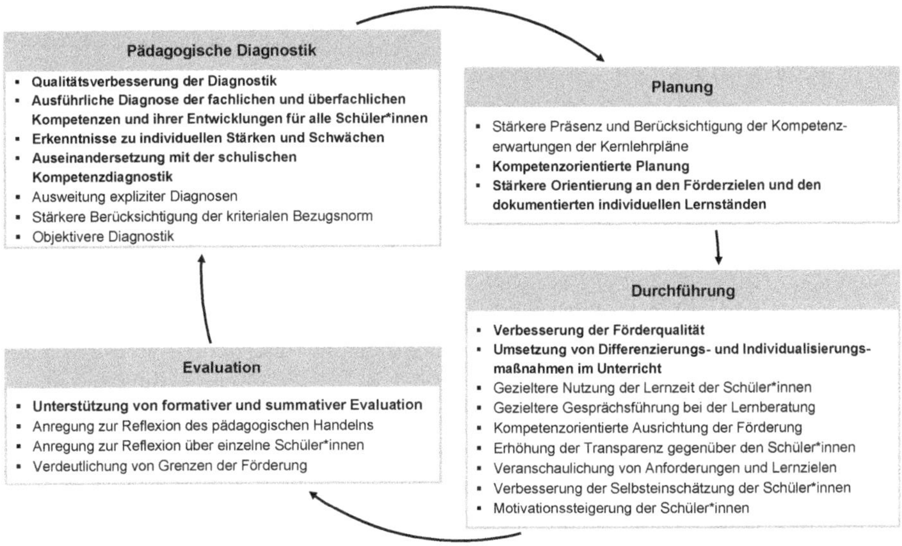

Abbildung 1: Veränderungen in den Phasen des zyklischen Prozesses der individuellen Förderung seit der Arbeit mit der Bildungsdokumentation aus Perspektive der Lehrkräfte (zitiert nach Sonnenburg, 2022, S. 222, Hervorhebungen eingefügt)

Die Bildungsdokumentation wurde an der untersuchten Schule sukzessiv in allen Jahrgangsstufen implementiert und dort für alle Schüler*innen angelegt. Damit geht für die Lehrkräfte auch eine gewisse Verpflichtung zur Nutzung des Instruments einher. Als eine wesentliche Veränderung zeigt sich, dass das Führen der digitalen Bildungsdokumentation Lehrkräfte veranlasst, die Schüler*innen in allen Phasen des Förderprozesses stärker als Individuen in den Blick zu nehmen. Durch die detaillierte Auflistung der zu diagnostizierenden Kompetenzen verpflichtet die Verwendung der digitalen Bildungsdokumentation die Lehrkräfte dazu, die individuellen Lernstände von allen Schüler*innen fortwährend kleinschrittig zu diagnostizieren. So äußert eine Lehrkraft, dass sie „die einzelnen Schüler besser (.) einschätzen kann" und begründet dies damit, dass sie „nochmal ganz genau sieht, wie der einzelne Schüler lernt" (I-IH, Absatz 148). Dadurch erhalten die Lehrkräfte die für die individuelle Förderung benötigten Informationen zu individuellen Stärken und Schwächen der Schüler*innen sowie zu ihren Lernentwicklungen im Verlauf der Jahre. Das Instrument wird sowohl für einen Klassenüberblick als auch für einen Überblick über einzelne Schüler*innen als „hilfreich" (I-IH, Absatz 136) und „sehr übersichtlich" (I-DU, Absatz 243) eingeschätzt, um alle Schüler*innen gleichermaßen im Blick zu behalten. Nach Einschätzung der Interviewten führt die Verwendung der Bildungsdokumentation durch die Qualitätsverbesserung der Diagnostik auch zu einer besseren Berücksichtigung der individuellen Lernstände der Schüler*innen bei der Planung und Durchführung der Förderung. Die Lehrkräfte erläutern, die individuelle Förderung stärker als zuvor an den tatsächlich erfolgten Lernfortschritten der Schüler*innen auszurichten und Lerndefizite besser aufarbeiten zu können, da ihnen die noch nicht erworbenen Kompetenzen der Schüler*innen anhand der Bildungsdokumentation deutlicher werden. Die Arbeit mit dem Instrument unterstütze sie dabei, aus den Schüler*innen „das Bestmögliche rauszuholen" (I-MU, Absatz 236). Die Ergebnisse zeigen weiterhin, dass mit der Bildungsdokumentation sowohl eine formative als auch eine summative Evaluation der Förderung unterstützt wird. Zudem werden Vorteile der Digitalisierung des Instruments deutlich: die gemeinsame Nutzung einer digitalen Datenbank wird von Lehrkräften als zugänglicher empfunden, erleichtert ihnen die Einsicht in diagnostische Informationen und wird daher u. a. bei Lehrkraftwechseln als hilfreich eingeschätzt, um eine anschlussfähige Förderung zu realisieren.

Die Auswertung lässt zudem darauf schließen, dass die Arbeit mit der Bildungsdokumentation und den darin enthaltenen Kompetenzübersichten eine Anregung für die Lehrkräfte ist, sich intensiver als zuvor mit der Umsetzung von Kompetenzorientierung zu befassen. Anhand der Interviews wird insgesamt ein Nachsinnen der Lehrkräfte über die Diagnostik des Kompetenzerwerbs und die kompetenzorientierte Förderung erkennbar. Die ausführliche Dokumentation der Kompetenzen über die gesamte Sekundarstufe I ermöglicht die Identifikation von Defiziten und unterstützt die jahrgangsstufenübergreifende Förderung des kumulativen Kompetenzaufbaus bei den Heranwachsenden. Insgesamt betrachtet werden mithilfe der Bildungsdokumentation diagnostische Grundlagen für eine kontinuierliche individuelle Förderung der Schüler*innen in der gesamten Sekundarstufe I geschaffen. Damit wird zwar prinzipiell eine adaptive Förderung der Schüler*innen ermöglicht, allerdings bedarf es zusätzlich zur Nutzung einer Bildungsdokumentation einer Übersetzung durch Lehrkräfte in individuelle Förderhandlungen. Die Bildungsdokumentation ist damit lediglich als ein Unterstützungsinstrument für Lehrkräfte zu verstehen. So zeigen die Ergebnisse auch zu berücksichtigende Voraussetzungen für ihren Einsatz auf, wie nachfolgend erläutert wird.

4.2 Voraussetzungen und Transfermöglichkeiten

Wesentliche Voraussetzungen für die Verwendung der Bildungsdokumentation zur individuellen Förderung sind den Analysen zufolge eine Implementation des Instruments auf Schulebene und eine damit verknüpfte Schul- und Unterrichtsentwicklung hin zu einer stärkeren Förder- und Kompetenzorientierung sowie die Einbindung in ein Schulkonzept, dessen Bausteine aufeinander abgestimmt und an die Schülerschaft angepasst sind. Als weitere Voraussetzungen für den Einsatz der Bildungsdokumentation zur individuellen Förderung können – hier nur sehr verkürzt zusammengefasst – unterstützende schulische Rahmenbedingungen, die Einstellung von Lehrkräften und ihre Identifikation mit der Arbeit mit dem Instrument, die Kooperation der beteiligten Lehrkräfte sowie die insgesamt zu investierende Zeit – insbesondere für die differenzierte Diagnostik und anschließende Förderung – identifiziert werden. Bezogen auf einen Transfer des Instruments wird anhand der Aussagen in den Interviews deutlich, dass die Anerkennung der Bedeutung und des Sinns der Neuerung bei den beteiligten Lehrkräften essentiell ist. Eine besondere Rolle bei der Überwindung von möglichen Widerständen kam so den Lehrkräften zu, die selbst hinter der Umsetzung der Bildungsdokumentation standen und andere zweifelnde Lehrkräfte mit überzeugt haben. In dem vorliegend untersuchten Fall hat sich zudem die Beteiligung einiger Lehrkräfte an der Konzipierung des Instruments als förderlich erwiesen, damit sie seiner Verwendung zur individuellen Förderung positiv gegenüberstehen und es an die eigenen Bedürfnisse und die der Schüler*innen anpassen konnten. Mit Blick auf einen möglichen Einsatz an anderen Schulen und einen dahingehenden Transfer zeigt die Auswertung, dass die digitale Bildungsdokumentation nach Einschätzung der Interviewten als „Gerüst" (I-FH, Absatz 238) bzw. als „Grundstock" (I-DU, Absatz 429) mit einem „Pool an Kompetenzen" (I-DU, Absatz 419) an andere Schulen weitergegeben werden könnte. So wird in einem Interview geäußert, „dass jede Schulform damit arbeiten könnte" (I-JU, Absatz 38) und die Bildungsdokumentation „vollkommen übertragbar" (I-JU, Absatz 38) sei. Den Interviewten zufolge ist ein Transfer der Bildungsdokumentation an andere Schulen folglich prinzipiell möglich. Neben den bereits dargelegten Voraussetzungen bedarf es dafür allerdings auch einer schulformspezifischen Anpassung der Inhalte (vgl. auch Hornberg et al., 2016) sowie einem Gestaltungsspielraum für Adaptionen.

5. Diskussion

Resümierend ist zu schlussfolgern, dass die Verwendung der digitalen Bildungsdokumentation Lehrkräften fortwährend eine Anregung für die Auseinandersetzung mit einzelnen Schüler*innen und einen Zugang zur Realisierung einer kompetenzorientierten individuellen Förderung für alle ihre Schüler*innen bietet. Die Implementation der Bildungsdokumentation kann folglich auch ein Weg sein, bei den Lehrkräften einen Professionalisierungsprozess anzuregen. Das Instrument gibt Lehrkräften eine Art Struktur für die Förderung vor, unterstützt sie dabei, alle nötigen Informationen zu erinnern und den Überblick über alle Lernenden zu behalten. Die Ergebnisse machen damit die Bedeutung von Bildungsdokumentationen für die Umsetzung von individueller Förderung deutlich. Vor diesem Hintergrund ist die Frage aufzuwerfen, ob mittels einer stärkeren Verankerung von digitalen Bildungsdokumentationen in der Schule auch eine zunehmende Verbreitung von kompetenzorientierter individueller Förderung erreicht werden kann (Sonnenburg, 2022), um dadurch die geforderte Optimierung schulischer Bildung zu erreichen. Die Implementation von Bildungsdokumentationen könnte so auch ein Weg sein, um dem in der Schulpraxis in Deutschland vorherrschenden „Mangel an lernprozessbegleitender (‚formativer') Diagnostik und Feedback" (Klieme, 2020, S. 123f.) entgegenzuwirken und eine stärkere Systematik von Diagnostik und Förderung für alle Schüler*innen zu verankern. Zu berücksichtigen sind jedoch auch die Limitationen der vorliegenden Studie, die u.a. darin liegen, dass bei der Datenerhebung lediglich auf Selbstauskünfte von Lehrkräften einer Schule zurückgegriffen wurde. Da ein Teil von ihnen an der Konzipierung der Bildungsdokumentation beteiligt war, ist nicht auszuschließen, dass die betroffenen Lehrkräfte dem Instrument infolgedessen positiv gegenüberstehen. Diese Beteiligung hat sich in dem vorliegend untersuchten Fall zwar als förderlich für den Einsatz des Instruments zur individuellen Förderung erwiesen (vgl. Abschnitt 5.2), allerdings wäre in weiteren Studien die Implementation und Nutzung eines solchen Instruments an anderen Schulen sowie die Wirksamkeit der individuellen Förderung noch eingehender, auch aus anderen Perspektiven (z. B. der Perspektive der Schüler*innen), zu untersuchen, um mögliche schulspezifische Einflüsse auf die Ergebnisse stärker berücksichtigen zu können.

Zudem bieten sich durch die Digitalisierung für das Lehren und Lernen weitere Potenziale, die durch die Auswirkungen der COVID-19-Pandemie verstärkt an Bedeutung gewonnen haben. Die digitale Bildungsdokumentation stellt in der untersuchten Form lediglich ein Dokumentationsinstrument für Lehrkräfte zur Verschriftlichung von Diagnosen dar, könnte zukünftig jedoch mit weiteren digitalen Tools verknüpft werden. So könnten weitere Funktionen integriert werden (vgl. auch Sonnenburg, 2020), wie z. B. (adaptive) Testverfahren zur Diagnostik der dokumentierten Kompetenzen, hinterlegte Aufgabenpools zu den einzelnen Kompetenzbereichen sowie personalisierte Lernmanagementsysteme. Eine solche perspektivische Verknüpfung von Dokumentation, Diagnostik und adaptiven Aufgabenzuweisungen in einem Programm könnte Lehrkräfte zukünftig, auch mittels künstlicher Intelligenz, bei der individuellen Förderung ihrer Schüler*innen unterstützen.

Literatur

Ackeren, I. van, Endberg, M. & Locker-Grütjen, O. (2020). Chancenausgleich in der Corona-Krise: Die soziale Bildungsschere wieder schließen. *DDS – Die Deutsche Schule, Beiheft 16*, 245–248. https://doi.org/10.31244/dds.2020.02.10

Böttcher, W., Maykus, S., Altermann, A. & Liesegang, T. (2014). *Individuelle Förderung in der Ganztagsschule. Anspruch und Wirklichkeit einer pädagogischen Leitformel.* Waxmann.

Buholzer, A. (2006). *Förderdiagnostisches Sehen, Denken und Handeln. Grundlagen, Erfassungsmodell und Hilfsmittel* (2., überarbeitete Aufl.). Auer.

Corno, L. (2008). On teaching adaptively. *Educational Psychologist, 43*(3), 161–173.

Dimenäs, J., Andresen, R., Cruickshank, M., Ojala, J. & Ratzki, A. (Hrsg.). (2006). *Our Children – How can they succeed in school? A European Project about Mixed Ability and Individualised Learning.* Jyväskylä University Press.

Fischer, C. (2014). *Individuelle Förderung als schulische Herausforderung.* Friedrich-Ebert-Stiftung.

Hanke, P., Backhaus, J. & Bogatz, A. (2013). *Den Übergang gemeinsam gestalten. Kooperation und Bildungsdokumentation im Übergang von der Kindertageseinrichtung in die Grundschule.* Waxmann.

Holsti, O. R. (1969). *Content analysis for the social sciences and humanities.* Addison-Wesley Publishing Company.

Hornberg, S., Sonnenburg, N. & Buddeberg, M. (2016). *Entwicklung, Implementation und Transfermöglichkeiten einer Bildungsdokumentation – Zusammenfassung und Empfehlungen. Weiterführende Ergebnisse des Projekts IFoS.* https://iads.ep.tu-dortmund.de/storages/iads-ep/r/Lehrbereiche/Kontext_von_Heterogeni taet/Projekte/IFoS/Hornberg_et_al_2016_IFoS.pdf [20.05.21].

Huber, S. G., Günther, P. S., Schneider, N., Helm, C., Schwander, M., Schneider, J. A. & Pruitt, J. (2020). *COVID-19 – aktuelle Herausforderungen in Schule und Bildung. Erste Befunde des Schul-Barometers in Deutschland, Österreich und der Schweiz.* Waxmann. https://doi.org/10.31244/9783830942160

Klieme, E. (2020). Guter Unterricht – auch und besonders unter Einschränkungen der Pandemie? *DDS – Die Deutsche Schule, Beiheft 16,* 117–135. https://doi.org/10.31244/9783830992318.07

Klieme, E. & Warwas, J. (2011). Konzepte der Individuellen Förderung. *Zeitschrift für Pädagogik, 57*(6), 805–818.

Kretschmann, R. (2003). Förderdiagnostik und Förderpläne. In G. Ricken, A. Fritz & C. Hofmann (Hrsg.), *Diagnose: Sonderpädagogischer Förderbedarf* (S. 369–385). Pabst Science Publishers.

Kuckartz, U. (2016). *Qualitative Inhaltsanalyse. Methoden, Praxis, Computerunterstützung* (3., überarbeitete Aufl.). Beltz Juventa.

Kunze, I. (2016). Begründungen und Problembereiche individueller Förderung in der Schule – Vorüberlegungen zu einer empirischen Untersuchung. In I. Kunze & C. Solzbacher (Hrsg.), *Individuelle Förderung in der Sekundarstufe I und II* (5., aktualisierte Aufl., S. 15–31). Schneider Verlag Hohengehren.

Matthes, G. (2009). *Individuelle Lernförderung bei Lernstörungen. Verknüpfung von Diagnostik, Förderplanung und Unterstützung des Lernens.* W. Kohlhammer.

Mayring, P. (2015). *Qualitative Inhaltsanalyse. Grundlagen und Techniken* (12., überarbeitete Aufl.). Beltz.

Meuser, M. & Nagel, U. (2009). Das Experteninterview – konzeptionelle Grundlagen und methodische Anlage. In S. Pickel, G. Pickel, H.-J. Lauth & D. Jahn (Hrsg.), *Methoden der vergleichenden Politik- und Sozialwissenschaft. Neue Entwicklungen und Anwendungen* (S. 465–479). VS Verlag für Sozialwissenschaften.

Mischke, W. (2005). Diagnostik und Förderplanung in der Grundschule. In F. Hellmich (Hrsg.), *Lehren und Lernen nach IGLU – Grundschulunterricht heute* (S. 57–70). Diz.

Niedersächsisches Kultusministerium (2006). *Handreichungen Individuelle Lernentwicklung und ihre Dokumentation. Hannover.* https://www.mk.niedersachsen.de/download/4709/Handreichungen_Dokumentation_der_individuellen_Lernentwicklung_ Juli_2006_.pdf. [12.05.2021].

Rakhkochkine, A. & Dhaouadi, Y. (2008). Dokumentation der individuellen Lernentwicklung. In K.-H. Arnold, O. Graumann & A. Rakhkochkine (Hrsg.), *Handbuch Förderung. Grundlagen, Bereiche und Methoden der individuellen Förderung von Schülern* (S. 165–169). Beltz.

Schuck, K. D. (2004). Zur Bedeutung der Diagnostik bei der Begleitung von Lern- und Entwicklungsprozessen. *Zeitschrift für Heilpädagogik, 8,* 350–360.

Solzbacher, C. (2016). Positionen von Lehrerinnen und Lehrern zur individuellen Förderung in der Sekundarstufe I – Ergebnisse einer empirischen Untersuchung. In I. Kunze & C. Solzbacher (Hrsg.), *Individuelle Förderung in der Sekundarstufe I und II* (5., aktualisierte Aufl., S. 33–53). Schneider Verlag Hohengehren.

Solzbacher, C., Behrensen, B., Sauerhering, M. & Schwer, C. (Hrsg.). (2012). *Jedem Kind gerecht werden? Sichtweisen und Erfahrungen von Grundschullehrkräften.* Carl Link.

Sonnenburg, N. (2022). *Kompetenzorientierte individuelle Förderung in der Sekundarstufe I – eine explorative Studie zur Verwendung einer digitalen Bildungsdokumentation.* Waxmann.

Sonnenburg, N. (2020). Veränderungen durch die Digitalisierung in der Schule – wie können digitale Tools Lehrkräfte unterstützen? In K. Kaspar, M. Becker-Mrotzek, S. Hofhues, J. König & D. Schmeinck (Hrsg.), *Bildung, Schule, Digitalisierung* (S. 121–126). Waxmann.

Suhrweier, H. & Hetzner, R. (1993). *Förderdiagnostik für Kinder mit Behinderungen.* Luchterhand.

Wischer, B. (2014). Individuelle Förderung als neue Leitidee? Kritische Anmerkungen zu einer aktuellen Reformstrategie. In V. Eisenbraun & S. Uhl (Hrsg.), *Geschlecht und Vielfalt in Schule und Lehrerbildung* (S. 163–175). Waxmann.